The Germanic Languages: A Primary Guide

ゲルマン語入門

Shimizu Makoto

清水 誠

2012
三省堂

ゲルマン語入門

ekhlewagastiz holtijaz horna tawido
「私，ホルティの息子のフレワガスティズがこの角を作った」

ゲルマン祖語	*ek hlewagastiz hultijaz hurnan tawiðōn
ゴート語	*ik hliugasts hulteis haúrn tawida
古ノルド語	*ek hlégestr hyltir horn táða
古英語	*iċ hlēoġiest hylte horn tāwode
古フリジア語	*ik hlī-iest helte horn tāwade
古ザクセン語	*ik hleogast hulti horn tōida
古高ドイツ語	*ih hleogast hulzi horn zawita

ユトラント半島南部のデンマーク領北シュレースヴィヒ地方，ゲレフースの村で出土した400年頃の制作と推定される『ゲレフースの黄金の角杯』(デ *Guldhornene fra Gallehus*) に刻印された有名な銘文。「古フサルク」と呼ばれる初期のルーン文字で，上図の最上部に記されている (第1章4.3. を参照)。現物は巧みな装飾を凝らした大型の豪華なもので，2本からなっていたが，1802年，盗人の手で溶鉱炉に放り込まれ，現在では複製しか残っていない。ゲルマン祖語と古ゲルマン諸語による人工的な試訳を添える (Nielsen 2000: 78f. 一部変更)。

はじめに

　北欧やベネルクスを旅行した知人から、「英語とそっくりの単語を見つけた」、「ドイツ語と同じ特殊文字がある」といった体験談をよく耳にする。スイスでは地元の人のドイツ語がまったくわからなかったという感想も聞く。多数の国家が軒を連ねるヨーロッパでは、国境を隔て、あるいは国内でも複数の言語がごく普通に飛び交っている。その多くは同一の起源に発し、兄弟姉妹の関係にある。

　私たちは、星の数ほどある外国語をたがいにまったく別物のように感じている。しかし、世界の言語の多くは系統的にいくつかのグループにまとめられる。歴史的に同系の諸言語は、よく似ている。英語の基礎知識があれば、本書で紹介するゲルマン語のいくつかを習得することは、けっして夢ではない。

　ゲルマン語は、ヨーロッパから南アジアにまたがる印欧語族という、巨大な同系言語集団の一翼を担っている。北欧、イギリス・アイルランド、ベネルクス、ドイツ語圏を中心に、近代以降は北米大陸、アフリカ南端、南太平洋、中東にまで使用範囲を拡大した。ゲルマン語はまた、近世以降の日本の歩みを支えてきた牽引力でもある。オランダ語は鎖国下の江戸時代に蘭学を通じて貴重な情報をもたらし、ドイツ語は西洋科学の受容と近代国家形成の要だった。そして、英語は現代のビジネスマンに不可欠のコミュニケーション手段になっている。

　本書では、なじみの薄い古語とその特徴から始めて、これまであまり紹介されてこなかったマイナーな言語や方言にも配慮した。ゲルマン語というと、英語やドイツ語などの威信言語ばかりを連想しがちだが、個性的な方言や絶滅が危惧される危機言語も含まれている。新しい学説も積極的に取り入れた。紙面の制約と文法の詳細には立ち入らないという編集方針から、現代語の部分は音韻の記述にとどめた。現代ゲルマン語の文法記述は別の機会にゆずりたい。

　最後に、本書の執筆の機会を与えてくださった三省堂の松田 徹氏に厚くお礼申し上げる。なお、本書には科研費（21520425）による成果を取り入れた。

2012 年春　　清水　誠

目　次

第 1 章　ゲルマン語の起源と古ゲルマン諸語　　3

1. ゲルマン語の生い立ち―言語の系統関係 3
    1.1. 歴史比較言語学から見たゲルマン語―印欧語族と 12 の語派 . . 3
    1.2. ゲルマン語の祖先―先史時代からローマ帝国期まで 4
2. 古ゲルマン語の仲間たち―分類と発達 7
    2.1. 古ゲルマン諸語の分類―3 分類，2 分類，それとも 5 分類？ . 7
    2.2. 古ゲルマン諸語の発達―分岐と収束による変遷 11
3. 東ゲルマン語―オーダー・ヴィスワ川ゲルマン語の興亡 13
    3.1. 東ゲルマン語の諸部族―地名が教える民族移動の軌跡 . . . 13
    3.2. ゴート人の盛衰―東ゴート人と西ゴート人 14
    3.3. ウルフィラとゴート語聖書―クリミアゴート語まで 14
4. 北ゲルマン語―スカンジナヴィアとその周辺 18
    4.1. 北ゲルマン語の故地―「スカンジナヴィア」の由来 18
    4.2. ルーン文字―起源，素材，用途 18
    4.3. 古ルーン文字―24 文字の「古フサルク」と初期ルーン語 . . 20
    4.4. 新ルーン文字―16 文字の「新フサルク」と前期古ノルド語 . 24
    4.5. ヴァイキング活動の軌跡―交易，建国，地理上の発見 . . . 26
    4.6. 古ノルド語の展開―西ノルド語と東ノルド語への分岐 . . . 27
5. 西ゲルマン語(1)―北海ゲルマン語 29
    5.1. 北海ゲルマン語的特徴―言語接触による共通性 29
    5.2. 古英語―アングロサクソン・イングランドの変遷 31
    5.3. フリジア人の歴史―北海の民の栄枯盛衰 35
    5.4. 古フリジア語―言語史の時代区分をめぐって 37
    5.5. 古ザクセン語―フランク王国との確執を刻む言語 39
    5.6. 『ヘーリアント』と古ゲルマン詩の伝統―頭韻と脚韻の間 . . 41
6. 西ゲルマン語(2)―内陸ゲルマン語 43

6.1.	ドイツ語とオランダ語のルーツ—3グループの統合	43
6.2.	高地ドイツ語子音推移—古フランケン方言を2分する革新	46
6.3.	古高ドイツ語—フランケン人，アレマン人，バイエルン人	49
6.4.	古オランダ語—『ヴァハテンドンク詩篇』とその周辺	52

第2章　歴史的に探るゲルマン語の特徴　　54

7.	祖語の似顔絵を描いてみる (1)—音韻変化のしくみ	54
7.1.	ゲルマン語最古の文献—資料の欠如	54
7.2.	ゲルマン語子音推移，またはグリムの法則—謎に満ちた音韻法則の代名詞	54
7.3.	ヴェアナーの法則と語頭アクセント—祖語にも歴史がある	63
7.4.	母音の変化と4母音組織—大昔は母音が乏しかった	65
7.5.	ウムラウトと「割れ」—新しい母音はこうして誕生した	68

8.	祖語の似顔絵を描いてみる (2)—語形変化のしくみ	74
8.1.	母音交替と強変化，歯音接尾辞と弱変化—不規則動詞は規則動詞だった	74
8.2.	動詞の文法範疇—アスペクトから時制へ，英語に残る1人称語尾	80
8.3.	名詞の格と性—8格組織から4格組織へ，「性」の由来	84
8.4.	双数と複数形語尾の本質—複数形は単数形である!?	87
8.5.	形容詞の強変化と弱変化—なぜ2通りに変化するのか	92

第3章　現代ゲルマン諸語概説　　100

9.	現代ゲルマン語の仲間たち—「言語」と「方言」を分けるもの	100
10.	北ゲルマン語の仲間たち—スカンジナヴィア本国と離島の言語	102
10.1.	北ゲルマン語の変遷—東・西から大陸・離島の区分へ	102
10.2.	デンマーク語とスウェーデン語—覇権争いと規範整備	104
10.3.	ノルウェー語—ブークモールとニューノシュクの誕生	107
10.4.	アイスランド語—ヨーロッパ言語の奇跡	109
10.5.	ノーン語—わずかな記録を残して消滅した古ノルド語の後裔	112

- 10.6. フェーロー語―最後の機会をとらえて飛翔を遂げた言語 . . . 113
- 11. ドイツ語とその仲間たち―ヨーロッパの内と外 116
  - 11.1. ドイツ語の方言区分と低地ドイツ語―南北・東西区分の原点 . . 116
  - 11.2. ルクセンブルク語と中部ドイツ語―多言語主義政策の手本 . . . 121
  - 11.3. スイスドイツ語と上部ドイツ語―ダイグロシアと標準変種 . . . 122
  - 11.4. ドイツ語アルザス方言―『最後の授業』の真実 126
  - 11.5. イディッシュ語―「再語彙化」から見た系統関係 127
  - 11.6. プラウトディーチ語―シベリアから南米まで 129
  - 11.7. ペンシルヴェニアドイツ語―宗教的アイデンティティの証 . . . 130
- 12. オランダ語とその仲間たち―北海南岸から南アフリカまで . . . 131
  - 12.1. 標準オランダ語とフランドル方言―北部と南部の分離と連帯 . . 131
  - 12.2. アフリカーンス語―クレオール言語か否か 134
- 13. 英語とフリジア語群―国際語と危機言語の間 136
  - 13.1. フリジア語群―北海ゲルマン語唯一の後裔 136
  - 13.2. 英語―なにかとやっかいな国際語 140

第4章　現代ゲルマン諸語の文字と発音　　142

- 14. 北ゲルマン語―その共通性と独自性 142
  - 14.1. 北ゲルマン語話者の相互理解度―大陸北ゲルマン語の場合 . . . 142
  - 14.2. 北ゲルマン語の母音字とその発音―連鎖推移と音節均衡の原則 . 143
  - 14.3. 北ゲルマン語の子音字とその発音―軟音化と口蓋化 152
  - 14.4. 北ゲルマン語のアクセント―高さアクセントと声門狭め音 . . . 158
  - 14.5. 現代語の文字と発音 (1) 162
    - 14.5.1. スウェーデン語 162
    - 14.5.2. ノルウェー語ブークモール 166
    - 14.5.3. デンマーク語 170
    - 14.5.4. アイスランド語 174
- 15. 西ゲルマン語―英語・ドイツ語・オランダ語式正書法とその背景 179
  - 15.1. 西ゲルマン語の母音字とその発音―同音異表記の諸相 179
  - 15.2. 西ゲルマン語の子音字とその発音―言語間の組織的対応 185

15.3. 現代語の文字と発音 (2) 192
 15.3.1. ドイツ語 192
 15.3.2. オランダ語 196
 15.3.3. 西フリジア語 200
 15.3.4. アフリカーンス語 204

第 5 章　図書案内―さらに詳しく知るために　　208

[略語一覧]

本文中で言語名を示していない原語は英語による。術語にはなるべく英語をあてるが，説明の都合上，その他の言語で示すことがある。

ア：アイスランド語, アフ：アフリカーンス語, アル：ドイツ語アルザス方言, イ：イディッシュ語, イタ：イタリア語, 印欧：印欧祖語, 英：英語, オ：オランダ語, ギ：(古典)ギリシャ語, 北フ：北フリジア語, ゲ：ゲルマン祖語, ゴ：ゴート語, 古英：古英語, 古オ：古オランダ語, 古高ド：古高ドイツ語, 古ザ：古ザクセン語, 古ノ：古ノルド語, 古フ：古フリジア語, ス：スウェーデン語, スコ：英語スコットランド方言, スペ：スペイン語, ザ：(西)低地ドイツ語北低地ザクセン方言, チュ：スイスドイツ語チューリヒ方言, 中高ド：中高ドイツ語, デ：デンマーク語, 低ド：低地ドイツ語, ド：ドイツ語, 西フ：西フリジア語, ニュ：ノルウェー語ニューノシュク, ノ：ノルウェー語, ハ：北フリジア語ハルンデ方言, バ：スイスドイツ語バーゼル方言, 東フ：東フリジア語, フ：フリジア語, ブ：ノルウェー語ブークモール, プ：プラウトディーチ語, フィ：フィンランド語, フェ：フェーロー語, フェリ：北フリジア語フェリング(・エームラング)方言, フラ：フランス語, ベ：スイスドイツ語ベルン方言, ペ：ペンシルヴェニアドイツ語, ポ：ポーランド語, メ：(東)低地ドイツ語メクレンブルク・フォーアポマーン方言, モ：北フリジア語モーリング方言, リ：リトアニア語, ル：ルクセンブルク語, ロ：ロシア語

The Germanic Languages: A Primary Guide

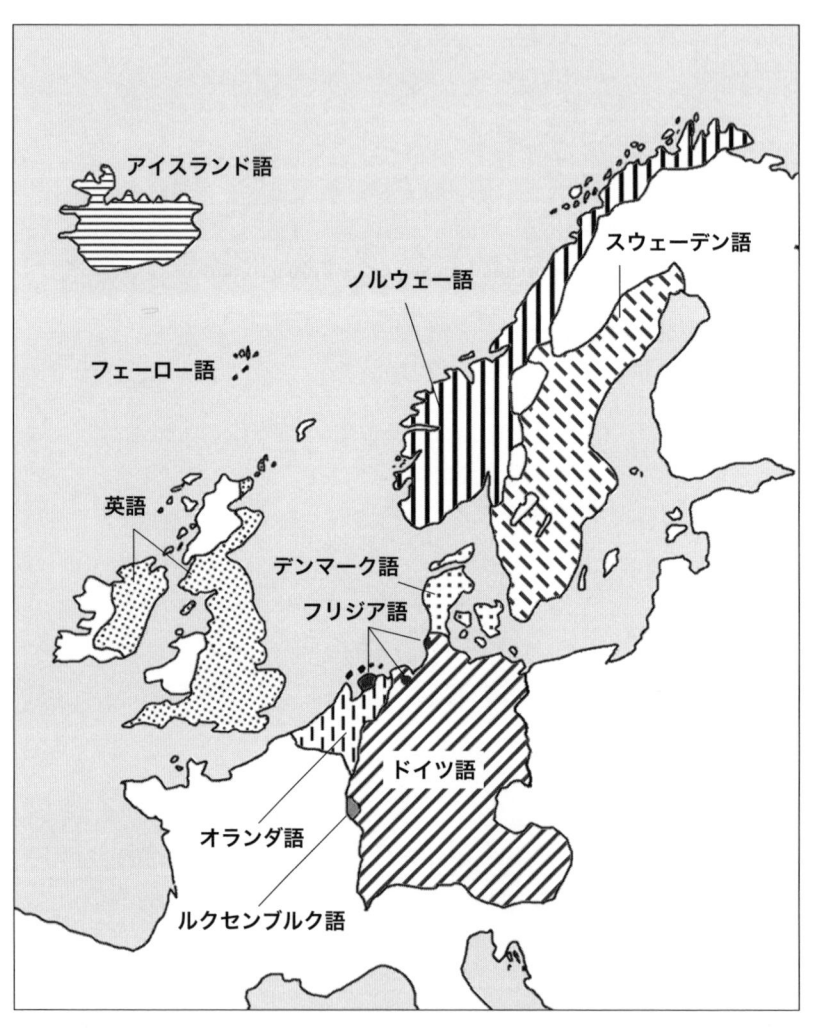

地図1　ヨーロッパのゲルマン語使用地域

ゲルマン語の起源と古ゲルマン諸語

▶ 第 1 章 ◀

1. ゲルマン語の生い立ち―言語の系統関係

1.1. 歴史比較言語学から見たゲルマン語―印欧語族と 12 の語派

　私たち日本人は外国語が苦手な国民といわれている。経済大国なのに英語もろくに話せない，などという評判を聞くのは耳の痛い話である。私たちは島国に住み，世界でも指折りの話者数を誇る言語を母語とし，日常生活で外国語を使う必要性が乏しく，植民地化という近代の不幸も経験しなかった。それに加えて，日本語には複数の言語が共通の源にさかのぼる「系統関係」(genetic relationship)，あるいは言語間の歴史的な「親縁関係」が証明された同胞が存在しないという事情がある。日本語を取り巻くアイヌ語や朝鮮語は，世界のどの言語とも親縁関係が不明で系統的に孤立した言語なのである。系統が不明な言語は少なくないが，日本語や朝鮮語のような話者数の多い例が隣接する地域はまれである。
　一方，ヨーロッパの諸言語の大多数は同一の「祖語」(基語，protolanguage, parent language) から派生した複数のグループから成り立っている。したがって，共通点が多く，習得が比較的容易なことが多い。本書で扱うゲルマン語 (Germanic) も歴史的親縁関係によって結ばれた諸言語の集合で，ヨーロッパ北西部を中心に世界の広い地域に分布している。北欧スカンジナヴィアのスウェーデン語，デンマーク語，2 種類のノルウェー語 (ブークモールとニューノシュク)，アイスランド語，フェーロー諸島のフェーロー語をまとめて「北ゲルマン語」という。私たち

になじみが深い英語やドイツ語は，「西ゲルマン語」に属している。これにはオランダ語，1984年にドイツ語方言から誕生したルクセンブルク語，オランダとドイツの3箇所を使用地域とするフリジア語群，南アフリカとナミビアのアフリカーンス語，一部のユダヤ人の母語であるイディッシュ語などのほかに，低地ドイツ語，スイスドイツ語などの個性的な方言も含まれる。その多くには中世以来の古語がある。古くは，ゴート語を含む「東ゲルマン語」もあった。

ただし，言語間には「言語接触」(language contact) と「借用」(borrowing, loan) からも共通点が生まれ，これが習得を容易にする大きな要因になる。私たちが朝鮮語や中国語の学習で感じる親近感も，おもにこの点による。そもそも日本語の特殊性は系統関係に限ったことである。歴史的系統関係とは無関係に，言語のタイプによる分類，すなわち「言語類型論」(linguistic / language typology) から見ると，日本語はけっして特異な言語ではない。

同一の系統関係で結ばれた諸言語の最大のまとまりを「語族」(family of languages, language family) という。ヨーロッパの大多数の言語は，歴史的におよそ12の語派に分かれる「印欧語族」または「インド・ヨーロッパ語族」(Indo-European) と呼ばれる世界最大の語族に属している。ゲルマン語は「ロマンス語」(Romance) と「スラヴ語」(Slavic / Slavonic) とともに，ヨーロッパを代表する3大グループのひとつで，総話者数は約4億5千万人ともいわれている。

考古学的には，印欧語族の祖先は牧畜を主体に馬車で長距離を移動し，移住先の先住民族を制圧して急速に拡散する生活を営んだ人々だったと推定されている。その「源郷」(ド Urheimat) については完全な定説がない。現時点では，リトアニア人のギンブタス女史 (Marija Gimbutas 1921〜94) が考古学の立場から提唱した，黒海からカスピ海の北側を中心とする「クルガン文化」(Kurgan culture 紀元前5000頃〜2000頃) が有力視されている (風間1993)。

1.2. ゲルマン語の祖先──先史時代からローマ帝国期まで

ゲルマン語の話者の祖先はいったい何者で，どこに住んでいたのだろうか。古代世界の版図を把握するには，当時の人々の生活基盤で防衛的にも重要だった河川の位置関係に注目すると便利である。ゲルマン人の源郷は，北ドイツからスカンジナヴィア南部にかけての一帯だった。紀元前1000年頃には，同地で広範囲

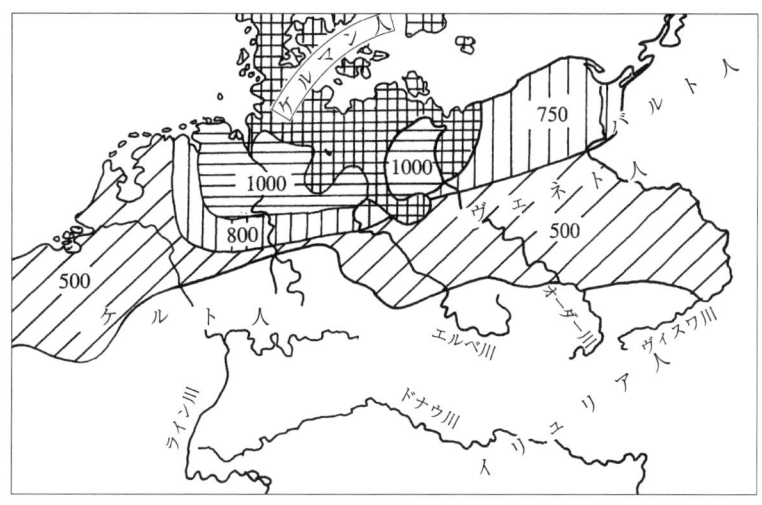

地図 2　紀元前 1000〜500 年頃のゲルマン人の居住地域

(Schwarz (1956: 36) をもとに作成)

に定住していたと考古学的に推定されている。くわしくいうと、北ドイツの古都ブレーメン (ド Bremen) を流れるヴェーザー川 (ド Weser) 河口から、ドイツとポーランドの国境を形成するオーダー川 (ド Oder, ポ Odra「オドラ川」) 下流のバルト海南岸までの地域で、シュレースヴィヒ (ド Schleswig)、ホルシュタイン (ド Holstein)、メクレンブルク (メークレンブルク、ド Mecklenburg) という北ドイツの各地方、デンマーク、対岸のスカンジナヴィア半島南部が含まれる。

　上述のクルガン文化の担い手と推定される印欧語族の牧畜民は、はるか南東の内陸部から騎馬と車を操り、縄文土器を携え、戦斧をかざしながら、紀元前 2000 年頃までにこの地に到達したと考えられている。そこには、巨石墳墓文化圏を形成していた非印欧語族と見られる農漁業民族が暮らしていた。印欧語族の牧畜民はその人々を紀元前 1200 年頃までに言語的に同化して、ゲルマン人の祖先となったらしい。かつてナチスはゲルマン民族は印欧語族の直系であり、その故地こそが源郷であるとして、「インド・ゲルマン語族」(ド Indogermanisch) の名称をとくに好んで用いた。しかし、金髪、長身、碧眼に象徴される純血のゲルマン民族のイメージは、学問的に完全に否定されている。

非印欧語族の人々との混交から誕生したゲルマン人が用いていたゲルマン祖語の「基礎語彙」(basic vocabulary) は，じつに 3 分の 1 が印欧語以外を起源とするといわれている。そこには，社会制度 (例. knight「騎士」/ ド Knecht「従者」, thief「泥棒」, ド Adel「貴族」), 軍事・戦闘 (例. sword「刀」, bow「弓」, ド Krieg「戦争」) 以外に，航海・魚類 (例. sea「海」, ship「船」, keel「竜骨」, eel「うなぎ」) と農耕・家畜 (例. plow「犂」, lamb「子羊」, ド Hafer「カラスムギ」) にかんする語彙が含まれている。これは印欧語族に縁遠い生活習慣だったのかもしれない。

　ゲルマン人は推定で紀元前 500 年頃に，西はライン川を越えて現在のオランダ語圏に達し，東はポーランドの首都ワルシャワを流れるヴィスワ川 (ポ Wisła, ド Weichsel「ヴァイクセル川」) までの低地平原地帯，北はスウェーデン中部とノルウェー南部に及んでいた。当時のゲルマン語は，南と西はケルト語，東はバルト語，北はウラル語族のバルト・フィン諸語に接し，相互に借用が行われた痕跡が残っている。その中には，文献以前の祖語の「再建」(reconstruction) に重要なものもある。たとえば，バルト・フィン諸語に属するフィンランド語の kuning*as*「王」はゲルマン語からの「借用語」(loan word) だが，語末音の摩滅をまぬがれて，ゲルマン祖語 *kuning*az* [*1] の語幹形成接尾辞 (8.4.) の -a- と単数・主格語尾 -s (ゲ -z) を保っている。今では，アイスランド語の単数・主格 konungu*r* (<古ノ konung*r*) の -r (<-z) と複数・主格 konung*a*r の -a- などに残っているにすぎない。類例には，フィンランド語の rengas「輪，指輪」(ゲ *xrengaz, 英 ring), lammas「子羊」(ゲ *lambaz, -iz, 英 lamb) などがある。一方，周辺言語からの影響も少なくなかったとされている。語彙の借用以外にも，第 2 章で述べる印欧祖語から袂を分かった語頭アクセントへの固定，ウムラウト，「ゲルマン語子音推移」などの特徴は，バルト・フィン諸語の影響で生じたとする意見すらある (Wiik 1997)。

　ケルト人などを圧迫して南下したゲルマン人の言語は，すでに一様ではなかったと考えられている。ゲルマン祖語が明確な分岐を開始したと推定される紀元前後には，ほぼライン川 (ド Rhein) とドナウ川 (ドーナウ川, ド Donau) を結ぶ線でローマ帝国と相対していた。スイスに源を発し，ドイツ西部，オランダ南部を南北に流れて北海に注ぐライン川と，南ドイツからオーストリアを東西に貫通して

[*1]「*」は，歴史比較言語学の方法によって再建された推定形を表す。

黒海に至るドナウ川は，ゲルマン人の居住地をローマ帝国から隔てる自然の境界を形成していた。このことは，古代ローマの歴史家タキトゥス (Tacitus 55 頃～116 頃) による『ゲルマーニア』(ラ *Germania* 後 98) の冒頭に記されている。

約 50 を数えたゲルマン人の部族国家「キーウィタース」(ラ civitas) は 10 余りに統合され，4 世紀半ばから 6 世紀半ば (375～568) の民族大移動でヨーロッパ広域と周辺に一時的に拡大した。「ゲルマン」は自称ではなく，語源もはっきりしない。この名称は，『ガリア戦記』(ラ *De bello Gallico* 前 52～51) の著者ユーリウス・カエサル (Julius Caesar 前 100～44) が初めて用いた。『ゲルマーニア』によれば，ライン川を越えてローマ帝国領ガリア (ガッリア，ラ Gallia, 現在のフランス) に侵入した「ゲルマーニー」(ラ Germani) という部族にたいしてケルト人が用いていた呼び名が，他の部族にも一般化されたものらしい。

2. 古ゲルマン語の仲間たち―分類と発達

2.1. 古ゲルマン諸語の分類―3 分類，2 分類，それとも 5 分類？

ここで，ゲルマン語の古語の仲間たちを簡単に紹介しておこう。

(1) (a) † 東ゲルマン語[*2]
　　　① オーダー・ヴィスワ川ゲルマン語：†ゴート語など
(2) 北西ゲルマン語：初期ルーン語[*3]
　　(b) ② 北ゲルマン語：古ノルド語[*4]
　　　　古西ノルド語：古アイスランド語，古ノルウェー語
　　　　古東ノルド語：古スウェーデン語，古デンマーク語，
　　　　　　　　　　　古ゴトランド語
　　(c) 西ゲルマン語：
　　　　(i) ③ 北海ゲルマン語：古英語，古フリジア語，古ザクセン語 (=古低ドイツ語，古オランダ語低地ザクセン方言)

[*2]「†」は，今日では死語となっていることを示す。
[*3] 古ルーン文字で書かれた言語 (200～500 年頃) をさす。4.3. を参照。
[*4] 北ゲルマン語の古語を，伝統的に「ノルド語」と呼ぶ。4.1. を参照。

(ii) 内陸ゲルマン語：
④ ヴェーザー・ライン川ゲルマン語：古高 (＝中部) ドイツ語古フランケン方言，古オランダ語 (＝古低フランケン方言)[*5]
⑤ エルベ川ゲルマン語：古高 (＝上部) ドイツ語古バイエルン方言・古アレマン方言

古ゲルマン諸語の分類には諸説がある。まず，ゴート語を代表とする「東ゲルマン語」(East Germanic)，スカンジナヴィアの「北ゲルマン語」(North Germanic)，中央ヨーロッパの「西ゲルマン語」(West Germanic) の 3 分類がある。これは紀元後 2〜4 世紀の居住地を根拠としており，初期の印欧語歴史比較言語学を集大成したドイツ人のシュライヒャー (August Schleicher 1821〜68) が 1860 年に提唱し，ゴート語聖書の校訂で名高いドイツ人のシュトライトベルク (Wilhelm Streitberg 1864〜1925) による 1896 年の命名で定着した。第 1 の目安は英語の day「日」にあたる男性強変化名詞の単数・主格語尾で，東ゲルマン語 (ゴ dag*s*) の -s, 北ゲルマン語 (古ノ dag*r*) のロータシズム (8.1.) による -r (＜-z ＜-s)，西ゲルマン語 (古ザ dag / 古英 dæġ / 古高ド tag) の無語尾という分布である。

最もよく知られた 3 分類だが，当初から異論も多かった。そのひとつに，ゴート人がスウェーデン南部を故地とするという推定から「ゴート・ノルド語」(ド Gotonordisch) としての「北ゲルマン語」(ド Nordgermanisch) を仮定し，西ゲルマン語を「南ゲルマン語」(ド Südgermanisch) として 2 分類する説がある。上記の目安も，語尾の有無で西ゲルマン語を隔てている。ほかにも，強変化動詞の過去形・2 人称・単数語尾 -t (例. ゴ / 古ノ nam*t*「(君は) 取った」↔古英 nōm*e*, 古高ド / 古ザ nām*i*, 8.2.) や硬音化 (① ゲ -jj-＞-ddj- / -ggj-, 例. ゴ twa*ddj*ē / 古ノ tve*ggj*a (数詞「2」の属格) ↔古英 tweia / 古高ド zweio / 古ザ tweio; ② ゲ -ww-＞-ggw-, 例. ゴ tri*ggw*s / 古ノ try*ggr* (-*ggv*a-)「忠実な」(英 true「真実の」) ↔古英 trēowe / 古高ド・古ザ triuwi) などの共通点がある。この説は，ボヘミア生まれでプラハ大学など

[*5] 「フランケン」は英語式に「フランク」と呼ぶこともある。一方，「ザクセン」を英語式に「サクソン」と呼ぶと，英語圏の「アングロサクソン」の意味に限られることが多い。本書では，「フランク王国」を除いて，ドイツ語圏とオランダ語圏では「ザクセン」，「フランケン」に統一する (厳密には，オランダ語では「サクセン」(オ Saksen) となる)。

で活躍したシュヴァルツ (Ernst Schwarz 1895〜1983) が 1951 年に発表した．しかし，本質的な共通性とはいいがたく，あまり支持されていない．

　次に，3 分類の前段階として，北ゲルマン語と西ゲルマン語を「北西ゲルマン語」(Northwest Germanic) にまとめる有力な説がある．第 2 章で述べる ē (= ē$_1$ /æ:/[*6]) ＞ ā の変化，ウムラウトとロータシズム，強変化動詞第 VII 系列の母音交替の発達など，重要な共通点が多い．この説によれば，ゴート人は北欧を離れた紀元前 100 年頃にはゲルマン祖語を話しており，残りの人々の言語は北西ゲルマン語として共通性を保持していた．北ゲルマン語と西ゲルマン語への分岐は，5 世紀半ばのアングロサクソン人のブリテン島移住と「デーン人」(Danes) のユトラント（ド Jütland「ユートラント」，デ Jylland「ユレン」）半島植民以後の出来事になる．北西ゲルマン語の存在をわずかに伝えるのは，最初期のルーン銘文による初期ルーン語である．この説は，キール大学で活躍したドイツ人のクーン (Hans Kuhn 1899〜1988) がシュヴァルツの説への反論として，1955 年に公にした．

　異論が集中したのは西ゲルマン語の扱いである．おもな特徴には，上記の強変化男性名詞・単数・主格語尾 -z（＞ゴ -s, ＞古ノ -r, 8.4.）の消失のほかに，「西ゲルマン語子音重複」(West Germanic Consonant Gemination) がある．j /j/（英 yes の［ィ j］），w /w/，r, l の前で子音の調音が強まって長子音になる硬音化の一種で，子音字を重ねて示す．とくに，j /j/ の前では規則的に起こった（ゲ *sa*tj*an「置く」（英 set）＞古ザ se*tt*ian, 古英 se*tt*an, 古高ド se*zz*en ↔ ゴ sa*tj*an, 古ノ se*tj*a）．

　西ゲルマン語の古英語と古高ドイツ語の隔たりは，当時の北ゲルマン語内部の相違よりも大きい．現在では，考古学的観点や古代ローマの歴史家の著述を考慮して，多少の誇張は指摘されるものの，西ゲルマン語は当初から単一ではなく，ローマ帝政期には「北海ゲルマン語」(North Sea Germanic)，「ヴェーザー・ライン川ゲルマン語」(Weser-Rhine Germanic)，「エルベ川ゲルマン語」(Elbe Germanic) の 3 グループに分かれていたとする見解が有力である．北海ゲルマン語は「イングヴェオーン語群」(Ingvaeonic) ともいう．この名称は，『ゲルマーニア』で言及された北海沿岸に居住する「インガエウォネース族」(ラ Ingaevones) に由来する．ゲルマン人が信仰していたとされる神の子の 3 人の息子の名前のひとつに

[*6]「/ / 」は，古語の場合は推定音，現代語の場合は音素表記に用いる．

地図 3　ゲルマン人の 5 分類と居住地域（紀元前 300 年頃）

（Frings (1957³: 146)，Robinson (1992: 17) をもとに作成）

ちなみ，古ルーン文字の 22 番目の文字名にも見られる (4.3.)。残りの 2 つは，「ヘルミノネース族」（ラ Herminones）をもとにした中部ドイツの「エルミノーン語群」(Erminonic) と，「イスタエウォネース族」（ラ Istaevones）をもとにしたライン川右岸地域の「イストヴェオーン語群」(Istvaeonic) で，「エルベ川ゲルマン語」と「ヴェーザー・ライン川ゲルマン語」にあたり，「内陸ゲルマン語」(Continental Germanic) ともいう。この学説は，フライブルク大学で活躍したドイツ人のマウラー (Friedrich Maurer 1898〜1984) が 1952 年に提唱した。

北海ゲルマン語には，古英語，古フリジア語，古ザクセン語が含まれる。ヴェーザー・ライン川ゲルマン語は，フランケン人，ヘッセン人などによる中部ドイツ語，それにエイセル川以南の低地フランケン地方のオランダ語の母体である。エルベ川ゲルマン語は，アレマン人，バイエルン人，ランゴバルド人などを話者とし，ドイツ語圏の南部高地地方にあたる上部ドイツ語の先駆けである。中世初期の中部ドイツ語と上部ドイツ語は古高ドイツ語に含まれ，標準ドイツ語の母体である高地ドイツ語に連なっている。東ゲルマン語は「オーダー・ヴィスワ川ゲルマン語」(Oder-Vistula Germanic) と呼ばれ，統一体が想定できる「北ゲルマン語」

と合わせて，1〜3世紀までのゲルマン語はこの5つの集団だったことになる。

2.2. 古ゲルマン諸語の発達―分岐と収束による変遷

2.1. で示した古ゲルマン諸語の一覧表では，ゲルマン祖語から古ゲルマン諸語が一方的に「分岐」(divergence)する形になっている。祖語から後代の諸言語への発達を木の枝分かれにたとえる考え方を「系統樹説」(family-tree theory)という。わかりやすく図式化できるので広く行われているが，前述の西ゲルマン語のように，祖語の下位グループは文献以前の時代にかならずしも単一の言語だったわけではない。言語の発達には，接触による影響関係や「収束」(convergence)も考慮する必要がある。そこで提出されたのが，「波紋説」(波動説 wave theory)である[*7]。池に落ちた石が波紋を広げるように，祖語の特徴は後代に受け継がれていく。しかし，別の波紋が広がると，隣接言語に影響を与え，新たな展開を生む。

具体例で説明しよう。標準ドイツ語の母体となった古高ドイツ語は，ヴェーザー・ライン川ゲルマン語(現在の中部フランケン方言などを含む中部方言をさす「中部ドイツ語」)とエルベ川ゲルマン語(現在のアレマン方言・バイエルン方言などを含む南部方言をさす「上部ドイツ語」)の2グループにまたがっている。一方，ドイツ語圏の北部方言をさす「低地ドイツ語」に下った古ザクセン語は，歴史的には北海ゲルマン語に属し，かつてはドイツ語とは別の言語だった。ドイツ語は，いわゆる西ゲルマン語の古語の3グループを内包しているのである[*8]。

一方，オランダ語は内陸ゲルマン語に属する「古低フランケン方言」(オ Oudnederfrankisch)を標準語の母体とする。オランダ北東部を流れるエイセル川以北のオランダ語方言は「低地ザクセン方言」(オ Nedersaksisch)と呼ばれ，古ザクセン語から発達したので，北海ゲルマン語に属している。この部分はたしかに現在の低地ドイツ語に連なっているが，オランダ語全体を低地ドイツ語の一種とする記述は正しくない。これは，6.2. で述べる「高地ドイツ語子音推移」を過度に重視する弊害である。標準オランダ語は，ヴェーザー・ライン川ゲルマン語に

[*7] 系統樹説は，前述のシュライヒャーによって唱えられた。波紋説は，その弟子でドイツ人のシュミット(Johannes Schmidt 1843〜1901)が提唱した。

[*8] 6.1. の表を参照。「低，低地」，「中，中部」，「上部」，「高，高地」とは，緯度ではなく，海抜の高低を示し，この順番でドイツ語圏北部，中部，南部，中・南部をさす。

連なる中部フランケン方言を母体としており，本来，中部ドイツ語に近い。

　古語から現代の標準語への発達は，地理的に一貫しているとは限らない。日本語も，標準語の母体は関西から関東に移動した。古英語（700〜1100）の中心は，初期には南東部のケント，7世紀初めには北部のノーサンブリア，8世紀には中部のマーシア，9世紀からは南西部のウェセックスのウェスト・サクソン方言に移った。そして，1066年の「ノルマン征服」による大変革後，14世紀以降は，イーストサクソン王国，すなわちエセックス所属のロンドン首都圏に落ち着いた（5.2.）。ドイツ語でも，文献の出所から見た広域共通語の萌芽は，9世紀の古高ドイツ語（ド Althochdeutsch 750〜1050）期には中西部の中部フランケン方言，13世紀初頭の中高ドイツ語（ド Mittelhochdeutsch 1050〜1350）期には南西部のアレマン方言だった。その後，中心地を欠く初期新高ドイツ語（ド Frühneuhochdeutsch 1350〜1650）期以降，東中部の上部ザクセン方言を中心に各地の特徴を取り入れて，新高ドイツ語（ド Neuhochdeutsch 1650〜）期に収束していった。オランダ語の中心地も，リンブルフ，フランドル，ブラーバント，ホラントの地方順に，南東から北西へと移動した（6.3., 6.4.）。

　一般に，古語は複数の下位言語の総称であり，ひとつのテキストにも複数の言語的特徴が混ざっていることがある。原写本を後代に書き直したり，他の方言への不十分な翻訳であったりすることもある。古高ドイツ語と古ザクセン語の混成による『ヒルデブラントの歌』（6.3.）や，古高ドイツ語（古中部フランケン方言）から古オランダ語への漸次的な翻訳である『ヴァハテンドンク詩篇』（6.4.）がその例である。古語の文献は量的にもジャンル的にも限られ，文体と語彙の面でも制約が強い。その扱いには，現代語とは異なる方法が求められる。

　「方言」（ド Dialekt）という用語も，かつての歴史比較言語学では祖語から発した同系の諸言語をさしていた。古くはこの基準にもとづいて，英語とドイツ語をゲルマン語の「方言」としていることがあるので，注意を要する。なお，本書でも古語の下位分類には「方言」という用語を用いることがある。

第 1 章　ゲルマン語の起源と古ゲルマン諸語　13

3.　東ゲルマン語─オーダー・ヴィスワ川ゲルマン語の興亡

3.1.　東ゲルマン語の諸部族─地名が教える民族移動の軌跡

　ここからは，個々の古語を取り上げてその実体を見ていこう。

　まず，光射す東方から始めよう。東ゲルマン語またはオーダー・ヴィスワ川ゲルマン語の話者は，最も遠方まで移動した。しかし，どの移動先も人口の多い文化的先進地域であり，周囲の大国に滅ぼされ，同化されて，すべて死語となっている。まとまった文献を伝えるのは，4 世紀のゴート語だけである。その「ゴート」という名称も，中世北方建築様式をさす「ゴシック様式」や近世の太字の活字体である「ゴシック体」という用語を除いて，歴史の舞台から姿を消した。

　この場合に有益なのは地名の考察である。「ゴート人」(Goths)，「ブルグンド人」(Burgundians)，「ヴァンダル人」(Vandals) などを含む東ゲルマン諸部族の故地は，スカンジナヴィア南東部とされている。ゴート人の名前はスウェーデン領のゴトランド島 (ス Gotland,「ゴート人の土地」の意味) に残り，スウェーデン南部地方の総称イェータランド (ス Götaland) と中心都市イェテボリ (ス Göteborg) とも関係があるらしい。ゴート人は紀元前 100 年頃に故地を離れ，バルト海対岸のオーダー川東側からヴィスワ川下流地域に移住し，すでに同地に渡っていたヴァンダル人などを駆逐した。東ゲルマン語を「オーダー・ヴィスワ川ゲルマン語」とも呼ぶのはこのためである。

　ブルグンド人もゴート人に続いて故地を離れ，デンマーク領ボーンホルム島 (デ Bornholm ＜古ノ Borgundarhólmr,「ブルグンド人の小島 (hólmr)」の意味) をへて，413 年にライン河畔に進出し，ドイツ中部のヴォルムス (ド Worms) を都とした。しかし，中央アジア出身の遊牧民で非印欧語族のフン族 (Huns) から壊滅的打撃を受け，中世ドイツ英雄叙事詩『ニーベルンゲンの歌』(ド Das Nibelungenlied 1200 頃) の素材ともなった。その後，フランスのブルゴーニュ地方 (フラ Bourgogne ＜ Burgundia,「ブルグンド人の土地」の意味) を含むローヌ川とソーヌ川の流域に王国 (443〜534) を建てたが，フランケン人に滅ぼされた。

　ヴァンダル人も，スペインをへて北アフリカのカルタゴにまで版図 (429〜534) を広げたが，東ローマ帝国に滅ぼされ，吸収された。複数の部族集団の総称といわれているが，*Wandal- の名称は「さすらう」という意味の英語の wander，ド

イツ語の wandeln / wandern と同源であり，まさに「さすらう者，移動する者」の原義にふさわしい。デンマークのユトラント半島北部ヴェンシュセル地方 (デ Vendsyssel,「ヴァンダル人の (Vends-) 行政区 (syssel)」の意味)，スペイン南部のアンダルシア地方 (スペ Andalucía < Vandalicia,「ヴァンダル人の土地」の意味) にもその痕跡が見られる。

3.2. ゴート人の盛衰―東ゴート人と西ゴート人

　ゴート人は，2世紀半ば頃にヴィスワ川下流地域を後にして，170〜200年頃に黒海北部沿岸に移住し，東西に分かれた。「東ゴート人」(Ostrogoths) は，サルマティア (ラ Sarmatia, 現在のウクライナ) のドニエプル川下流地域 (200 頃〜433) に及んだ。「西ゴート人」(Visigoths, Visi-「良い，高貴な (?)」) は，その西側，ドニエストル川以西からドナウ川までのダーキア (ラ Dacia, 現在のルーマニア，200頃〜375) に侵入し，270 年以降はローマ帝国からこの地を奪って定住した。ローマ帝国と接触したゴート人は，襲撃と略奪から次第に平和的関係に転じた。

　375 年に上述のフン族が襲来すると，東ゴート人はその支配に屈した。西ゴート人は同年，ドナウ川を越えてローマ帝国に庇護を求め，これが本格的な民族大移動の契機となった。ヴァンダル，ブルグンド，フランケンなどの部族も，395 年のローマ帝国東西分裂の混乱に乗じて，ライン，ドナウの 2 大河川を結ぶ防護壁「リーメス」(ラ limes) を乗り越えて乱入し，476 年の西ローマ帝国崩壊をもたらした。東ゴート人は，パンノニア (ラ Pannonia, 現在のハンガリーとその周辺，433〜471)，バルカン半島をへて，489 年にイタリアに侵入した。同地ではゲルマン人のオドアケル (Odoacer 433 頃〜93) を倒して東ゴート王国 (493〜555) を築いたが，東ローマ帝国に滅ぼされ，吸収された。西ゴート人は 4 世紀末にギリシャに攻め入り，5 世紀初めにはイタリアに移動してローマを占領した (410)。その後，ガリア南部 (419) をへて，ヴァンダル人に代わってスペインに西ゴート王国を 2 度にわたって建設したが (419〜507 首都トローサ (現在のトゥールーズ)，507〜711 首都トレド)，ウマイア朝のアラブ人に滅ぼされた。

3.3. ウルフィラとゴート語聖書―クリミアゴート語まで

　「ゴート語」(Gothic) は，ゲルマン語最古のまとまった文献を残す貴重な言語

である。その大部分を占めるのが，ウルフィラ (Wulfila, wulfs「狼」＋指小接尾辞 -ila，「かわいい狼」の意味，ラ Ulfila(s), 311 頃〜382 / 3) による聖書の翻訳である。

ウルフィラは，西ゴート人の父親とカッパドキア出身のギリシャ人奴隷の孫でキリスト教徒だった母親との間に，ダーキアで生まれ，ゴート語とギリシャ語に通じていたといわれている。エジプトのアレクサンドリアと並ぶ学芸の中心地だったシリアのアンティオキアに学び，弱冠 30 歳頃の 341 年に異例の昇格で初の西ゴート人司教に任ぜられて，ゴート人に布教活動を行った。その西ゴート語訳聖書は東・西ゴート人だけでなく，他の東ゲルマン人部族にも理解され，改宗に寄与したといわれている。しかし，キリスト教をゴート人伝来の価値観への脅威とみなし，ローマ帝国との友誼関係を嫌う西ゴート人の一派から迫害を受け，348 年にドナウ川南岸に渡ることを余儀なくされた。ローマ帝国領モエシア (ラ Moesia, 現在のブルガリア北部) に定住を許されたウルフィラと信者たちは，「小ゴート人」(ラ Gothi minores) と呼ばれ，平和に暮らしたと伝えられている。その間の事情は，東ゴート人のヨルダーネース (Jordanes) による 6 世紀半ばのゴート人の歴史にかんする著書に記されている。ゴート人と東ゲルマン人諸部族は，三位一体の教えによる父なる神とその子キリストの同一性を受け入れず，神を王，キリストを王子にたとえるゲルマン人の理解にかなった中道的アリウス派を奉じた。そのため，ウルフィラは晩年に異端者の宣告を受け，異議申し立てのためにコンスタンティノープル (現在のトルコ領イスタンブル) におもむいたが，カトリック側の妨害工作にあい，無念のうちに同地で病没した。

ウルフィラは，ゴート人の戦闘性への懸念から旧約の『列王記』を意図的に除いて，推定で 350〜380 年頃の間に聖書の全訳を完成したといわれている。ただし，現存するのは，四福音書の大部分とパウロの書簡からなる新約聖書の約 4 分の 3 にとどまる。ゴート語聖書は 4 世紀末のラテン語完訳『ウルガータ』(ラ Vulgata) に続く，最古期の印欧語による翻訳聖書である。

ゴート語聖書の原本は残っていないが，イタリアに東ゴート王国を築いたテオデリクス王 (ラ Theodericus 454 頃〜526) の手に渡り，おもに北部のラヴェンナ (イ Ravenna) の都で数巻の写本に筆写された。とくに重要なのは，『銀文字写本』(ラ Codex Argenteus) である。紫色に染められた羊皮紙に銀色ないし金色の文字を連ねた豪華な装丁で，500〜550 年頃に作られたらしい。同写本は約千年の後，

16世紀半ばにドイツ中西部のヴェルデン（ド Werden）の修道院で発見された。プラハの神聖ローマ帝国の王宮をへて，三十年戦争（1618〜48）の動乱期にスウェーデンのウプサラ（ウップサーラ，ス Uppsala）大学に運ばれ，近年の盗難事件以来，厳重に保管されている。羊皮紙 336 枚中，188 枚が確認されている。

　ウルフィラが典拠としたギリシャ語原典は，東ローマ帝国で公認され，広く流布した「ビザンティン本文」の一種といわれているが，正確には特定できない。忠実な逐語訳であるために，語順などの面でゴート語の独自性を過度に期待することは困難だが，そのほかの点ではゲルマン語の古い特徴をとどめ，印欧語歴史比較言語学の重要な資料になっている。そのほかの資料は，ウルフィラが考案したゴート文字で書かれた著者不明の『ヨハネによる福音書注解』（略称「スキーリーンス」，ゴ *Skeireins aíwaggēljōns þaírh Iōhannēn*）の断片など，数点にとどまる。

　ウルフィラはゴート人のために，27 文字からなる「ゴート文字」(Gothic alphabet) を考案した。ギリシャ文字の丸みを帯びた大文字の「アンシャル体」(uncial) を主体に，ラテン文字 (h「8」, r「100」, s「200」, f「500」) とおそらくルーン文字 (u「70」) を加えている。大文字と小文字の区別はない。英語の無声の th [θ] に相当する音は，ギリシャ文字の Θ「テータ」ではなく，Ψ「プシー」に相当する文字で表している。転写する場合には，th よりも，ルーン文字に由来する þ「9」，英語名ソーン (thorn) の文字をあてることが多い。印欧祖語の k^w に相当する h^w の音には，ギリシャ文字の O「オミクロン」の中に摩擦音を示す中黒点 (·) をつけて表す。転写する場合には，ゴート語研究者が創作した ƕ「700」の文字をあてる。ギリシャ文字と同様に，ゼロを除く 1〜9，10〜90，100〜900 の数字（両肩に点「··」を添えて表す）を兼ねている。「90」(quoppa) と「900」(sampi) の文字は数字専用である。配列もギリシャ文字とほぼ同じで，ai (= aí) が /ɛ/ ([広い「エ」]) を表し，gg, gk, gq の最初の g が /ŋ/ を表す点もギリシャ語と同様である（文字表は Bennett 1981 (1960): 123 より）。

第 1 章　ゲルマン語の起源と古ゲルマン諸語　17

𐌰	𐌱	𐌲	𐌳	𐌴	𐌿	𐌶	𐌷	𐌸
1	2	3	4	5	6	7	8	9
a	b	g	d	e	q	z	h	þ

𐌹 ï	𐌺	𐌻	𐌼	𐌽	𐌾	𐌿	𐍀	𐍁
10	20	30	40	50	60	70	80	90
i	k	l	m	n	j	u	p	-

𐍂	𐍃	𐍄	𐍅	𐍆	𐍇	𐍈	𐍉	𐍊
100	200	300	400	500	600	700	800	900
r	s	t	w	f	x	ƕ	o	-

各文字の推定音には異論があるが，目安としてまとめておこう。文字表記は「＜＞」で示し，「´」,「¯」を添える。短母音 e, o はない (7.4.)。

	短母音		長母音		二重母音
狭	/i/ <i>	/u/ <u>	/iː/ <ei>	/uː/ <ū>	/iu/ <iu>
半狭			/eː/ <ē>	/oː/ <ō>	
半広	(/ɛ/ <aí>)	(/ɔ/ <aú>)	/ɛː/ <ai>	/ɔː/ <au>	
広	/a/ <a>		/aː/ <ā>		(/ai/ <ai>), (/au/ <au>)

子音：		唇音	歯(茎)音	軟口蓋(声門)音	唇軟口蓋(声門)音
閉鎖音	無声	/p/ <p>	/t/ <t>	/k/ <k>	/kʷ/ <q>
	有声	/b/ <b>	/d/ <d>	/g/ <g>	/gʷ/ <(g)gw>
摩擦音	無声	/f/ <f>	/s/ <s>, /θ/ <þ>	(/x/ <g>) /h/ <h>	/hʷ/ <ƕ>
	有声	/β/ <b>	/z/ <z>, /ð/ <d>	/ɣ/ <g>	
鼻音		/m/ <m>	/n/ <n>		(/ŋ/ <g(g/k/q)>)
流音			/l/ <l>, /r/ <r>		
半母音		/w/ <w>	/j/ <j>		

東ゴート人は258年にクリミア半島に到達したが，この地では長らく「クリミアゴート語」(Crimean Gothic) が生きていた．16世紀に当地に漂着したニュルンベルク商人一行は，ドイツ語によく似た言語を話す若者に遭遇したと証言している．資料としては，神聖ローマ帝国の外交官として，オスマン・トルコ帝国下のコンスタンティノープルに派遣されたフランドル人のオヒール・ヴァン・ビュスベク (Ogier van Busbecq 1522〜1592) が，1560〜62年にクリミア出身の2人の話者から採集した100余りの語形しか残っていない．

4. 北ゲルマン語―スカンジナヴィアとその周辺

4.1. 北ゲルマン語の故地―「スカンジナヴィア」の由来

言語的にも地理的にもまとまりが明確なのは，北欧の北ゲルマン語である．近代以前の北ゲルマン語を，伝統的に「ノルド語」(Nordic) という．その故地「スカンジナヴィア」(Scandinavia) の名称の起源は何だろうか．この名称は，古代ローマの歴史家である大プリニウス (Plinius 23〜79) の『博物誌』(ラ Historia Naturalis) に，「バルト海の大きな島」として初めて登場するラテン語の Scadināvia と，スウェーデン南端地域の「スコーネ」(ス Skåne) の前身である Scānia (古ノ Skáney) との「混交」(contamination) による．これはノルド祖語の *skaðinawjō と同源で，「害，損失」(*skaðin-, ド Schaden) を与える「島，水辺の土地」(*awjō, デ ø, ド Aue) の意味である．デンマークとスウェーデンを分けるエーアソン海峡 (デ Øresund) は岩礁や砂州が多く，たびたび船が座礁したことに由来するとされている．

4.2. ルーン文字―起源，素材，用途

北ゲルマン語には，ゲルマン語最古の断片的資料が残っている．「ルーン文字」(runes, runic alphabet) で刻まれた「ルーン銘文」(ルーン碑文, runic inscription) がそれである．年代の査定には諸説があるが，遅くとも200年頃にさかのぼり，成立は1世紀前半とされている．総数は6,500点余りで，故地のスカンジナヴィアに集中している．スウェーデン約3,600点，ノルウェー約1,600点，デンマーク850点弱を数え，イギリス90点弱，ドイツ約80点，オランダ約25点，アイスランド100点弱，グリーンランド100点強，オークニー諸島約50点，フェーロー

諸島約10点，アイルランド16点と続き，ロシア，ビザンティン，アラブ圏にも残っている (Düwel 2001[3]: 3)。以前は，イタリア北部で非印欧語族のエトルリア人が用いていた古いラテン文字を，現地で接触したゲルマン人が独自の創造を交えて借用したとする意見が多かった。しかし近年では，ローマ帝国との接触が密接だったデンマークのユトラント半島南部を発祥の地とする説が有力である。

　一般に「ルーン碑文」といわれることが多いのは，後述する新ルーン文字による大規模な石碑を連想するためだろう。初期には，製作者の名前を記した1語か2語のものが多く，断片的で数語の短文にとどまる。大文字と小文字の区別はなく，語の切れ目も明示せず，左から右に書くことが多いが，逆の方向もあり，一定しない。牛が犂を引いて畑を耕すように，左から右へ，それから右から左へと書き連ねていく書き方を「牛耕(書)式」(boustrophedon writing) という。この方式は，上述のエトルリア人によるラテン文字資料にも見られる。

　初期の出土品には，耐久性にすぐれ，携帯可能な富裕層の所有物と思われる金銀を素材とした装身具，装飾品，武器，護符が多い。5世紀頃からは移動不可能な岩にも彫られ，墓碑や記念碑も残っている。しかし，現存する資料はまれな例で，最初期には日常的素材であるブナなどの木片に刻まれたらしい。ルーン文字が木目とまぎれやすい水平線や刻みにくい曲線を避け，縦の直線を基本として，交差する斜めの直線だけからなっているのはこのためである。ゲルマン語では，「本」(英 book，ド Buch) あるいは「文字」(ゴ bōka) と「ブナ」(英 beech，ド Buche) を表す語が同源であることも関係がある。木片は文字を刻みやすく，膨大な数に及んだと推定されるが，櫛などに使った骨とともに朽ち果ててしまったと考えられ，数点しか残っていない。これは，木材の保存に適した泥炭地層からなる沼沢地で見つかった。ゲルマン人は沼を神聖化し，遺品を葬る習慣があった。

　「ルーン」(古ノ rún) とは，「秘密，ささやき」の意味を表す。従来は，神秘主義的解釈の偏向もあって，ルーン文字は超自然的な力を備え，呪術や宗教的儀礼に用途が限られたと説かれていた。しかし，言語をつづる行為がまれで，それが少数のエリートに限られた社会では，文字には神秘的な性格がつきものである。「ささやき」という意味は，音を発しない文字の性質を暗示しているという意見もある。神秘的な力を付与されたならば，前例のない字形をとるほうが自然だろう。各文字は正確に音価と対応しており，実用性が念頭にあったことは疑いな

い。失われた最初期の銘文には，日常的な通信内容が多かったにちがいない。

4.3. 古ルーン文字—24文字の「古フサルク」と初期ルーン語

　200〜700年頃のルーン文字を，「古ルーン文字」(older runes)または「古フサルク」(older futhark)という。資料は350点余りで，古ゲルマン語圏のすべてに及んでいる。200点弱の短い銘文のほかに，装飾文字として個々の文字を刻印した円形状の薄い黄金片で，装身具に用いた160点弱のブラクテアート (bracteate 450頃〜550頃)がある。文字は個人の創作によることが多いが，これほど広く流布しながら，この時期のルーン文字はかなりの均一性を示している。

　古ルーン文字は，24文字からなっている。ラテン文字とは別の配列がなされ，8文字を単位に3列に分かれることが銘文例から知られている。各文字の順番を示す数字と文字名を添えて，列挙してみよう。

第1列　1. f *fehu「家畜, 動産」; 2. u *ūruz, *uruz「水牛」; 3. þ (= th) *þurisaz「巨人」; 4. a *ansuz「アース神族」; 5. r *raidō「車, 騎馬」; 6. k *kaunan (?)「潰瘍, 病気」; 7. g *gebō「賜物」; 8. w *wunjō (?)「至福」

第2列　9. h *haglaz, *haglan「ひょう, あられ」; 10. n *naudiz「欠乏, 困窮」; 11. i *īsaz「氷」; 12. j *jēran, *jāran「年, 豊年」; 13. ï (ė) *īwaz「イチイの木」; 14. p *perþō (?) 意味不明, 果樹の名前か; 15. z (> R) *algiz「ヘラジカ」; 16. s *sōwilō「太陽」

第 3 列　17. t *tīwaz「テュール神」；18. b *berkanan「樺の木の小枝」；19. e *ehwaz「馬」；20. m *mannaz「人間，男」；21. l *laukaz「ネギ」，*laguz「水，湖」；22. ŋ (= ng) *ingwaz「イング神 (＝豊穣の神の名)」；23. d *dagaz「日」；24. o *ōþalan, *ōþilan「遺産」

　「フサルク」(fuþark, þ = th) とは，ギリシャ文字の最初のアルファ (α) とベータ (β) をとって「アルファベット」というように，最初の 6 文字の音価 (f, u, þ, a, r, k) にもとづく名称である[*9]。ほとんどがラテン文字の大文字に対応している。2. u は V (= U) を逆にしたもので，6. k は K ではなく，C をもとにしている。3. þ (= th) は英語の th [θ] の音を表す。7. g と 15. z (> R) は，音価は別として，ギリシャ文字の X「キー」と Ψ「プシー」に似ている。8. w, 13. ï (ė), 14. p, 22. ŋ (= ng) は，どちらにも対応せず，8. w と 22. ŋ (= ng) はラテン語とギリシャ語にない音を表す。13. ï (ė) は，音価の解釈に異論があり，余剰的，i または h の代用，あるいは /æ/ を表したとする意見もある。14. p は，使用自体がまれである。ラテン語にない「母音↔半母音」の区別も，11. i ↔ 12. j, 2. u ↔ 8. w で示している。

　個々の文字の名称はルーン文字を題材にした中世期の 4 編の詩などから，ゲルマン祖語の語形を再建して解釈されている。14. p *perþō は意味不明で，21. l には *laukaz「ネギ」と *laguz「水，湖」の解釈がある。音価は語頭音に従う「頭音法」(acrophony) の原則で選ばれている。ラテン文字でも同様に，A「アー」，B「ベー」はギリシャ語の「アルファ」(α)，「ベータ」(β) を経由して，セム語族に属するヘブライ語の文字の āleph「牛」，bēth「家」の語頭音にさかのぼる。語頭に現れない 15. z (> R) の *algiz「ヘラジカ」と 22. ŋ (= ng) の *ingwaz「イング神 (豊穣の神の名)」には，語末または語中に含まれる語をあてている。語末にしか出ない 15. z は，後にロータシズム (8.1.) で r の音になったと考えられ，R という後代の形で示すこともある[*10]。ただし，本来の r を表す 5. r と区別されていることから，/z/ > /r/ の移行段階にあり，チェコ語の ř (例 Dvořák「ドヴォルザーク (＝ドヴォジャーク)」) のような，口蓋化した r [ř] だったとも推定されている。後述する新

　[*9] 古英語のアングロサクソン型ルーン文字は，「フソルク」(futhork, futhorc) という。
　[*10] この z は s の有声音だが，「ヴェアナーの法則」(7.3.) との関係ははっきりしない。

ルーン文字にはこの文字はなく，古ノルド語ではrに移行した。母音字は，短母音専用とも推定される19. eを除いて，短母音と長母音を表したらしい。

文字の名称は，2. uの *ūruz, *uruz「水牛」>「男性の(生殖)力」，21. 1の *laukaz「ネギ」>「豊穣，媚薬」のように，かつてはキリスト教以前のゲルマン人の世界観を表すと拡大解釈されることがあった。現在では，文字の音価を記憶する手段として，頻度の高い身近な概念が選ばれたと考えられている。そのため，音韻変化が起こっても名称は変わらず，音価が変更された。たとえば，4. aの *ansuz「アース神族」は「n＋摩擦音s」の前でaが鼻音化して a^nsaz となり，鼻母音 / a^n / を表すようになった。一方，12. jの *jēran「年，豊年」(>*jāra, 英 year) は，語末のnの脱落に加えて600年頃に語頭のj-が消えてāra (アár) となり，口母音 / a / に変わった[*11]。推定音は次のようになる。文字表記は「＜＞」で示す[*12]。

	短母音		長母音		二重母音
狭	/i/ <i>	/u/ <u>	/iː/ <i>	/uː/ <u>	/iu/ <iu>
	/e/ <e>	/o/ <o>	(/eː/ <e>)	/oː/ <o>	/eu/ <eu>
広		/a/ <a>		/aː/ <a>	/ai/ <ai>, /au/ <au>

子音：		唇音	歯(茎)音	軟口蓋・声門音
閉鎖音	無声	/p/ <p>	/t/ <t>	/k/ <k>
	有声	/b/ <b>	/d/ <d>	/g/ <g>
摩擦音	無声	/f/ <f>	/s/ <s>, /θ/ <þ>	/h/ <h>
	有声	/v/ <v>	/z/ <z (＞R)>	/ɣ/ <g>
鼻音		/m/ <m>	/n/ <n>	(/ŋ/ <ng>)
流音			/l/ <l>, /r/ <r>	
半母音		/w/ <w>	/j/ <j>	

[*11] a^nsaz は，nの脱落を補う「代償延長」(compensatory lengthening) で長母音 á / アー / になり (古ノ áss / アース /)，円唇化で ó / オー / に変化したので (古ノ óss / オース / ，古英 ōs，ス ås)，後述する新ルーン文字の時代にはoを表すようになった。古英語のアングロサクソン型ルーン文字を「フソルク」と呼ぶのは，このためである。注9を参照。

[*12] 長母音 / eː / <e> の認定には異論がある。Nielsen (2000: 104f)，Faarlund (2008: 219) を参照。音価が不明な 13. ĭ (ẹ) の母音文字は考慮していない。/ŋ/ <ng> は，/n/＋/g/ の連続だった可能性もある。

以前は，この時期を「ノルド祖語」(Proto-Nordic) と呼び，最初期の北ゲルマン語とみなすことがあった。しかし，200〜500年頃のルーン文字資料は北ゲルマン語と西ゲルマン語への分岐以前の特徴を随所に示し，2.1. で述べた北西ゲルマン語とみなす意見が有力である。ただし，フィンランド語に借用された kuninga*s*「王」(1.2.) に残る語尾 -z の保持 (*gastiz「客」，古ノ gest*r*，ゴ gast*s*) など，西ゲルマン語 (古英 ģiest, 古高ド/古ザ gast) では失われた北ゲルマン語的な特徴を示すことも事実である。資料的限界のために，「初期ルーン語」(Early Runic) という中立的な名称も提案されており，本書もこれに従う*13。これ以降，ヴァイキング時代 (800〜1050 *14) の終焉までを「共通ノルド語」(Common Scandinavian 500〜1050) とも呼ぶ。ただし，次に述べる新ルーン文字が現れる 700 年頃，遅くともヴァイキング時代初期の 800 年頃には，東西ノルド語への分岐のきざしが芽生えるので，分岐が決定的になるまでの期間をさす便宜的な名称ともいえる。

初期ルーン語の有名な例として，ユトラント半島南部ゲレフース (デ Gallehus) の村で出土した 400 年頃と推定される『ゲレフースの黄金の角杯』に刻印された銘文を挙げておこう (本書冒頭ページを参照)。語幹形成接尾辞 -i- / -a- (8.4.) と語尾 -z が保持されており (gast-*i*-z; horn-*a*)，定冠詞は未発達で，horna「(この) 角 (杯)」は単独で使われている。文末の定動詞 (tawido) は，下記の韻律の問題はあるが，ゲルマン祖語の基本語順を示唆しているともいわれる。

　　ek*h*lewagastiz holtijaz horna tawido「私 (ek-)，ホルティの息子 (Holtijaz ＜ Holt-「森」) のフレワガスティズ (-hlewagastiz ＜ hlewa-「名声」＋ -gastiz「客」，英 guest) が (この) 角を (horna, 英 horn(-s?)) 作った (tawido)」

この豪華な 2 本の角杯の製作者は，見事な出来栄えに満足して詩的アレンジをほどこしたのだろう。ゲルマン語最古の「詩」ともいわれるこの銘文は，2 つの語頭強音部をもつ短詩行 [ ] を 2 つ重ねた 1 行の長詩行を形成し ([ek*h*lewagastiz

---

*13 北ゲルマン語の時代区分と言語名は，各国のナショナリズムもあって一定しない。以下では，Haugen (1984) および近年の説も考慮して，筆者の判断で行う。
*14 カッコ内の歴史学あるいは言語史の時代区分の表示では，「頃」を省略する。

*h*oltijaz] + [*h*orna tawido])，「頭韻」(alliteration) を踏んでいる．頭韻とは，強さアクセントをもち，意味の中核となる名詞などの同一語頭子音または任意の母音の反復による詩行の統一効果をさす．後半の短詩行の最初の *h*orna を中心に，3 つの h- がこの効果を生んでいる (5.6.)．

4.4. 新ルーン文字—16 文字の「新フサルク」と前期古ノルド語

　古ルーン文字資料に北ゲルマン語的特徴が現れるのは，500 年頃以降である．この時期には，ウムラウト (7.5.) や「語中音消失」(syncope) など，重要な音韻変化が生じた．文字体系にも変革が起こり，700 年頃以降のルーン文字はおそらく特定のデンマーク人の発案で，6 + 5 + 5 の 3 列 16 字で構成されるようになった (f, u, þ (= th), ą (> o), r, k; h, n, i, a, s; t, b, m, l, R)*15．これを，「新ルーン文字」(younger runes) または「新フサルク」(younger futhark) という．新ルーン文字は刻印を容易にするために，縦の直線を基調に最小対立で区別されるように簡素化され，同一の高さに統一された．上下 2 本の水平線による帯状の枠内に収められ，方向も左から右に固定された．700～1350 年頃の北ゲルマン語を「古ノルド語」(Old Nordic) と呼ぶが，新ルーン文字資料が多く残されている前半の 700～1050 年頃を「前期古ノルド語」(ド älteres Altnordisch) ということがある．

　この時代には，ウムラウトの発生で母音 (/ æ /, / ø /) が増えたにもかかわらず，文字数は減少した．そこで，1 つの文字が複数の音価を担うことになった．閉鎖音は b, t, k だけで，有声と無声の区別もなく，iklat で England「イングランド」を表すようになった．あいまいで不便な表記のようだが，新しく誕生した音韻をあえて考慮せず，古風な特徴をもとに語形を識別して解釈する方針を採用したためともいえる．これは正書法の一般原理にかならずしも矛盾しない．文字数の減少は，文字をつづる機会が増え，簡便な表記を求めた結果とも考えられる．

　11 世紀半ばには，p, d, g は，b, t, k, に点「・」を加えて表し，/ e /, / æ /, / ø / には特殊記号をつけるようになった．新ルーン文字は縦の基調線を受け継ぐ「デンマーク型」(下図上段) と，それを部分的に廃して他の点も簡素化した「短枝型ルー

---

*15 古英語のアングロサクソン型フソルクは 31 文字に増えた (f, u, þ (= th), o, r, c [tʃ], g [j], w, h, n, i, j, i [i]～[x], p, x, s, t, b, e, m, l, ŋ, œ, d, a, æ, y, ea, ḡ [g], k [k], k̄ (k の異形))．

ン文字」(ス kortkvistrunor) ともいわれる「スウェーデン・ノルウェー型」(下図下段) に大別される。ただし，使用地域は地域名とはかならずしも一致しない。普及したのは前者で，スウェーデンでも大多数の碑文に採用された。11 世紀初頭には，両者を折衷した「ノルウェー型」も発達した。

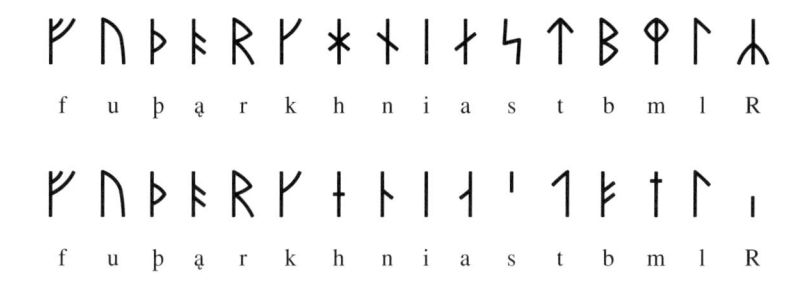

ᚠᚢᚦᚨᚱᚴ᛫ᚼᛁᛆᛋᛏᛒᛘᛚᛦ
f u þ a r k   h n i a s t b m l R

ᚠᚢᚦᚨᚱᚴᛌᚼᛁᛆ᛫ᛋᛏᛒᛘᛚᛦ
f u þ a r k h n i a s t b m l R

新ルーン文字の時期は，経済活動と植民活動の一環として遠征を繰り返した「ヴァイキング時代」(Viking Age 800〜1050) と重なる部分が大きい。有力者の権力や財産権を誇示し，偉業と悲運を記す目的からも，ときには装飾文様や彩色もなされ，目立つ場所の大きな岩に彫られることが多くなった。北欧を旅行して目にする石碑も，この時代のものである。本国から遠く離れた遠征先の各地でも，確認されている。ヴァイキング(ア víkingar「ヴィーキンガル」) の有力者たちは中世ヨーロッパの貴族と違って，識字能力があったといわれており，この時代のルーン銘文は飛躍的に増大した。とくにスウェーデンで多く，石碑の数は約 2,500 点に及び，中部のウップランド地方(ス Uppland) で約 1,200 点を数える。その大部分はヴァイキング時代の末期に近い 11 世紀に由来する。語数も増え，事跡を具体的に描写し，最長のテキストは 700 字以上にもなる。ただし，特定の語彙に限定され，常套句を多用するなど規範性が強い。文字数の減少であいまいさが生じても，限られた内容のために理解に支障はなかったと考えられている。

10 世紀末以降，キリスト教の伝来で，ルーン文字はスカンジナヴィアを除いてラテン文字に駆逐された。教会でルーン文字を用いることがあったイギリスでも，11 世紀には消滅した。スウェーデンとデンマークに比べて，ノルウェーとアイスランドではラテン文字の受容が早く，アングロサクソン文化の影響を受けたノルウェーでは 11 世紀後半にラテン文字の文献がある。ルーン文字は羊皮

紙には記されなかったが，ラテン文字を知らない民衆の通信手段として17世紀まで使われることがあった。西ノルウェーの中心都市ベルゲン（ノ Bergen）では，1956～67年の発掘調査で，12～14世紀に由来する木片に刻まれた実用的・私的内容の新ルーン文字資料が600点余り出土している。スウェーデン中部のダーラナ地方（ス Dalarna）では，ラテン文字と混合して19世紀まで生き長らえた。

4.5. ヴァイキング活動の軌跡―交易，建国，地理上の発見

北ゲルマン人は民族大移動に関与せず，スカンジナヴィア各地に居住地を広げた。しかし，8世紀末からは未知の外地に旺盛に進出し，略奪行為を交えて交易を行う「ヴァイキング時代」に入った。

北方では，ノルウェー人ヴァイキングを中心にフェーロー諸島（フェ Føroyar, 800頃），アイスランド（ア Ísland, 870頃），グリーンランド（デ Grønland, 980頃）に及んだ。1000年頃には，コロンブスの偉業に先駆けて，北米大陸北東海岸部周辺のニューファンドランド島付近に到達し，「ヴィンランド」（ア Vínland,「ワイン (vín)の国 (land)」の意味）と名づけている。

西方では，8世紀末から9世紀前半にシェトランド諸島 (Shetland Islands)，オークニー諸島 (Orkney Islands)，ヘブリディーズ諸島 (Hebrides)，スコットランド，マン島 (Isle of Man)，イングランド，アイルランドに及んだ。793年のノルウェー人ヴァイキングによるノーサンブリア地方の海岸部リンディスファーン島 (Lindisfarne) の修道院襲撃に始まる一連の出来事は，古英語で記された『アングロサクソン年代記』(5.2.) に被害者の立場から詳述されている。デンマーク人ヴァイキングを交えたいわゆるデーン人は，1016～42年にイングランドを併合してデーン朝を開いた。911年にはフランス北部にノルマンディー公国を建て，フランス語化した後の1066～1154年には再びイングランドを征服した。デーン人の北ゲルマン語とノルマン人が新たに母語としたノルマンフランス語 (Norman French) は，英語史に甚大な影響を与えた。ノルマン人は，11～12世紀に北イタリアにナポリ王国，ついでシチリア島を合わせて両シチリア王国を興して栄えた。

東方では，スウェーデン人ヴァイキングを中心にフィンランド，エストニアに進出した。「ルーシ」(Rusĭ) と呼ばれた一行は南東に進み，862年頃にノヴゴロト

公国（ロ Novgorod,「新しい (nov-) ＋町 (gorod)」の意味）を建て，ロシアの起源となった。さらにドニエプル川を下り，882 年には現在のウクライナの首都キエフを都として，キエフ公国を築いた。「ロシア」（ロ Rossija）という国名はスウェーデン人ヴァイキングの名称に由来する。なお，フィンランド語の Ruotsi とエストニア語の Rootsi は,「スウェーデン」の意味である。

　ヴァイキングの足跡はギリシャ，トルコを迂回してバグダッドに至り，北アフリカにも及んだ。しかし，一連の領土拡張は短命に終わり，今日の言語的痕跡はアイスランドとフェーロー諸島に限られている。

4.6. 古ノルド語の展開―西ノルド語と東ノルド語への分岐

　ヴァイキング時代末期には,「西ノルド語」(West Nordic, West Scandinavian) と「東ノルド語」(East Nordic, East Scandinavian) への分岐が顕著になった。東ノルド語の単母音化（14.2. の最終部分を参照）はその一例である。ヴァイキング活動からノルウェー，デンマーク，スウェーデンの 3 王国形成をへて，ヨーロッパを震撼させたペストの大流行が始まる 14 世紀半ばまでを,「後期古ノルド語」(ド jüngeres Altnordisch 1050～1350) の時代と呼んでいる。

　古東ノルド語に属するのは,「古デンマーク語」(デ gammeldansk),「古スウェーデン語」(ス fornsvenska),「古ゴトランド語」(ス forngutniska) の 3 言語である。最古のラテン文字による文献には，古デンマーク語では『スコーネ法』(デ *Skånske lov* 1250 頃), 古スウェーデン語では『西イェートランド人法』(ス *Västgötalagen* 1225 頃) がある。古ゴトランド語はスウェーデン領ゴトランド島 (ス Gotland) の独立した古語で，ゴート語と最も近い関係にあったともいわれている。文献にはルーン銘文のほかに,『ゴトランド人のサガ』(ス *Gutasagan*) を含む『ゴトランド人法』(ス *Gutalagen*) がある。13 世紀に記されたと推定され，1350 年頃の写本が残っている。ゴトランド島は経済的・防衛的要所で，帰属先が激しく変転した。世界遺産の中心都市ヴィースビュ (ス Visby) には，多様な文化的建造物の遺跡がひしめいている。その後は言語の地位を失い，個性的特徴を備えたスウェーデン語ゴトランド方言 (ス gotländska) に下っている。

　古西ノルド語は,「古ノルウェー語」(ノ gammelnorsk) と「古アイスランド語」(ア fornísleenska) からなる。古アイスランド語は，中世ヨーロッパで比類なく独

創的で豊富な文献を生み，他のゲルマン語圏では失われたキリスト教改宗以前のゲルマン人の世界観を縦横に伝えている。英語名 Old Norse として「古ノルド語」と同義に用いられることも多い*16。その祖先は，870〜930 年頃の「植民の時代」にノルウェー海岸部からスコットランド周辺の島々とアイルランドを経由して，「トゥーレ」(ド Thule) とも呼ばれた絶海の孤島に渡った人々である。フェロー諸島への入植と同じくケルト人奴隷を伴い，その数は移住者の 30〜40 % を占めたともいわれる。「植民の時代」末期の全人口は，約 3 万人に達したらしい。「アイスランド」の原語 Ísland [**イース**ランド ˈiːsland] は「氷の (ís) 国 (land)」の意味で，国外移住を戒めたノルウェーの為政者の意図がこめられているともいう。

930 年以降，人々は 2 大陸プレートの裂け目に位置する南西部の世界遺産シングヴェトリル (ア Þingvellir,「会議」(þing) +「平原」(vellir) の意味) で，毎年夏に 2 週間，国民議会というべき「アルシンギ」(ア Alþingi) を開き，「共和制の時代」(930〜1262) に自由を享受した。12 世紀半ばには古ノルウェー語との相違が明確になり，1200〜1350 年を中心に，それまで口頭で伝えられてきた民間伝承が大量の写本に書きとめられた。散文叙事文学「サガ」(ア saga)，北欧神話と英雄伝説の精髄を伝える『エッダ』(ア Edda) がその代表である。サガは，「王のサガ」，「アイスランド人のサガ」，「古代のサガ」，「司教のサガ」，それに「騎士のサガ」，「メルヒェンのサガ」に分かれ，膨大な作品数に及んでいる。ヴァイキング活動による西方拡大の足跡は，アイスランド入植をつづった『植民の書』(古ノ Landnámabók)，グリーンランドと北米大陸北東海岸部への到達を描いた『赤毛のエイリークルのサガ』(古ノ Eiríks saga rauða)，『グリーンランド人のサガ』(古ノ Grænlendinga saga) などに記録され，貴重な歴史的資料になっている。ほかにも法典，歴史書，ノルウェー王の宮廷で活躍したアイスランド人の詩人たちによる修辞的・韻律的技巧を駆使した「スカルド詩」がある (「スカルド」(ア skáld「スカウルド」) は「詩人」の意味)。ほかにも，日本では未紹介の「リームル」(ア rímur) と呼ばれる韻文による膨大な民謡，2,920 余に及ぶ民話も収集されている。

以上，北ゲルマン語の歴史的発達をまとめると次のようになる。

---

*16 この場合の「古ノルド語」(Old Norse) は，「後期古ノルド語」(1050〜1350) とほぼ同義になる。Norse は，「ノルウェー語」を意味するオランダ語 Noors の借用である。一方，Old Nordic は古ノルド語全体をさす。

初期ルーン語 (200〜500)：北西ゲルマン語 ←古ルーン文字 (200〜700)
共通ノルド語 (500〜1050)：北ゲルマン語
　　古ノルド語 (700〜1350)　　←新ルーン文字 (700〜)
　　　　　　　　　　　　　　←ヴァイキング活動 (800〜1050)
　　　前期古ノルド語 (700〜1050) ←アイスランド，フェーロー諸島などへの植民
　　　　　西・東ノルド語への分岐　←ノルウェー，デンマーク，スウェーデン形成
　　　後期古ノルド語(1050〜1350)←キリスト教，ラテン文字

5. 西ゲルマン語 (1)―北海ゲルマン語

5.1. 北海ゲルマン語的特徴―言語接触による共通性

　北ゲルマン語圏は広大だが，話者数はオランダ語の約 2,100 万人にも及ばない。ドイツ語の話し手はその 4 倍を越え，英語人口はヨーロッパだけで 6,000 万人以上に達する。西ゲルマン語が歴史的に統一体を形成しないとしても，驚くには及ばない。西ゲルマン語は 2.1. で述べたように 3 グループからなるが，北海ゲルマン語と内陸ゲルマン語に大別される。

　北海ゲルマン語は，「アングロサクソン人」(Anglo-Saxons) を筆頭とする人々がブリテン島に移住を開始した 5 世紀半ば以前に，大陸部北海沿岸に居住していた諸部族の相互接触によって成立したとされるグループである。文献は，古英語，「フリジア人」(西フ Friezen) の古フリジア語，「ザクセン人」(ド Sachsen) の古ザクセン語で伝えられている。「北海ゲルマン語的特徴」(ド Ingwäonismen) といわれる共通性が目印で，再帰代名詞の消失，人称代名詞の語尾 -r の消失 (例. 英 we / me / you ↔ ド wir / mir / ihr)，動詞の複数形の人称変化が 1 種類に統一された「統一複数」(ド Einheitsplural) などのほかに，次の音韻的特徴が含まれる[*17]。

　① 閉音節 (子音で終わる音節) のゲルマン祖語の a, ($\bar{e}^1$ >) $\bar{a}$ (7.4.) は，開口度

　[*17] スイスドイツ語の一部とアルザス方言を含む南西部のドイツ語方言でも，統一複数 (11.3.) や③の摩擦音の直前での n の脱落が見られる。König (1998[12]: 158f.) を参照。

が狭まって æ / e, ǣ / ē になる。

古英 stæf「杖」, dēd / dǣd「行為」, 古フ stef, dēd(e), 古ザ stef / staf, dād ↔ 古高ド stab, tāt（英 staff, deed, 西フ stêf [stɛ:f], die(d)［diə(t)］↔ ド Stab, Tat, オ staf, daad）

② ゲルマン祖語の a /（ē¹ >）ā は，鼻音 m / n の前で o / ō になる。

古英 mon / man「人」, mōnaþ「（暦の）月」, 古フ mon, mōnath, 古ザ -mon / man, mōnað / mānuð ↔ 古高ド man, mānōd（英 man, month, 西フ man [mɔn], moanne ['mwanə] ↔ オ man [mɑn], maand [ma·nt], ド Mann [man], Monat ['moːnat]）

③ 鼻音 n は「母音＋無声摩擦音 s / f / þ (= th)」の前で脱落し，鼻母音化をへた母音はそれを補うように「代償延長」によって「長音化」(lengthening) する（後に口母音化により鼻音性を消失する）。

古英 ūs「我々を」, fīf「5」, ōþer「第2の」, 古フ ūs, fīf, ōthar, 古ザ ūs, fīf, ōðar ↔ 古高ド uns, fimf / finf, andar（英 us, five, other, 西フ ús, fiif, oar ↔ ド uns, fünf, ander, オ ons, vijf, ander）

④ 口の奥で発音する軟口蓋子音 k(k), g(g) は，前寄りの硬口蓋で発音する母音 i, e や j /j/ が続くと，前寄りの破擦音 / tʃ /, / dʒ / や摩擦音 / j / に変わる。これを「口蓋化」（硬口蓋化，palatalization）という。ドイツ語やオランダ語の過去分詞に残る接頭辞 ge-（古英 ġe- / jə /）は，弱まって消失した。

古英 ċir(i)ċe「教会」(ċ / tʃ / ↔ スコ kirk [k]), leċgan「横たえる」(ċġ /dʒ/), 古フ tziurke, ledza, 古ザ tzerk- / kirika, leggian ↔ 古高ド kirihha, legen（英 church, lay, 西フ tsjerke ['tʃɛrkə], lizze ['lɪzə] ↔ ド Kirche, legen, オ kerk, leggen ['lɛɣə(n)]）

語末の g / k は，i / ī などの硬口蓋母音が先行すると，/j/, /tʃ/ に口蓋化する。例. 英 day, which, I (Chill = I will, シェイクスピア)（＜古英 dæġ (ġ / j /), hwelċ, iċ) ↔ ド Tag, オ welk, ik

ただし，微妙な特徴であり，現代語では不明な場合も多い。たとえば，語頭音 g [g] を示す英語の get「得る」は古ノルド語からの借用，give「与える」もその影響による。古英語は forġietan「忘れる」（英 forget), ġiefan「与える」，西フリジア語

は ferjitte「忘れる」, jaan「与える」で, ġ /j/, j [j] となる。基本的に内陸ゲルマン語に分類されるオランダ語にも, 共通点がある (③ vijf「5」など)。フランケン人を母体とした標準オランダ語の先駆けである古低フランケン方言は, 海岸部では「北海ゲルマン語的特徴」を一部で共有するようになったらしい。一方, 文献に現れた古ザクセン語は, 古フランケン方言の影響で内陸ゲルマン語の特徴を反映している。結果的に古英語と古フリジア語に共通点が目立つので, 古くは「アングロ・フリジア語」(Anglo-Frisian) という統一体を想定することがあった。

5.2. 古英語―アングロサクソン・イングランドの変遷

　イギリス本島は,「大ブリテン島」(Great Britain) と呼ばれる。「ブリテン」とは, 紀元前約 1000 年頃に大陸から移住したケルト人部族のブリトン人 (Britons) にちなむ名称である。フランス北部のブルターニュ半島 (フラ Bretagne) には, 後にイギリスから移住したケルト語派ブルトン語の話者が暮らしている。同じくケルト語が残っているスコットランド (Scotland), ウェールズ (Wales), アイルランド (Ireland) などを除くイングランド (England) が古英語 (Old English) の使用地域である。紀元前 55 / 54 年にはカエサルによるローマ帝国侵攻を受け, 紀元後 43 年から約 350 年間, その属国ブリタンニア (ラ Britannia) となった。

　410 年にローマ軍が撤退すると, 450 年頃からは民族大移動の中で大陸のゲルマン部族が 100 年ほどの間に移住し, 6 世紀末までに「アングロサクソン七王国」(Anglo-Saxon Heptarchy) を築いた。まず, ユトラント半島出身のジュート人 (Jutes, ド Jüten「ユート人」) が南東部のケント (Kent) に定住した。ユトラント半島は現在, 北ゲルマン語に属するデンマーク語圏だが, 当時のジュート人は別の部族である。続いて, 北ドイツのエムス川 (ド Ems) とヴェーザー川の間から移り住んだサクソン人 (Saxons) が一部のフリジア人を交えて, テムズ川 (Thames) 以南のサセックス (Sussex), ウェセックス (Wessex), エセックス (Essex) に居住した (South Saxons, West Saxons, East Saxons の意味)。最後に, アングル人 (Angles) はテムズ川以北に渡り, 北部のノーサンブリア (Northumbria), 中部のマーシア (Mercia) とイースト・アングリア (East Anglia) を興した。現在でもドイツ最北部のシュレースヴィヒ地方の東部は, アングル族にちなんでアンゲルン地方 (ド Angeln) という。イングランド (England) という名称も,「アングル人の (Engl-<

古英 Engla-)国(-land)」に由来する。9世紀からは7王国を統一したウェセックスが中心となり，ウィンチェスター(Winchester)を都として，アルフレド大王(Alfred the Great, 古英 Ælfrēd 849～899, 在位 871～899)の時代に，「アングロサクソン・イングランド」(Anglo-Saxon England)の文化が栄えた。古英語はマーシア方言(Mercian)とノーサンブリア方言(Northumbrian)に，ウェスト・サクソン方言(West Saxon)，ケント方言(Kentish)を加えた4大方言の集合である。

　古英語の文献は700年頃に現れ，1100年頃まで続く。この時期にこれほど豊かな文献を伝えるゲルマン語は例を見ない。これはアングロサクソン人がいち早く600年頃に完全にキリスト教に改宗し，ラテン文字を導入してラテン語文献の翻訳や宗教文献を記し始めたことによる。韻文では8世紀初頭に成立した怪物退治の主人公の名前を冠した英雄伝『ベーオウルフ』(*Beowulf*, 8世紀初頭)，散文ではアルフレド大王の命で編纂が開始された『アングロサクソン年代記』(*Anglo-Saxon Chronicle*)をはじめ，ウェスト・サクソン方言を中心に数々の資料が残っている。

　古英語は現代英語とは非常に異なっている。古語との距離がこれほど大きいゲルマン語はほかにない。第2章で述べるが，ウムラウトの母音があり，名詞類は男性・女性・中性，主格・対格・属格・与格，単数・複数に応じて変化する。代名詞・冠詞には具格，1・2人称代名詞には双数の残存がある。形容詞には弱変化と強変化がある。動詞は7系列の母音交替による強変化動詞，歯音接尾辞を伴う3種類の弱変化動詞，過去現在動詞に分かれる。直説法と仮定法は現在と過去を区別し，主語の人称と数に応じて広範に変化する。語彙を含めて，古英語はかなりドイツ語に似ている。ドイツ語(斜体字で示す)との比較例を挙げてみよう。

① 名詞の性(単数・主格，古英 gōd「よい」↔ド *gut*)

男性	se gōda cyning	↔	*der gute König*「そのよい王」
女性	sēo gōde lār	↔	*die gute Lehre*「そのよい教え」
中性	þæt gōde sċip	↔	*das gute Schiff*「そのよい船」(þ= th)

② 名詞・定冠詞・形容詞弱変化の格変化(男性強変化名詞)

主格・単数	se gōda cyning	複数	þā gōdan cyningas
	der gute König		*die guten Könige*
対格	þone gōdan cyning		þā gōdan cyningas
	den guten König		*die guten Könige*
与格	þǣm gōdan cyninge		þǣm gōdum cyningum
	dem guten König		*den guten Königen*
属格	þes gōdan cyninges		þāra gōdra (gōdena) cyninga
	des guten Königs		*der guten Könige*

③ 動詞の直説法・現在と過去の人称変化（弱変化 hīeran / hören「聞く」）[*18]

iċ {hīere / hīerde}	↔	*ich {höre / hörte}*	
		「私は聞く / 聞いた」	
þū {hīerst / hīerdest}	↔	*du {hörst / hörtest}*	
		「君は聞く / 聞いた」	
hē / hēo / hit {hīerþ / hīerde}	↔	*er / sie / es {hört / hörte}*	
		「彼 / 彼女 / それは聞く / 聞いた」	
wē {hīeraþ / hīerdon}	↔	*wir {hören / hörten}*	
		「私たちは聞く / 聞いた」	
ġē {hīeraþ / hīerdon}	↔	*ihr {hört / hörtet}*	
		「君たちは聞く / 聞いた」	
hīe {hīeraþ / hīerdon}	↔	*sie {hören / hörten}*	
		「彼（女）ら / それらは聞く / 聞いた」	

④ 強変化動詞（直説法）のウムラウト（= U, 7.5.）と母音交替（= A, 8.1.）

不定詞—現在3人称単数（U）—過去単数（A）—過去複数（A）—過去分詞（A）

I　bītan—bītt—bāt—biton—(ġe)biten「噛む」
　　beißen—beißt—biss—bissen—gebissen

[*18] 3人称代名詞・単数の男性・女性形は「彼，彼女」のほかに，文法的な性に応じて「それ」の意味にもなる。「北海ゲルマン語的特徴」(5.1.) として，動詞人称変化は複数形で「統一複数」による1種類である。

II	bēodan—bīett—bēad—budon—(ġe)boden「提供する」
	bieten—bietet—bot—boten—geboten
III	bindan—bint—band—bundon—(ġe)bunden「結ぶ」
	binden—bindet—band—banden—gebunden
IV	beran—bi(e)rþ—bær—bǣron—(ġe)boren「運ぶ」
	gebären—gebiert / gebärt—gebar—gebaren—geboren「生む」
V	ġiefan—ġiefþ—ġeaf—ġēafon—(ġe)ġiefen「与える」
	geben—gibt—gab—gaben—gegeben
VI	faran—færþ—fōr—fōron—(ġe)faren「行く」
	fahren—fährt—fuhr—fuhren—gefahren
VII	healdan—hielt—hēold—hēoldon—(ġe)healden「保つ」
	halten—hält—hielt—hielten—gehalten

　英語は，アフリカーンス語と並ぶ形態的簡素化をはじめ，語彙や統語構造まで大変革を遂げたユニークなゲルマン語である．それには，外部勢力による 2 度の征服をこうむり，異言語から強い影響を受けた点が大きい．『ベーオウルフ』の舞台となったデンマークはアングロサクソン人の故地だが，8 世紀末から 11 世紀半ばまでのヴァイキング時代には，その地のデーン人とノルウェー人ヴァイキングからたび重なる襲来を受けた．アルフレド大王自身，878 年にはロンドンとチェスター (Chester) を結ぶ線の北側を「デーンロー」(Danelaw)，つまりデーン人の法律の及ぶ地域と認めるに至った．その北側の古英語文献の多くは，デーン人によって焼き払われたという．1016 年には，デーン人のクヌート (Canute 994?～1035) に王位を奪われ，デーン王朝が始まる．この間，古ノルド語の語彙が大量に流入した．上述の get, give のほかに，call, die, guess, hit, raise, take, want などの基本動詞，代名詞 they / their / them,「二重語」(doublet) と呼ばれる dike ↔ ditch, garden ↔ yard, kist ↔ chest, skirt ↔ shirt (古ノルド語起源↔古英語起源，口蓋化の有無に注意) など，多数の例がある．それだけではない．古英語と古ノルド語は類似性が高く，共通語彙が多かった．そのため，ヴァイキングとの接触がひんぱんだった北部と中東部から語尾の摩滅を中心に形態的簡素化が生じ，両言語の混成による「クレオール化」(creolization) が起こったともいわれている．

1066 年には「ノルマン征服」(Norman Conquest) によって，ノルマンディー公ウィリアム (William of Normandy 1027?～1087) にイングランドを支配された。「ノルマン人」(Normans) とは，フランス北西部に王国を建て，フランス語を母語としたヴァイキングの子孫をさす。以後 300 年余り，英語は公的使用の舞台から消え，フランス語が強要される時代が続き，大量のフランス語の語彙が入った。

5.3. フリジア人の歴史―北海の民の栄枯盛衰

　古代ローマの歴史家によれば，フリジア人はライン川河口からオランダとドイツの国境付近を流れるエムス川河口までの北海沿岸に定住していたという。この地はローマ帝国の外に位置し，ゲルマン人の居住地ではなく，ゲルマン語起源ともケルト語起源とも異なる印欧語の地名が散見され，そのルーツには謎がある。

　5 世紀半ばに始まるアングロサクソン人のブリテン島移住時代には，人口が希薄になったエムス川以東の土地に拡大し，ヴェーザー川河口に及んで，牧畜と航海で生計を立てていた。そこからベルギー北部フランドル地方を流れるスヘルデ川 (オ Schelde) の南岸を南端とする北海沿岸一帯は，7 世紀前半には「大フリジア」(ラ Frisia Magna) と呼ばれていた。当時，北海は「フリジア人の海」(ラ Mare Frisicum) とも形容されていたが，たび重なる荒波の脅威に備えて，海面下の土地に「テルプ」(西フ terp) と呼ばれる盛り土を設けて集落を形成し，雨水と海水を排出するために縦横に水路が掘られた。10 世紀末まで，テルプは水の脅威からの唯一の防衛手段であり，堤防の建設と陸地の回復は 11 世紀に始まる。700 年頃には，スカンジナヴィアとの交易ルートの中継地点として，デンマークとの国境付近にあたる北ドイツ北海西岸の北フリースラントの島々に移住が行われた。約 300 年後には，おそらくデンマーク王の招きで，同地の大陸部を中心に 2 回目の移住がなされ，両者をあわせて北フリジア語話者の祖先となった (13.1.)。

　7 世紀末には，南からフランケン人の攻撃を受け，スヘルデ川からライン川までの土地を奪われた。フリジア人は，フランク王国にキリスト教を伝えたアングロサクソン人の聖ボニファーティウス (6.3.) を 754 年，古都ドクム (オ Dokkum) で殺害するなどして，抵抗した。しかし，フランク王国のザクセン制圧の過程で，785 年にはカール大帝の支配に下った。9 世紀初頭までにはキリスト教も浸透した。9 世紀末から 10 世紀初めには，デーン人ヴァイキングの襲来を経験してい

る。843 年のフランク王国分裂後は東フランク王国の一部となり，925 年にはそれを受け継ぐドイツ王国に帰属した。以後，ホラント地方（オ Holland）の影響が強まり，1289 年にはエイセル湖（オ IJsselmeer，当時はザイデル海（オ Zuiderzee））以西の「西フリースラント」がホラント伯領となって，オランダ語化が進行した。現在，同地は南・北ホラント州としてオランダ政治経済の中心を担っている。「西フリースラント」（オ Westfriesland）という名称は北ホラント州の北部地方をさし，エイセル湖以東の西フリジア語圏である下記の「フリースラント州」とは異なるので，注意を要する。残りは，神聖ローマ帝国直属とされた。1464 年には，「東フリースラント」（ド Ostfriesland）がザクセン人ツィルクセナ家（ド Cirksena）の手に落ち，港湾都市エムデン（ド Emden）を中心に低地ドイツ語圏に変わっていった。その東側のオランダ北東部でも，当時は低地ドイツ語圏だったハンザ同盟都市フローニンゲン（オ Groningen）の影響で非フリジア語化が進んだ。

　一方，沼地と湿原に阻まれ，外部支配が行き渡らない辺境にあって，古くは「中部フリースラント」（オ Middelfriesland）と呼ばれた現在の西フリジア語地域はフリジア人の故地であり，強固な砦だった。これはラウエルス川（かつては海，西フ Lauwers）以西からエイセル湖までをさし，現在の大堤防以東のオランダ北部に位置するフリースラント州にあたる。3 つに分かれるフリジア語群で最も有力な西フリジア語の正式名が Westerlauwersk Frysk，すなわち「ラウエルス川以西の(Westerlauwersk) フリジア語 (Frysk)」というのは，このためである。当地の人々は長期間，「フリジア人の自由」と呼ばれる独立自尊の精神を保ち続けた。フリジア人の拡張はこの地から起こり，結果的にこの地に押し戻されたといえる。

　「フリジア人の自由」とは，フリジア人はすべて平等で，神聖ローマ皇帝以外にどんな勢力にも隷属しないという意識である。封建制度による主従関係を発達させず，「貴族」とも自称する独立農民の自治による複数の「共和国」が共存した。堤防建設による治水灌漑の技術革新に呼応して，社会的組織化が必要になった 12 世紀には，「フリースラント七海浜国」（西フ De sân Fryske Seelannen）が誕生した。そして，東フリースラントの都市アウリヒ（ド Aurich）近郊で東西フリジア人共通の同盟「ウプスタルスボーム」（低ド Upstalsboom）を結成し，毎年，会合を開いて相互協力を確認し，外部の圧力に抵抗し続けた。1345 年にエイセル湖畔のヴァーンス（西フ Warns）でホラント伯の軍隊を撃退したことを記念する石碑に

は,「奴隷よりも死を」(西フ Leaver dea as slaef) と刻まれている.

しかし,14世紀半ば以降は,天災やペストの流行に加えて2大豪族間の対立が激化し,ラウエルス川以西のフリースラントも1498年にザクセン公の前に「フリジア人の自由」を失った.1525年には,ハープスブルク家(ド Habsburger)のカール5世(ド Karl V. 1500〜58)の手に渡り,フローニンゲン周辺を含めてオランダ語化が進行した.1581年には,スペインのオランダ語圏南部支配に対抗するユトレヒト同盟に組み込まれて「ネーデルラント北部七州」の一翼を担い,精神的アイデンティティの保持に腐心する時代を迎える.

5.4. 古フリジア語—言語史の時代区分をめぐって

「古フリジア語」(西フ Aldfrysk)の資料は,500〜800年頃と推定される20点弱のルーン銘文を除けば,1200年頃の語彙集しかない.本格的な文献は,13世紀後半の法律文書であり,他の西ゲルマン語の古語に比べてかなり遅い.

- 古(=古期)英語 700〜1100　中(=中期)英語 1100〜1500　初期近代英語 1500〜1700　後期近代英語 1700〜1900　[現代英語 1900〜]
- 古(=古期)ザクセン語 800〜1100　中低(=中期低地)ドイツ語 1100〜1600　新低(=新期低地)ドイツ語 1600〜
- 古高(=古期高地)ドイツ語 750〜1050　中高(=中期高地)ドイツ語 1050〜1350　初期新高(=新期高地)ドイツ語 1350〜1650　新高(=新期高地)ドイツ語 1650〜
- 古(=古期)オランダ語 900〜1200　中期オランダ語 1200〜1550　初期新期オランダ語 1550〜1650　新期オランダ語 1650〜
- 古(=古期)フリジア語 1200〜1550　中期フリジア語 1550〜1800　新期フリジア語 1800〜

「古,中,新」と「古期,中期,新期」は個々の言語史の相対的区分であり,西洋史の「古代,中世,近代」とは異なる.「古代」は西ローマ帝国滅亡までをさす歴史学用語であり,「古期」にあたる古語はすべて「中世」に属する.「古代ドイツ語」

などの名称は好ましくない。下位区分として「初期，後期」を交えることもある。

　古フリジア語の時代には，他の西ゲルマン語は中期に移行していた。西ゲルマン語では，古期から中期への移行は，語末の無アクセント母音が区別を失って「あいまい母音」(schwa) の e [エ ə]*19 に弱化したことを重要な基準とする。古フリジア語と古英語の共通性は，1450 年以前の「古典期古フリジア語」(Classical Old Frisian 1276 / 1300～1450) に限られている。古典期古フリジア語はこの意味で「古期」の性格を残しているが，「ポスト古典期古フリジア語」(Post-Classical Old Frisian 1450～1525) とはかなり異なり，その差は古高ドイツ語と中高ドイツ語ほど大きい。そこで，「ルーン文字フリジア語」(Runic Frisian ～1100)，「古フリジア語」(Old Frisian 1200～1400)，「中期フリジア語」(Middle Frisian 1400～1550)，「初期近代フリジア語」(Early Modern Frisian 1550～1880)，「近代フリジア語」(Modern Frisian 1800～) に分ける提案もある (Bremmer 2009: 123)。

　古フリジア語の写本の出土地はエイセル湖からヴェーザー川までに及ぶが，1450 年以降は東側地域の書き言葉が低地ドイツ語に変わったために，ラウエルス川以西に限られている。方言区分として，「古東フリジア語」(Old East Frisian) と「古西フリジア語」(Old West Frisian) に分けることもあるが，これは実質的にそれぞれ古典期とポスト古典期という時代区分に対応し，前者はラテン語，後者は低地ドイツ語とオランダ語から正書法上の影響を受けている。古東フリジア語は，西側の「古エムス川フリジア語」(Old Ems Frisian) と東側の「古ヴェーザー川フリジア語」(Old Weser Frisian) に下位区分される。

　古フリジア語文献の大半は法律文書であり，この点では他の古ゲルマン諸語を凌駕している。無味乾燥な条文ではなく，日常生活を具体的に描写し，初期の資料には頭韻などの技巧を交え，文学的香りを漂わせるくだりも散見される。同じ条項が種々の写本にくり返し記されている点も特徴的である。手紙や年代記なども，古典期以後を中心に 1,300 点余り残っている。伝説や宗教文献もあるが，叙事詩や叙情詩は皆無である。最古の写本は 1276～1300 年と推定されるが，何世

---

*19 あいまい母音 [ə] のカナ発音には，[エ] 以外にも [ア，ウ] などが適切な場合もある。現代ゲルマン諸語では，語末などの無アクセントの e 以外の文字も，あいまい母音 [ə] を表すことがある。厳密には古語についても，e 以外の a, i, o, u の表記でも，すでにあいまい母音 [ə] に弱化していたと考えられるケースがある。

紀も前から口頭で伝えられてきたことは疑いない。フランク王国のカール大帝は，『フリジア人法典』(ラ *Lex Frisionum* 802 頃) をラテン語で編纂させている。

　フリジア人が母語で法典を記した事実は，「フリジア人の自由」による立法権が外部勢力の干渉を阻止していた証拠である。しかし，古フリジア語文献が法律関係に限られ，これほど遅い時期に集中しているのは，それとは裏腹の切迫した政治情勢によると考えられる。13 世紀後半以降，外部勢力の圧迫は激しさを増し，フリジア語は低地ドイツ語とオランダ語の脅威下にあった。ウプスタルスボームの会合では，1300 年以前に法律文書が作成された例はまれであり，最後の会合は多数の写本が誕生した頃の 1323〜27 年に開かれている。人々は「フリジア人の自由」を精神的砦とし，自らの社会規範を母語で文書化することで団結心を鼓舞したのだろう。1450 年以降，東部地域の文章語は低地ドイツ語に移行した。1540 年以降になると，古フリジア語文献はラウエルス川以西の地域でもほとんど姿を消す。古フリジア語期の終わりは，その公的機能の終焉でもあった。

5.5. 古ザクセン語―フランク王国との確執を刻む言語

　古英語の「サクソン人」とここで述べる「ザクセン人」は，「フランク人」と「フランケン人」と同様，それぞれ英語とドイツ語による名称で，ルーツは同じである。前者はイギリスに移住し，後者はドイツ語圏北部とオランダ語圏北東部にとどまった。ギリシャの地理学者プトレマイオス (Ptolemaios 95 頃〜160 頃) の著作では，ザクセン人はエルベ川以東の河口付近にあたるホルシュタイン地方に定住し，名称の由来となった「短剣」(古ザ sahs) を携えた戦闘的部族とされている。3 世紀には他の 3 部族を吸収し，エルベ川とエムス川の間の北海沿岸に及んだ。350 年頃までにはフランケン人と結託して，ライン川とヴェーザー川上流に進出した。400 年頃にはエルベ川ゲルマン人に属するランゴバルド人を南に追いやり，529 頃〜31 年にはフランケン人とともにドイツ中東部のテューリンゲン地方 (ド Thüringen) の北部を制圧して，エルベ川中流に版図を広げた。8 世紀半ばの領土は 1 辺を約 320km とする正三角形に似て，北はデーン人，東はスラヴ人，北西はフリジア人，残りの方角はフランケン人の居住地に接していた。しかし，ザクセン人はフリジア人と共通の「ガウ」(ド Gau) と呼ばれる 100 余りの共同体にとどまり，唯一の王を戴く統一体を確立させなかった。

6世紀半ば以後は，反目関係となったフランケン人から，ローマカトリック教会を後ろ盾に強大な封建国家に成長したフランク王国として攻撃を浴びるようになる。反骨の勇士ヴィドゥキント（Widukind 743 頃～807 頃）も抵抗をあきらめて 785 年に洗礼を受け，30 余年に及んだ「ザクセン戦争」（Saxon Wars 772～804）の末にカール大帝に屈した。840 年代前半の農民同盟「ステリンガ」（Stellinga）の反乱も鎮圧され，852 年には東フランク王国にザクセン公国として組み込まれた。以後，神聖ローマ帝国内でドイツ語圏の一員として歴史を刻んでいく。古ザクセン語地域は，エイセル川以北のオランダ北東部にも及んでいた。現在，当地はオランダ語圏の低地ザクセン方言の使用地域になっており，標準オランダ語の基盤である低地フランケン方言とは歴史的に異なるグループに属している。

　「古ザクセン語」（ド Altsächsisch 800～1100）は北海ゲルマン語の一員だが，ザクセン人の社会は当初から内陸ゲルマン語の話者集団を含み，フランク王国への編入過程で性格を変え，中・南部の高地ドイツ語圏に引き寄せられていった。現在のドイツでザクセンという名称は，「ニーダーザクセン」（ド Niedersachsen）のほかに，内陸部の「ザクセン・アンハルト」（ド Sachsen-Anhalt），「ザクセン」（ド Sachsen）の 3 州に見られる。古ザクセン語は，現在の標準ドイツ語の前身である古高ドイツ語とは別の言語だった。「古低ドイツ語」（古期低地ドイツ語，ド Altniederdeutsch）という呼び名もあるが，これは現代語を基準にした名称である。ただし，前述のように，その領域はオランダ北東部にまたがり，北ドイツの西半分で終わっていた。シュレースヴィヒ・ホルシュタイン州（ド Schleswig-Holstein）の州都キール（ド Kiel）から南にのばした垂線に交わるエルベ川以東の北ドイツは，まだスラヴ語圏だったのである。今でもドイツ南東部のシュプレー川（ド Spree）沿いには，西スラヴ語に属するソルブ語（Sorbian）が残っている。

　12 世紀以降，古ザクセン語は「東方植民」（11.1.）によってエルベ川以東に広がった「中低ドイツ語」（中期低地ドイツ語，ド Mittelniederdeutsch 1100～1600）として受け継がれていく。そして，1241 年に同盟を結んだリューベク（ド Lübeck）とハンブルク（ド Hamburg）を中心に，ハンザ同盟都市の商人の旺盛な経済活動を通じて，北欧とバルト諸国を含む北ヨーロッパ広域に共通の意思疎通手段，すなわち「リングワ・フランカ」（ラ lingua franca）として全盛をきわめた（10.1.）。その勢力範囲は，西はロンドンおよびベルギー・フランドル地方の古都ブリュー

ジュ（オ Brugge「ブリュヘ」），東はロシアの古都ノヴゴロト，北はノルウェー西部のベルゲンにまで及んだ。その後，16世紀にはハンザ同盟の衰退とともに零落し，低地ドイツ語としてドイツ語方言に下った。

5.6. 『ヘーリアント』と古ゲルマン詩の伝統―頭韻と脚韻の間

　古ザクセン語を代表するのは，キリストの生涯を新約聖書の四福音書を凝縮して描いた5,983行の長詩行からなる『ヘーリアント』（古ザ *Heliand*,「救世主」の意味，830〜50頃）である。これはゲルマン語最古の韻文によるキリスト伝である。物語の舞台を北ドイツの風景に移し替え，語彙の意味も含めてキリスト教思想をゲルマン的概念世界に焼き直し，同胞たちの理解に配慮した半創作的作品といえる。天使にキリスト誕生を告げられた羊飼いを馬の飼育者に変更し，キリストを天の王，使徒たちを従者にたとえ，「山上の垂訓」をゲルマン人の首長会議（古ザ thing）になぞらえてクローズアップしたのはその例である。次に，この作品の影響から書かれた『創世記』（ド *Genesis*）の337行の断片がある。旧約聖書冒頭の天地創造を語ったもので，古英語の『創世記B』（*Genesis B*, 617行）の底本に利用されたらしい。ただし，どちらの古ザクセン語の文献も，キリスト教伝道をザクセン制圧の理念としたフランク王国側の要請による。カロリング・ルネサンス期に発達したラテン文字の小文字に古英語の特殊文字を加えて，古ザクセン語として初めて文字に記された。そのため，古ザクセン語のコイネー（共通語，Koine）で記されたにせよ，古高ドイツ語古フランケン方言の影響が顕著に見られる。

　最も重要な『ヘーリアント』は，頭韻を駆使した大規模な作品である。『ゲレフースの黄金の角杯』（4.3.）で述べたように，頭韻はアクセントを語頭に固定させたゲルマン祖語以来の伝統的な韻律技法だった。しかし，その歩みは北ゲルマン語と西ゲルマン語では別々の道をたどった。両者の歩みを追ってみよう。

　北ゲルマン語では，『エッダ』を典型として，頭韻の技法が長く受け継がれた。一般に古ゲルマン語詩は，4つの音節（—）と2つの強音部（´）をもつ短詩行を行間休止（|）をはさんで，2つ重ねた長詩行を単位とする（´— — ´— — | ´— — ´— —）。そして，後半部の短詩行の最初の長音節強音部（´C_1）を中心に，前半部の短詩行の2強音部を合わせた3度の頭韻（C_1）を踏むパターンが典型的で

ある（´C_1—— ´C_1——｜´C_1—— ´——）。英語の (as) *c*ool as a *c*ucumber「落ち着き払って（＝キュウリのように冷たく）」などの成句や mere *pr*attle, without *pr*actice「口先ばっかり，実行さっぱり」（シェイクスピア）のような語呂合わせは，厳格な詩法の一部だったのである。頭韻は，意味的に中核部分を占める名詞を中心に踏まれた。そのため，古ノルド語の「スカルド詩」(4.6.) では，名詞を名詞句で代用する「キェンニング」（ケニング，ア kenning）や名詞を別の名詞で代用する「ヘイティ」（ア heiti）と呼ばれる技法が発達した。同一詩行中の脚韻や詩行ごとの音節数の交替といった厳格な制約も，課せられていった。

　形式的に精緻をきわめた古ノルド語の韻文は，祝典儀礼などで詠われた「機会詩」(occasional poetry) や感情を吐露する叙情詩などの短い作品に限られ，事跡を延々と物語る叙事詩には発展しなかった。歴史記録か文学作品かという問題はあるが，他のヨーロッパ諸国とは対照的に，古ノルド語の中世叙事文献が散文によるサガという形をとったのは，この理由によるとも考えられる。日本の和歌・俳句と物語文学の住み分けにも，共通点があろう。和歌や俳句はスカルド詩と同様に長大な物語を生むには至らず，散文文学がその役目を担ったのである。アイスランド語では，20 世紀まで頭韻が叙情詩に援用された。頭韻技法からの解放は，第 2 次世界大戦後の急進的な詩人たちによって実現された（清水 2009: 249ff.）。

　強い語頭アクセントを保持し，語尾が弱化せずにあいまい母音を欠き，語中や語末の弱母音を脱落させた北ゲルマン語，その中でも保守的な離島北ゲルマン語にたいして，西ゲルマン語は対照的な方向に発達した。語頭アクセントは弱まって文アクセントの比重が高まり，無アクセント接頭辞が発達し，語尾や語中の母音はあいまい母音に弱化して残った。一定数の強音部と頭韻の反復による詩行の韻律的統一性の維持は，弱音節の増加で困難になり，短詩行と長詩行の区別も不明確になった。『ヘーリアント』では代名詞などの機能語でさえ，頭韻を踏んでいる。キェンニングやヘイティによる豊かな比喩表現とは対照的に，意味的に希薄な代名詞的代替表現や枕詞的な常套句を用いた修飾句，同じ意味内容を別の句を用いて反復する同義表現が頻出する。文が長詩行の末尾で完結せず，次行にまたがるアンジャンブマン（フラ enjambement）も見られる。これは装飾表現によって意味的充実をはかることで，形式的簡潔さを禁欲的に保持する原則をとらず，叙事文学としての規模を拡大する方向をめざしたことを示している。

古高ドイツ語を中心とする内陸ゲルマン語では，カロリング・ルネッサンスによる古代ローマ文化復興の機運の中で，詩行の連続維持のために制約の少ないラテン詩の「脚韻」(rhyme) に切り替えていった。『ヘーリアント』の作者は不明で，その成立は古高ドイツ語地域のフルダ (6.3.) の修道院とも，ヴェルデンの修道院ともいわれている。ただし，その作者はフルダの修道院で生まれた『タツィアーン』(Tatian 830 頃) を知っていたとされている。これは 170 年頃にシリアの聖職者タティアーヌス (Tatianus) が四福音書を総合したラテン語版にもとづいて，忠実に古高ドイツ語に移した散文による逐語訳である。だとすれば，これに対抗するように，キリスト教精神とゲルマン的世界観を融和させ，ハープの調べに合わせて朗唱する古ゲルマン語の「頭韻詩」(alliterative verse) の伝統を死守するザクセン人としての意欲的な企てを，『ヘーリアント』の作者は実践したとも考えられる。しかし，政治情勢に加えて，言語的にもその試みは限界に達しつつあった。やがて，ヴァイセンブルクの学僧オトフリートによる古高ドイツ語の『福音書』が登場し，本格的な脚韻の時代を迎える (6.3.)。脚韻は，続く中高ドイツ語期に語末母音の弱化と弱音節の脱落で踏みやすくなり，主流となった。韻律について中間的性格を示していた古英語でも，11 世紀には脚韻詩が優勢になった。

6. 西ゲルマン語 (2) ―内陸ゲルマン語

6.1. ドイツ語とオランダ語のルーツ―3 グループの統合

内陸ゲルマン語に属する主要な古語は，古高ドイツ語と「古オランダ語」(オ Oudnederlands) である。ただし，両者は現在のドイツ語とオランダ語と同一ではない。2.1. に挙げた表を補足して，西ゲルマン語の発達をまとめてみよう。

エルベ川ゲルマン語：
　＞① 古高ドイツ語古アレマン方言・古バイエルン方言など＞[高地ドイツ語子音推移]上部ドイツ語＞ 標準ドイツ語
ヴェーザー・ライン川ゲルマン語：
　＞② 古高ドイツ語古中部フランケン方言など＞[高地ドイツ語子音推移]中部ドイツ語＞ 標準ドイツ語

＞③古オランダ語古低フランケン方言＞低地フランケン方言
　　　＞標準オランダ語
　北海ゲルマン語：
　　＞古ザクセン語＞④低地ドイツ語
　　　　　　　　＞⑤オランダ語低地ザクセン方言
　　＞⑥古フリジア語＞フリジア語群
　　＞⑦古英語＞英語

　ドイツ語は①②④の統合から成立した (2.2.)。標準語の母体は「高地ドイツ語」（ド Hochdeutsch）であり，南部高地地方の①「上部ドイツ語」（ド Oberdeutsch）と中部高地地方の②「中部ドイツ語」（ド Mitteldeutsch）の方言群を含んでいる。オランダ語は③⑤を起源とし，北東部エイセル川以南の③「低地フランケン方言」（オ Nederfrankisch）を標準語の母体としている。古オランダ語の別名を「古低フランケン語」（オ Oudnederfrankisch）というのはこのためである。

　北海ゲルマン語に属する古ザクセン語は，現在はドイツ語で低地ドイツ語，オランダ語で低地ザクセン方言となって，どちらも方言の地位に甘んじている。一方，ヴェーザー・ライン川ゲルマン語に属するフランケン方言の先駆けは，両言語とも標準語に連なっている。標準オランダ語と中部ドイツ語は歴史的に近い関係にある。しかし，両者の一方が他方に従属していた時代は存在しない。その間の事情を理解するためにも，「ドイツ」という名称の由来を説明しよう。

　元来，ド Deutsch［ドイチ（ュ）dɔʏtʃ］/ オ Duits［ダイツ dœyts］（＜ Duitsch）「ドイツ語」とは，「民衆」を意味する名詞の形容詞形である。アイスランド語では，今でも þjóð［スィヨウズ θjouːð］「民衆」（þ＝ th），þýskur［スィスクル ˈθisɡʏr］「民衆の，ドイツ（語）の」という。これはラテン語やロマンス諸語にたいする内陸ゲルマン語話者の自称で，中世ラテン語の theodiscus（11世紀半ば以降 teutonicus）として概念を拡張していった。しかも最古の出典地は786年のイギリスで，theodisca lingua「民衆の言葉」として古英語をさしていた。「ドイツ」の原語は，西ゲルマン語域の広範囲を覆っていたのである。ドイツ語圏の母体となったのは，843年のフランク王国3分割で誕生した東フランク王国，つまりドイツ王国だが，「フランク，フランケン」は「フランス」と同源である。これは現在のフランスに連なる

西フランク王国で，frenkisc「フランケン人の」という形容詞が古フランス語話者の自称となったことによる。語源的には，フランス人は自国をゲルマン人部族の国と称していることになる。そこで内陸ゲルマン語話者を表す呼び名が必要になり，theodiscus という名称が使われ始めた。

England「イギリス」が「アングル人の国」，Danmark「デンマーク」が「デーン人の領土」のように部族名にもとづく国名であるのにたいして，Deutschland [**ドイチ(ュ)ラント** 'dɔʏtʃlant]「ドイツ」は「民衆の国」の意味で，実体を欠いている。この語は，1080年頃の中高ドイツ語による作品『アンノの歌』(ド Annolied) で 'in Diutischemi lande'「Diutisch の国で」として初登場し，1語の複合名詞としては 15 世紀になって現れる。「ドイツ」とは「我々」の意味であり，「我々の言葉・国」といっていたにすぎない。この「我々」が何をさすかは，神聖ローマ帝国(962～1806)の長期に及んだ群雄割拠時代の後，19世紀ロマン主義の言語を基盤とする国民国家の理念のもとで，1868年の明治維新よりも遅れた 1871 年に，北東部の新興国プロイセンを中心としたドイツ帝国として形になった。しかも，それは南東部のオーストリアを除く不完全な国家体制に終わったのである。

オランダ語の由来にも一言しよう。日本語の「ドイツ」は上記のオランダ語の Duits に由来する。一方，「オランダ」はポルトガル語の Olanda の借用で，17世紀黄金時代の中心地 Holland「ホラント地方」(「森林(hol-< holt)の国(land)」の意味)をさし，現在では Nederland [**ネーデルラント** 'neːdərlɑnt] (「低地の(=海抜が低い neder) 国(land)」の意味」) という。英語では，オランダ語をドイツ語の Deutsch「ドイツ語」と同源の Dutch と呼ぶが，オランダ人も古くは母語を dietsc (フランドル地方の語形) / duutsc (ホラント地方の語形) と称していた。その後，Nederduitsch [**ネーデル(ダ)イツ** 'neːdərdœyts]，つまり「低地の (neder-) Duitsch の言葉」として，ドイツ語と区別した。しかし，17 世紀以降，高地ドイツ語が標準語の地位を固め，北ドイツの言語は「低地ドイツ語」(ド Niederdeutsch [**ニーダードイチ(ュ)** 'niːdədɔʏtʃ]) として方言の地位に下った。その結果，名称の類似性からオランダ語を低地ドイツ語と同一視する誤解が生まれた。それをきらって，ナポレオン時代以後の政治体制を定めたウィーン会議(1814～15) で Nederlands [**ネーデルランス(…ツ)** 'neːdərlɑn(t)s] と改称したのである。ドイツ語とオランダ語は，標準語のレベルではヴェーザー・ライン川ゲルマン語に由来する。しか

し，両者はつねに別の言語であり，方言の関係にあった時代は存在しない。オランダは，1648 年の三十年戦争終結まで神聖ローマ帝国の一翼を担っていたが，それは名目的な政治体制にすぎず，言語的にドイツに属していたとはいえない。

6.2. 高地ドイツ語子音推移―古フランケン方言を 2 分する革新

　それでも，オランダ語を低地ドイツ語の一種とする誤記が多いのはなぜだろうか。それは「高地ドイツ語子音推移」(High German Consonant Shift) による区分を過度に重視するためだろう。この音韻変化は，ゲルマン祖語の一部の子音について，標準ドイツ語のもとになった中・南部の古語を中心に起こった。くわしくいうと，エルベ川中流・下流地域から移動したアレマン人，バイエルン人，ランゴバルド人，それに一部のフランケン人の言語を対象とし，その結果，古高ドイツ語という中・南部高地地方のグループが形成された。一方，この変化とは無縁の北部低地地方のグループは，ヴェーザー・ライン川ゲルマン語に属する古オランダ語，それに北海ゲルマン語に属する古ザクセン語のまま残った。「高地ドイツ語子音推移」は，それを受けた中・南部高地地方の言語を特徴づける現象であり，それとは無関係な北部低地地方の言語をまとめる基準ではない。標準オランダ語と低地ドイツ語は，どの時代にもひとまとめにはできない。

　標準ドイツ語の基盤となった高地ドイツ語は，この変化で他のゲルマン諸語から一線を画する性格を得た。これは最南部から起こり，一部は中・南部で止まり，標準ドイツ語に反映していない[20]。

I. 無声閉鎖音（＞無声有気音）＞無声破擦音・無声摩擦音

　「ゲルマン語子音推移」(7.2.) で述べるように，ゲルマン祖語は印欧祖語から分岐する過程で無声閉鎖音 p, t, k を発達させたとされている。この子音は，デンマーク語やアイスランド語のような強い有気音をへて ($p / t / k > p^h / t^h / k^h$)，閉鎖が弱まって無声破擦音または摩擦音になった。t の変化は 5〜6 世紀，p の変化は 6〜7 世紀，k の変化は 7〜8 世紀に継起的に起こったらしい。たとえば，ドイツ語 *Pf*orte「門」（＜古高ド *ph*orta）はラテン語 *p*orta（英 port）からの借用だが，t

---

[20] 11.1. の地図 4 を参照。

＞ tz, z /ts/ の変化が終了し，p ＞ ph, pf /pf/ の変化が起こっていた時期に借用された。このことから，t の変化は p の変化以前の時期に由来することがわかる。南西部の都市名 **Pf**orzheim「プフォルツハイム」は，両変化以前の借用による。

　この変化の原因には定説がない。ひと昔前には，「南はアルプスが近くて坂が多いので，歩くのも大変でハーハーと息を出すから，［プフ，クフ，ツ，フ］というようになった」などという説が大まじめに唱えられたこともある。

　(a) 直前に母音がある場合：無声摩擦音（長音＞語末音で短音）に変化した。
p, t, k (= c) (＞ pʰ, tʰ, kʰ) ＞長音 ff /f:/, zz /s:/, hh /x:/ ＞語末音で「短音化」(shortening) f /f/; z /s/; h, ch /x/)*21
　　古高ド o**ff**an（ド o**ff**en［ˈɔfn̩]）↔ 古英 open「開いた」(英 open)
　　古高ド e**zz**an（ド e**ss**en［ˈɛsn̩]）↔ 古英 etan「食べる」(英 eat)
　　古高ド a**z**（ド a**ß**［a:s]）↔ 古英 ǣ**t**「食べた」(英 a**t**e)
　　古高ド ma**hh**ōn（ド ma**ch**en［ˈmaxn̩]）↔ 古英 macian「作る」(英 ma**k**e)

　どの変化も標準ドイツ語に反映しているが，長子音 (/f:/, /s:/, /x:/) の発音は残っていない。h, ch /x/ は，語頭で声門摩擦音 /h/，母音間で無音（ド ho**ch**［ho:x］「高い」(英 high) ↔ ho**h**e［ˈho:ə］「同左 (変化形)」)，硬口蓋音の前で硬口蓋摩擦音 /ç/（例. i**ch**［イヒ ɪç］「私」↔ a**ch**［アハ ax］「ああ」）になった。t (＞ tʰ) ＞ zz [s:] ＞ z [s] の変化の結果，標準ドイツ語で ss [s]，長母音と二重母音の後では ß [s] と表記する。ß (＜ sz)「エスツェット」は，z, tz [ts] と区別して，母音に続く t に由来する無声音 [s] を表す。古来の s /z/ は，音節末で無声化して [s] と発音する（例. weise［ˈvaɪzə］「賢い」→ Weisheit［ˈvaɪshaɪt］「知恵」）。この変化の結果，ドイツ語では有声 s [z] (＜ゲ s) と無声 ss, ß [s] (＜ゲ t) の対立が生まれた（例. weise［ˈvaɪzə］「賢い」(英 wise) ↔ wei**ß**e［ˈvaɪsə］「白い (変化形)」(英 white)）。十の位を表す数詞は zwanzig「20」(英 twenty) のように -zig［ツィヒ tsɪç］だが，母音に後続する drei**ß**ig「30」(英 thirty) だけが -**ß**ig［スィヒ sɪç］となるのは，このためである。

---

*21 ドイツ語の古語では，z は［ズ z］ではなく，［ス s］または［ツ ts］を表す。現代ドイツ語ではつねに［ツ ts］を表し，ch は［チ tʃ］ではなく，［ハ x］，［ヒ ç］を表す。

(b) 直前に母音がない場合：無声破擦音（＞一部で摩擦音）に変化した。
p, t, k (= c)　（＞ pʰ, tʰ, kʰ）＞ ph, pf /pf/; tz, z(z) /ts/; (k)ch /kx/
t（＞ tʰ）　＞ z(z), tz /ts/：高地ドイツ語全域；標準ドイツ語に反映している。
p（＞ pʰ）　＞ ph, pf /pf/：上部ドイツ語（アレマン方言，バイエルン方言，東フランケン方言）のみ；標準ドイツ語に反映している。
k（＞ kʰ）　＞ (k)ch /kx/：最南部の上部ドイツ語（高地アレマン方言と南部のバイエルン方言）のみ；標準ドイツ語にはほとんど反映していない。

① 語頭
　　古高ド *ph*und（ド *Pf*und [pfʊnt]）↔ 古英 *p*und「ポンド（重量の単位）」（英 *p*ound）
　　古高ド *z*ehan（ド *z*ehn [tseːn]）↔ 古英 *t*īen(e), *t*ēn(e)「10」（英 *t*en）
　　古高ド *k*orn, *ch*orn（ド *K*orn [kɔʁn]）↔ 古英 *c*orn「粒，穀物」（英 *c*orn）
② 子音の直後
　　古高ド kam*ph*, cham*pf*「戦い」（ド Kam*pf* [kampf]）↔ 古英 cam*p*, com*p*「野営地，戦い」（＜ラ cam*p*us, 英 cam*p*）
　　古高ド her*z*a（ド Her*z* [hɛʁts]）↔ 古英 heor*t*e「心臓」（英 hear*t*）
　　古高ド wer*k*, wer*ch*（ド Wer*k* [vɛʁk]）↔ 古英 we(o)r*c*「仕事」（英 wor*k*）
鳴音 m, n, l, r の後では，さらに無声摩擦音 f, s, ch になることがあった。
　　古高ド hel*ph*an, hel*f*an（ド hel*f*en [ˈhɛlfn̩]）↔ 古英 hel*p*an「助ける」（英 hel*p*）
　　古高ド thor*ph*, dor*f*（ド Dor*f* [dɔʁf]）↔ 古英 þor*p*「村」（英 thor*p*）
有気音化が起こりにくい sp, st, sk, ft, ht; tr は，変化しなかった（後に，sp / st / sk ＞ ド sp [ʃp] / st [ʃt] / sch [ʃ] のように，s が [ʃ] になった）。
　　古高ド *st*erno, *st*erro（ド *St*ern [ʃtɛʁn]）↔ 古英 *st*eorra「星」（英 *st*ar）
③ 長子音 pp, tt, kk
長子音に由来するかどうかの判断は，現代語からは困難なことが多い。最後の2例は，「西ゲルマン語子音重複」(2.1.) による (Cj ＞ C̄)。
　　古高ド za*ph*o（ド Za*pf*en [ˈtsapfn̩]）↔ 古英 tæ*pp*a「樽の栓」（＜ゲ *ta*pp*ōn, 英 ta*p*）
　　古高ド se*zz*en（ド se*tz*en [ˈzɛtsn̩]）↔ 古英 se*tt*an「置く」（＜ゲ *sa*tj*anan, 英

se*t*）

古高ド we*ck*en（ド we*ck*en［ˈvɛkŋ］）↔ 古英 we*ċċ*an「起こす」（＜ ゲ
*wa*kj*anan, 英 wa*k*e）

II. 有声（摩擦音＞）閉鎖音の無声化（8〜9世紀）

標準ドイツ語に反映しているのは①だけである。②③は最南部に限られる。「(摩擦音＞)閉鎖音」の変化は,「ゲルマン語子音推移」(7.2.)に関連している。

① (đ/ð/＞) d/d/＞ t：上部ドイツ語と中部ドイツ語の一部
   古高ド *t*iofo（＞ド *t*ief［tiːf］）↔ 古英 *d*ēop「深い」（＞英 *d*eep）
② (ƀ/v/＞) b/b/＞ p：バイエルン方言とアレマン方言のみ
   古高ド *b*ruoder, *p*ruoder（ド *B*ruder［ˈbruːdɐ］）↔ 古英 *b*rōþor「兄弟」（英 *b*rother）
③ (g/ɣ/＞) g/g/＞ k：おもにバイエルン方言
   古高ド *g*ot, *k*ot（ド *G*ott［gɔt］）↔ 古英 *g*od「神」（英 *g*od）

これとは別に, II. (đ/ð/＞) d/d/＞ t の変化で d/d/ が消失したのを補うように, þ(= th)/θ/＞ d/d/ の変化が 8〜9 世紀に起こった（例. 古高ド *d*ankōn（ド *d*anken）↔ 古英 *þ*ancian「感謝する」（英 *th*ank））。ただし, これは古ザクセン語（*th*ankōn）を除いて, 低地ドイツ語とオランダ語（*d*anken）とも共通しており,「高地ドイツ語子音推移」とは別の扱いを必要とする。アイスランド語（*þ*akka）を除いて, 北ゲルマン語（フェ・ニュ *t*akka / ス *t*acka / ブ・デ *t*akke）とフリジア語群のほとんど（西フ *t*ankje / 北フ *t*unke, *t*oonke, *d*anki, *d*anke / 東フ *t*onkje）では, þ(= th)/θ/ は無声閉鎖音 t（デンマーク語とフェーロー語では［tʰ］）に変わった。

6.3. 古高ドイツ語—フランケン人, アレマン人, バイエルン人

古高ドイツ語は現代標準ドイツ語に連なる中・南部の諸方言の先駆けであり, エルベ川ゲルマン語から生じた上部ドイツ語とヴェーザー・ライン川ゲルマン語から生じた中部ドイツ語からなっている。前者の代表は,「アレマン人」(ド Alemannen) の古アレマン方言と「バイエルン人」(ド Bayern / Baiern) の古バイエ

ルン方言である。アレマン人はスエービー族(ラ suēbī)を中心とする部族で，ドイツ南西部の「シュヴァーベン地方」(ド Schwaben)に名を残し，タキトゥスの『ゲルマーニア』にも言及がある。バイエルン人は5世紀後半に文献に現れ，東側のオーストリアに拡大した。ほかにも，エルベ川中流地域の「テューリンゲン人」(ド Thüringer)と，568年にイタリアに王国を建て，「ロンバルディア州」(イタ Lombardia)に名を残す「ランゴバルド人」(ド Langobarden)がいたが，まとまった文献は残っていない。なお，テューリンゲン地方のドイツ語方言は，今日では中部ドイツ語に属する。

　ヴェーザー・ライン川ゲルマン語の代表は，フランケン人(ド Franken)とヘッセン人(ド Hessen)の「古フランケン方言」である。その中心部分は中部ドイツ語に連なるが，それ以外にも下位分類される大方言群を形成している。「高地ドイツ語子音推移」(6.2.)をまぬがれた古低フランケン方言は，現在の標準オランダ語の基盤となった。一方，ロマンティック街道の起点として有名な古都ヴュルツブルク(ド Würzburg)周辺の「古東フランケン方言」は，現在では上部ドイツ語に属し，中部ドイツ語の特徴を兼ね備えている。

　フランケン人(「自由・勇敢な人々」が原義)は，240年頃に文献に現れる。西ローマ帝国滅亡後は，オランダ中部・西部とドイツ中西部から勢力を拡大し，テューリンゲン地方(531年)，ブルグント王国(534年)，アレマン人(746年)とバイエルン人(794年)，ザクセン人(804年)を隷属させて強盛を誇った。メロヴィング朝(482〜751)からカロリング朝(751〜843)にかけて，フランク王国はローマカトリックのキリスト教精神を唯一継承し，5世紀半ばのフン族の東欧侵攻，7世紀初頭のイスラム勢力のイベリア半島進出でも，軍事的に擁護した。

　メロヴィング朝の創始者クロートヴィヒ(ド Chlodwig，フラ Clovis「クローヴィス」，466頃〜511)はガリアの大部分を支配し，496年にカトリックに改宗した。8世紀にはアングロサクソン人の聖ボニファーティウス(Bonifatius 675?〜754)の努力でキリスト教がフランク王国のドイツ語話者に広まり，744年にはドイツ中部のフルダ(ド Fulda)に修道院が置かれた。古高ドイツ語文献は修道院の書房で成立したが，フルダの修道院は9世紀に重要な拠点となった。800年には，カール大帝(ド Karl der Große，フラ Charlemagne「シャルルマーニュ」，742〜814，在位768〜814)がローマ帝国の後継者として教皇から戴冠を受けた。

しかし,「カロリング・ルネッサンス」と称えられるカール大帝の古高ドイツ語による文芸奨励を伝える遺産は多くない。とくに異教的内容のゲルマン英雄歌謡文献は,キリスト教布教の障害として,「敬虔王」の愛称で知られる息子のルートヴィヒ1世(Ludwig I. 778〜840)が処分してしまったらしい。その代わり,キリスト教文学は9世紀に大作を生んだ。ラテン語版総合福音書の忠実な行単位の逐語訳による散文訳『タツィアーン』(Tatian 830 頃),名前が知られた最古のドイツの詩人である学僧オトフリート(Otfrid 800 頃〜875 頃)よる韻文自由訳『福音書』(ド Evangelienbuch 870 頃)が双璧である。前者は,フルダの修道院で古東フランケン方言によって記された。後者は,現在はフランス領のアルザス地方(フラ Alsace,ド Elsass「エルザス」)のヴァイセンブルク(ド Weißenburg,フラ Wissembourg「ヴィサンブール」)の修道院で,古南ラインフランケン方言によってまとめられ,最初の組織的な脚韻詩の試みとして名高い。ほかには,最後の審判を描いた「世界の終末」の意味の頭韻詩『ムースピリ』(ド Muspilli 9 世紀後半,103 行,バイエルン方言),決闘を挑まれた父親が息子を無念のうちに倒すというゲルマン的叙事詩『ヒルデブラントの歌』(ド Das Hildebrandslied 最終部欠落,9 世紀初,68 行)など,小規模な作品にとどまる。後者はフルダの修道院で成立し,古東フランケン方言に他の古高ドイツ語方言や古ザクセン語の要素も加えた混成的な翻訳である。

古高ドイツ語は,便宜的に『タツィアーン』の古東フランケン方言を標準とはするが,中心的方言を欠いている。しかも,東フランク王国をへてカロリング朝からザクセン朝(919〜1024)に転じ,神聖ローマ帝国(962〜1806)を築いたオットー大帝(ド Otto der Große 912〜973)の時代には,キリスト教的ラテン語文化の色彩が鮮明になった。10 世紀の文献は乏しい。唯一の例外は,スイスの世界遺産ザンクト・ガレン(ド St. Gallen)の修道院に仕えたノートカー(Notker 950 頃〜1022)によるボエーティウス(Boethius 480 頃〜524 頃)などのラテン語著作の古アレマン方言への翻訳である。古高ドイツ語は,750 年頃にフライジング(ド Freising)の修道院で編まれたラテン語・古バイエルン方言の対訳語彙集『アブロガンス』(Abrogans,「謙虚な」を意味する最初の語彙による名称,約 3,670 語)に始まり,11 世紀初頭に最南端の地で最後の輝きを見た。以後,ホーエンシュタウフェン王朝(ド Hohenstaufen,シュタウフェン王朝(ド Staufer)1138〜1254)の隆

盛期にあたる中高ドイツ語古典期 (1170〜1250) に新文化を担った騎士階級が宮廷叙事詩，英雄叙事詩，ミンネザング (ド Minnesang, 恋愛叙情詩) の分野で，世俗的な宮廷文学の華を開かせるに至る。

6.4. 古オランダ語—『ヴァハテンドンク詩篇』とその周辺

オランダ語圏はフランク王国分裂後，843 年のヴェルダン条約で中フランク王国 (ド Lothringen「ロートリンゲン」) の一部となった。これはフランスの原型である西フランク王国とドイツ語圏を中心とする東フランク王国にはさまれ，北海沿岸から北イタリアに伸びる細長い領土だった。しかし，870 年のメルセン条約で東・西フランク王国に分割・併合され，現在のオランダは東フランク王国，ベルギー北部のフランドル地方は西フランク王国にほぼ分かれた。880 年のリブモン条約では，マース川 (オ Maas) 以東が東フランク王国に帰属した。9〜10世紀にはフランス王ないしドイツ皇帝に帰属し，フランドル，ブラーバント (オ Brabant)，ホラントの伯爵領やリエージュ (フラ Liège, オ Luik「ライク」)，ユトレヒト (ユートレヘト，オ Utrecht) の司教座が勢力を拡張した。

古オランダ語の文献は，キリスト教伝来が遅れ，過疎地だったこともあって，あまり多くない。その代表は，『ヴァハテンドンク詩篇』(オ *Wachtendonckse Psalmen*) である。これは旧約聖書の詩篇の一部 (1.1〜3.6, 18, 53.7〜73.9) のラテン語訳にたいして，1 行ごとに忠実に翻訳をほどこした行間逐語訳 (interlinear translation) である。カール大帝が都としたドイツ中西部のアーヘン (ド Aachen) に近いオランダ南東部のマーストリヒト (オ Maastricht) 周辺のリンブルフ地方 (オ Limburg) で，10 世紀初め頃に成立したと推定されている。それ以前は，700 年頃からラテン語文献に挿入された固有名詞しか残っていない。「ヴァハテンドンク」(Wachtendonck) とは，ベルギー南東部の古都リエージュの司教座聖堂参事会員アルノルト・ヴァハテンドンク (Arnold Wachtendonck 1538〜1605) の名前である。この人物から 1598 年にフランドル人学者リプシウス (Justus Lipsius 1547〜1606) が譲り受けたとされる原本は失われ，リプシウスによる 2 種類のラテン語との対訳語彙集，それに時代と場所が異なる 4 資料を総合して復元されている。最初の数詩篇は古中部フランケン方言に酷似しており，古中部フランケン方言から残りの大部分を古オランダ語，すなわち古低フランケン方言に翻訳したと

いう説が有力である。

　もうひとつは，『エフモントのヴィリラム雅歌注解』(オ *Egmondse Williram*) である。古高ドイツ語東フランケン方言からの翻訳で，北ホラント地方のエフモント (オ Egmond) の修道院で 11 世紀末に書かれ，羊皮紙 60 葉，約 9,500 語からなる。ただし，語彙や語形変化は古低フランケン方言に直してあるが，「高地ドイツ語子音推移」(6.2.) を踏襲しているので，古高ドイツ語のような印象を受ける。

　『ヴァハテンドンク詩篇』を生んだリンブルフ地方は，ドイツ語圏と関係が深い。それは，中期オランダ語 (オ Middelnederlands 1200～1550) の初期の宮廷叙事詩人で，ミンネザングも残したヘンドリク・ヴァン・ヴェルデケ (Hendrik van Veldeke，ドイツ語名「ハインリヒ・フォン・フェルデケ」(Heinrich von Veldeke, 1140 頃～1200 頃)) の作品の言語の母体でもある。ただし，中期オランダ語の中心地は，現在のベルギー北西部の東・西フランドル 2 州に移った。日本では未紹介の中期オランダ語は，中高ドイツ語に匹敵する文学作品の宝庫であり，研究が待たれる。中世後期の中心地は北側のブラーバント地方に移り，16 世紀にはスペイン軍による南ネーデルラント，現在のフランドル地方への侵攻の結果，さらに北側のアムステルダム (オ Amsterdam) を中心とするホラント地方に移動した。

　フランドル方言による古オランダ語の資料は，きわめて限られている。古西フランドル方言による唯一の資料を紹介しよう。羊皮紙の余白に記されたラテン語との対訳による 11 世紀後半の恋歌で，当時，関係が深かったイギリス南東部のロチェスター (Rochester) の大修道院で発見された。カッコ内の文字は推定で復元している (Quak / Van der Horst 2002: 27)。

　　ラ　Quid expectamus nunc? Abent omnes volucres nidos inceptos nisi ego et tu
　　古オ　Hebban olla uogala nestas hagunnan hinase hi(c) anda thu uu(at) unbida(n) (uu)e nu
　　　「すべての (olla, 英 all) 鳥たちも (uogala, 英 fowls) 私 (hi(c), 英 I) と (anda, 英 and) あなた (thu, 英 thou) を除いて (hinase) 巣を (nestas, 英 nests) 作り始めたのですから (hebban ... hagunnan, 英 have ... begun)，私たちは ((uu)e, 英 we) 今さら (nu, 英 now) 何を (uu(at), 英 what) 待っているのでしょうか (unbida(n), 英 bide)」

歴史的に探るゲルマン語の特徴

▶ 第 2 章 ◀

7. 祖語の似顔絵を描いてみる (1) ―音韻変化のしくみ

7.1. ゲルマン語最古の文献―資料の欠如

　ゲルマン語最古の資料のひとつに，北ドイツの古都メルドルフ (ド Meldorf) で，婦人の墓の埋葬品として 1979 年に確認された衣服の留め金用のブローチがある。この「メルドルフのブローチ」(Meldorf fibula / clasp) には，ラテン文字に似たルーン文字で，左から読むと hiwi，右から読めば iþih と刻まれている (þ = th)。ルーン銘文は紀元 200 年頃にさかのぼるとされているが，1 世紀前半と推定されるこの出土品は，その成立を百数十年早める可能性がある。この 4 文字は埋葬された婦人の名前らしいが，これだけではゲルマン祖語については何もわからない。ゲルマン祖語とは，どんな言語だったのだろう。その姿を追ってみよう。

7.2. ゲルマン語子音推移，またはグリムの法則―謎に満ちた音韻法則の代名詞

　まず，子音から始めよう。ゲルマン語はアルメニア語と並んで，紀元前 3 世紀頃までに閉鎖音系列の子音がユニークな変化をこうむった。デンマーク人のラスク (Rasmus Rask 1787〜1832) が 1818 年に発見した有名な「音韻法則」(sound law) で，「ゲルマン語子音推移」(Germanic Consonant Shift) または「第 1 次子音推移」(First Consonant Shift) と呼ばれている。ドイツ人のヤーコプ・グリム (Jacob Grimm 1785〜1863) が 1822 年に理想化を交えて体系化したので，「高地ドイツ

語子音推移」(6.2.)と合わせて「グリムの法則」(Grimm's law)ともいう。唇音，歯(茎)音，軟口蓋音，唇軟口蓋音からなる3系列の閉鎖音が「ずれ」を起こし，摩擦音を含む別の3系列に移行した，という内容である[*1]。

  I. 印欧：無声閉鎖音(p/t/k/k^w)＞ゲ：無声摩擦音(f/þ/x/x^w)
  II. 印欧：有声閉鎖音(b/d/g/g^w)＞ゲ：無声閉鎖音(p/t/k/k^w)
  III. 印欧：有声有気閉鎖音(b^h/d^h/g^h/g^{wh})＞ゲ：有声無気摩擦音(b/đ/g/g^w)
      (＞有声閉鎖音(b/d/g/g^w))

I. 印欧祖語   p   t   k (= c)   k^w (= qu)
   ゲルマン祖語 f   þ (= th) /θ/   x /x/   x^w (= hw) /x^w/
                 (/ɸ/ ＞ /f/)   (＞ ch, h /x/, /h/) (＞ hw /x^w/, /h^w/)

  ゲ **f*iskaz [*2]「魚」(英 fish)，ゴ *f*isks＜印欧 **p*eisk-，ラ *p*iscis
  ゲ **þ*rejez「3」(英 three)，ゴ *þ*reis＜印欧 **t*reyes＜**t*rei-，ラ *t*rēs
  ゲ *xertōn「心臓」(英 heart)，ゴ *h*aírtō＜印欧 **k*erd-，ラ *c*or
  ゲ **x^w*at「何」(英 what [*3])，ゴ *hv*a (= hwa)＜印欧 **k^w*od-＜**k^w*o-，ラ *qu*od

II. 印欧祖語   b   d   g   g^w
   ゲルマン祖語 p   t   k   k^w (= q)

  ゲ **deupaz「深い」(英 deep)，ゴ *diup*s＜印欧 **d^{h}eub-，リ du*b*ùs
  ゲ **t*exun「10」(英 ten)，ゴ *t*aíhun＜印欧 **d*ekm̥，ラ *d*ecem
  ゲ *a*k*raz「耕地」(英 acre)，ゴ a*k*rs＜印欧 *a*g*ro-，ラ a*g*er

[*1] I では，/ɸ/ は両唇無声摩擦音，/θ/ は歯無声摩擦音(英語の *th*ank の th)を表す。p ＞ /ɸ/ ＞ f と同様に，t ＞ þ /θ/ の変化にも中間段階の両歯無声摩擦音が想定されることがある。Ringe (2006: 94) を参照。III では，/b^h/ は気音(/^{h}/)を伴った有声有気音，/β/ は両唇有声摩擦音，/v/ は唇歯有声摩擦音，/ɣ/ は有声軟口蓋摩擦音を表わす。
[*2] ゲルマン祖語の語形は Orell (2003)，印欧祖語の語形は Watkins (2011[3])，寺澤(編) (1997) に従って示す。ここでは，ラリンガル(7.4.)を用いた表記にはしていない。
[*3] 英語では，古英語の hw- の h/h/ の音が脱落して中英語で w- のつづりに変わり，ノルマン人の書記法の影響で h の文字を挿入して wh- となった。

ゲ *k^wemanan「来る」(英 come), ゴ $q$iman ＜印欧 *g^wā-, *g^wem-, ラ $v$enīre

III. 印欧祖語　　　b^h　　　　　d^h　　　　　g^h　　　　g^{wh}
　　ゲルマン祖語　b /ß/　　　đ /ð/　　　　g /ɣ/　　　g^w /$ɣ^w$/
　　　　　　　　（＞ /v/ ＞ b /b/ ）（＞ d /d/ ）（＞ g /g/ ）（＞ g^w /g^w/ ）

ゲ *$b$eranan「運ぶ」(英 bear), ゴ (ga-)$b$aíran ＜印欧 *b^her-, ラ $f$erre
ゲ *me$đ$jaz「中間の」(英 mid), ゴ mi$d$jis ＜印欧 *med^hyo-, ラ me$d$ius
ゲ *$g$astiz「客」(英 guest), ゴ $g$asts ＜印欧 *g^hos-ti-, ラ $h$ostis「敵」
ゲ *seng^wanan「歌う」(英 sing), ゴ siggwan (gg /ng/) ＜印欧 *seng^{wh}-

　この表から, 英語の have「持っている」とラテン語の habēre「同左」は語形も意味もそっくりだが, 語源が異なることがわかる。「所有」とは,「授与」や「取得」をへた状態であり, ラテン語の habēre (ラ h ＜印欧 g^h) は英語の give「与える」(＜ゲ *gebanan ＜印欧 *g^hab^h-) と同源, 英語の have (＜ゲ *xabēnan) はラテン語の capere「つかむ」(＜印欧 *kap-, 英 captive「捕虜」) と同源である。逆に, 英語の guest「客」とラテン語の hostis「敵」は見知らぬ者はどちらにもなると考えれば, 同源と納得できよう。英語の linguistics「言語学」のもとになったラテン語の lingua「舌, 言語」も, d ＞ l という調音の強さが弱まる「軟音化」(lenition) 以前の dingua にさかのぼり, 英語の tongue「舌」と同源である。
　第 I 系列の無声摩擦音化はこれで止まったわけではない。7.3. で述べる「ヴェアナーの法則」の適用が阻害されない限り, 有声化が続き, 第 III 系列の有声摩擦音化の結果と混じり合った。

　　　第 I 系列　　　　　　　　　第 III 系列
　　　無声閉鎖音 (p / t / k / k^w)　　　有声有気閉鎖音 (b^h / d^h / g^h / g^{wh})
　　　　　　↓　　←ゲルマン語子音推移→　↓
　　　無声摩擦音 (f / þ / x / x^w)
　　　　　　　↘　←ヴェアナーの法則　↙
　　　　　　　　有声摩擦音 (b / đ / g / g^w)

この結果，ゲルマン祖語では摩擦音が著しく多いという類型論的な不均衡が生じた。それを解消するように，第 III 系列のカッコ内に記した「有声摩擦音 (b / đ / g / gʷ) ＞有声閉鎖音 (b / d / g / gʷ)」の変化が続いたとされている。ただし，起こった時点の確定は困難である。ゴート語では，b / ß / ＞ / v / ＞ / b / と d / ð / ＞ / d / の変化は語頭を除いてはっきりしない。*b*indan「結ぶ」(英 bind) の b は / b / だったらしいが，ラテン語の no*v*em*b*er「11 月」は naú*b*aím*b*aír と転写され，b の文字が v と b に対応している。一方，gi*b*an「与える」(英 give) の b は ga*f*「与えた」(英 gave) では「音節末音の無声化」(15.2.) を受けて f と交替するので，/ v / だったかもしれず，/ b / の「異音」(allophone) とも解釈できる。ゴート文字が基礎としたギリシャ文字 β, δ, γ の発音も，4 世紀には有声閉鎖音 / b /, / d /, / g / から摩擦音 / v /, / ð /, / ɣ / に変わっていた。ゴート文字はギリシャ文字にならって数字も表したので，過度に文字数を増やすのを控えたのかもしれない。

「ゲルマン語子音推移」は文献が失われた祖語の時代から，音声資料が残っていない古語への音韻変化であり，音価の厳密な特定は困難である。それによって確認された「音韻対応」(sound correspondence) とは，文字間の抽象的な対応関係にすぎない。祖語や古語の例に「/ /」で発音記号を添えることがあるが，あくまで便宜的な措置である。次に述べる「ヴェアナーの法則」による変異は，ドイツ語で grammatischer Wechsel「子音字交替」という。この grammatisch は「文法」ではなく，ギリシャ語の grámma「文字」の意味である[*4]。つまり，例外的な文字が現れているので，音韻的にも異なるだろうと推定したのである。J. グリムの記述自体が高度の理想化に満ちている。音韻対応とは楽譜に記された音符のようなものである。そこからどんな音楽が紡ぎ出されるかは，演奏者の解釈による。「ゲルマン語子音推移」は揺籃期にあった歴史比較言語学を鼓舞する発見だったが，古くから問題点が指摘されてきた。近年の主要な解釈を紹介しよう。

印欧祖語には，両唇有声閉鎖音 b が語頭に現れる例はない。b をもつ語例自体が乏しく，有声閉鎖音も共起しないので，*ged- や *deb- のようなごくふつうの

[*4] Schweikle (1996[4]: 118) を参照。「文法的交替」という訳語は誤訳である。

語形も再建できない[*5]。b のような一般的な子音で始まる語がないというのは，きわめて不自然である。類型論的に見ると，唇音では有声閉鎖音 b は無声閉鎖音 p よりも「有標性」(markedness)が低く，つまり無理がない。閉鎖音全体でも，軟口蓋音 g よりも両唇音 b のほうが有標性が低い。ゲルマン語でも，オランダ語には軟口蓋閉鎖音 g はないが，両唇閉鎖音 b は存在する。

一方，s + p/t/k では p, t, k は摩擦音化せず(例. ゲ *sternōn「星」(英 star)，ゴ staírnō ＜印欧 *ster- ＜ *h₂ster-, ギ astḗr)，p/t/d + p/t/k では前の子音だけが摩擦音化した(ゲ *ahtau「8」(英 eight)，ゴ ahtau ＜印欧 *oktō(u), ギ oktṓ)。このことから，第 I 系列の p, t, k は有気音(/ pʰ /, / tʰ /, / kʰ /)の性格が強かったとも考えられる。子音の連続では後続子音の「気音」(aspiration)が失われ，有気音と同じように呼気が強く出る摩擦音にはならなかったとも解釈できる。

さらに，類型論的に見ると，有声有気音は無声有気音の存在を含意するという「含意的普遍性」(含意普遍，implicational universal)が成り立つとされている。歯(茎)音で代表させると，印欧祖語の / t / – / d / – / dʰ / のように，有標性が高い，つまり特殊な有声有気音 / dʰ / はあるが，それより有標性が低い，つまり一般的な無声有気音 / tʰ / がない閉鎖音組織は，類型論的にきわめてまれである[*6]。そもそも第 III 系列の有声有気音では，唇音 bʰ の出現頻度が最も高い。これは，むしろ有声無気音 b, d, g, gʷ の分布にかなっている。したがって，第 I 系列と第 III 系列はともに有気音か無気音の無声・有声音と想定したほうが自然である。

以上のことから，第 II 系列の b / b /, d / d /, g / g / を「声門化無声閉鎖音」(glottalized voiceless stop)，つまり，口腔と声門を閉じて喉頭を持ち上げ，その間の空気だけを放出する弱い音の「放出音」(ejective) / p' /, / t' /, / k' / に置き換えるアイデアが生まれた。なじみの薄い用語だが，アルメニア語東部方言，隣接する非印欧語族のコーカサス諸語，朝鮮語の濃音にも例がある。放出音は声門から上

[*5] ゲルマン祖語でも，印欧祖語の b から推移した p で始まる語は存在しない。
[*6] この点を指摘したのは，プラハ学派構造主義言語学の巨匠ヤーコブソン(Roman Jakobson 1896〜1982)である(ヤーコブソン 1973, Jakobson 1958)。ヤーコブソンはまた，印欧祖語に 1 種類の母音 / e / のみを認める再建方法も類型論的に問題であるとした(注 19 を参照)。これは，類型論が歴史比較言語学に示唆を与えることを示した初期の考察として名高い。ただし，印欧祖語と同類の閉鎖音組織を備えた言語も発見されており，母音が 1 種類の言語の存在も完全に否定されてはいない。

第 2 章　歴史的に探るゲルマン語の特徴　59

の呼気の圧力だけで閉鎖を解いて破裂させるので，口の前寄りで調音する両唇音では，強いエネルギーを要するために，まれである。また，音声学的な理由から無声無気音で，同一語内では連続して現れないので，上記の事実に合致する。これを「声門化音説」(喉頭化音説 glottalic theory) といい，フランス人のマルティネ (André Martinet 1908〜99) による 1953 年の説にさかのぼる*7。

「声門化音説」が広く知られるようになったのは，ホパー (Paul J. Hopper) およびそれとは別に，グルジア人のガムクレリゼ (Tamaz V. Gamkrelidze) とロシア人のイヴァーノフ (Vjaceslav V. Ivanov) の業績によるところが大きい。両者は，最古の印欧祖語の閉鎖音系列を / t / – / d / – / dʰ / から / t⁽ʰ⁾ / – / t' / – / d⁽ʰ⁾ / に組み替える説を 1973 年に提唱した*8。非声門化音 / t⁽ʰ⁾ /，/ d⁽ʰ⁾ / の有気性 / ⁽ʰ⁾ / の有無は余剰的で，個々の言語の歴史的発達に応じて反映される特徴とされている。音韻論的に意味の区別に関与する「弁別的」(distinctive) な特徴を重視して解釈すれば，/ t⁽ʰ⁾ / – / t' / – / d⁽ʰ⁾ / は / t / – / t' / – / d / (非声門化無声—声門化—非声門化有声) とみなしてもかまわない。これは朝鮮語や奄美大島の琉球方言にも見られ，印欧祖語よりもゲルマン祖語に近い。つまり，従来とは逆に，ゲルマン語やアルメニア語のほうが古く，他の印欧諸語が子音推移をこうむったことになる。声門化音説には異論も多いが，近年ではほとんどの解説書で言及されている。

声門化音説はゲルマン祖語の子音組織の解釈にも影響を及ぼした。ドイツ人のフェネマン (Theo Vennemann) はゲルマン語のデータと類型論的観点を重視して，最初期のゲルマン祖語の閉鎖音系列を / t⁽ʰ⁾ / – / t' / – / d̬ / ととらえ直し，「グリムの法則」に以下のような根本的な再検討をほどこした*9。

従来の古典的解釈では，第 III 系列で (印欧 dʰ >) ゲ d / ð / > / d / という「摩擦音>閉鎖音」の変化をゲルマン語内部に想定している。すぐに気がつくように，英語では live, love の摩擦音 v [v] はドイツ語の対応語 le*b*en, lie*b* の閉鎖音 b [b] / [p] (← / b / *10) に対応し，語中と語末で / v / > / b / の変化を起こしていない。オ

---

*7 神山 (2006: 29ff.)，マルティネ (神山訳 2003: 187ff.)，Martinet (1994²: 160ff.) を参照。
*8 Gamkrelidze / Ivanov (1973)，Hopper (1973) を参照。ガムクレリゼ自身が放出音をもつコーカサス諸語に属するグルジア語を母語としている。
*9 Vennemann (1984)，(1985) および Frey (1994: 23-37) の解説を参照。
*10 現代語の発音記号「/ /」は音素，「←」「→」は共時的な語形変化または派生関係を示す。

ランダ語では対応語 leven [ˈleˑvə(n)], lief [liˑf] の摩擦音 v [v] / f [f] (← / v /) だけでなく，英語の give, waggon, twig やドイツ語の geben, Wagen, Zweig の閉鎖音 g [g] / [k] (← / g /) が geven [ˈɣeˑvə(n)], wagen [ˈʋaˑɣə(n)], twijg [tvɛix] のように，摩擦音 g [ɣ] / [x] (← / ɣ /) に対応している。つまり，オランダ語はガ行の有声閉鎖音をまったく欠いている。有声閉鎖音は口の後寄りで調音する軟口蓋音では，類型論的に有標性が高い。しかし，「ゲルマン語子音推移」から 2 千年以上たっても「摩擦音＞閉鎖音」の変化が完了せず，一部では始まってもいないというのは奇妙である。同じく類型論的には，「閉鎖音＞摩擦音」に比べて「摩擦音＞閉鎖音」の変化はまれである。フェネマンは有声摩擦音 đ / ð / の代わりに，調音の度合いが弱く有声性が高い「軟音」(lenis) の閉鎖音 (/ ḑ /) を想定した。南部のドイツ語ではそれが調音の度合いが強く無声性が高い「硬音」(fortis) に変わり (/ ḑ̥ / ＞ / t /)，英語やオランダ語では有声化と摩擦音化 (/ ḑ̥ / ＞ / d / , / ð /) が起こったとした。

さて，6.2. で述べた「高地ドイツ語子音推移」は「ゲルマン語子音推移」，すなわち「第 1 次子音推移」と関連づけて，「第 2 次子音推移」(Second Consonant Shift) とも呼ばれている。フェネマンは，これについても再考が必要であるとした。

まず，両者には相違点が多い。「高地ドイツ語子音推移」は，「I. 無声閉鎖音」と「II. 有声摩擦音およびそれから転じた有声閉鎖音」にしか起こっていない。無声閉鎖音 p, t, k は，「ゲルマン語子音推移」では無声摩擦音 f / f /, þ / θ /, x / x / になったが，「高地ドイツ語子音推移」では無声破擦音 ph, pf / pf /; tz, z(z) / ts /; (k)ch / kx / と摩擦音の長音 ff / fː /, zz / sː /, hh / xː / に変わっている。なぜ同じ変化が別の結果を生むのだろうか。「高地ドイツ語子音推移」は，閉鎖音の位置と種類によっても，変化の程度に差が激しい。また，無声閉鎖音は有気音 / pʰ /, / tʰ /, / kʰ / をへて破擦音化したとされるので，最も有気音が強いはずの語頭でこそ，破擦音化した地域が最も広いはずである。ところが，実際には最も狭い地域でしか起こっていない (例. ①軟口蓋音：語頭 korn「粒，穀物」＞最南部の上部ドイツ語のみ chorn ↔ 語中 maken「つくる」＞中部・上部ドイツ語ともに machen; ②両唇音：語頭 pund「ポンド（重量の単位）」＞上部ドイツ語のみ pfund ↔ 語末 dorp「村」＞中部・上部ドイツ語ともに dorpf ＞ dorf, 11.1.)。語形変化や母音組織が保守的な高地ドイツ語で，障害音だけが革新的なのも偶然なのだろうか。

フェネマンは 1984 年,「ゲルマン語子音推移」と「高地ドイツ語子音推移」という 2 度の音韻変化を想定する古典的解釈を否定する大胆な説を提唱した。まず,ガムクレリゼとイヴァーノフの声門化音説に沿って,歯(茎)音で代表させると,最初期のゲルマン祖語の障害音系列を, /θ/ - /t/ - /ð/ から印欧祖語と本質的に変わらない /tʰ/ - /t'/ - /d̥/ とした。/tʰ/ は無声有気閉鎖音, /t'/ は放出音(声門化無声閉鎖音), /d̥/ は調音の度合いが弱く有声性が高い軟音閉鎖音を示す。そして,「古ゲルマン祖語」(Paleo-Germanic)という最初期の段階を想定し,ゲルマン祖語に移行する「無声有気閉鎖音(/tʰ/)＞無声摩擦音(/θ/)」の変化があったとして,「ゲルマン祖語子音推移」(Proto-Germanic Consonant Shift)と名づけた。時期的には,「ヴェアナーの法則」以後とみなされる。

そして,古ゲルマン語圏最南部の古高ドイツ語アレマン方言とバイエルン方言,最北部の古アイスランド語の資料にもとづき,ゲルマン祖語の放出音 /t'/ は「ゲルマン語内部子音推移」(Innergermanic Consonant Shift)という 1 度の音韻変化で,前者では破擦音化し(/t'/ ＞ /ts/ (＞ /sː/ ＞ /s/)),後者では有気音化した(/t'/ ＞ /tʰ/)とみなした。前者はアルプス寄りの「高地ゲルマン語」(High Germanic),後者は北海,バルト海,黒海寄りの「低地ゲルマン語」(Low Germanic)の典型例で,この変化を端的に示している。中間に位置する残りの古高ドイツ語の上部・中部方言は「高地ゲルマン語」,古ザクセン語,古オランダ語,古フリジア語,古英語,ゴート語,残りの古ノルド語は「低地ゲルマン語」の特徴を漸次的に示すという。現在でも,アイスランド語,フェーロー語,デンマーク語の閉鎖音は「無声 /t/ ↔ 有声 /d/ 」ではなく,「有気 /tʰ/ ↔ 無気 /d̥/ 」の対立であり,南部のドイツ語の閉鎖音は無気音である[*11]。従来の「継起説」(succession theory)ともいうべき解釈にたいして,これを「分岐説」(bifurcation theory)という。J. グリム式の「第 1 次,第 2 次」という循環論法は,虚構であることになる。

フェネマンはまた,上述のように,古典的解釈による印欧祖語の有声有気閉鎖音(dʰ)から生じた有声摩擦音の閉鎖音化(d/ð/ ＞ d/d/)を排除し,調音の度合いが弱い半有声の軟音閉鎖音(/d̥/)をゲルマン祖語に想定した。そして,「高地ゲルマン語」では閉鎖の度合いが強まる硬音化に伴う無声化(/d̥/ ＞ /t/),「低地

[*11] オランダ語の無声閉鎖音も,隣接するフランス語と同様に無気音である。

ゲルマン語」では有声化と摩擦音化（/d̥/＞/d/＞/ð/）が強まったとした。これで，「摩擦音＞閉鎖音」という類型論的に不自然な変化は不要になる。また，「ゲルマン祖語子音推移」による無声摩擦音（/θ/）は，「高地ゲルマン語」では軟音化（/θ/＞/ð̥/），「低地ゲルマン語」では有声化（/θ/＞/ð/）が強まったとした。

(a) ゲルマン祖語子音推移 /tʰ/ - /t'/ - /d̥/ ＞ /θ/ - /t'/ - /d̥/
　　古ゲルマン祖語：無声有気閉鎖音 /tʰ/ ＞ゲルマン祖語：無声摩擦音 /θ/
(b) ゲルマン語内部子音推移 /θ/ - /t'/ - /d̥/ ＞ /θ/ - { ① /ts/ ↔ ② /tʰ/ } - /d̥/
　　ゲルマン祖語：放出音（声門化無声閉鎖音）/t'/
　　＞① 高地ゲルマン語：無声破擦音 /ts/（＞摩擦音 /sː/ ＞短音 /s/）
　　＞② 低地ゲルマン語：無声有気閉鎖音 /tʰ/
(c) 高地ゲルマン語・低地ゲルマン語内部の傾向
　　① 高地ゲルマン語 /θ/ - /ts/ - /d̥/ ＞ /θ/（＞/ð̥/）- /ts/ - /d̥/（＞/t/）
　　　軟音閉鎖音 /d̥/ ＞硬音 /t/；無声摩擦音 /θ/ ＞軟音 /ð̥/
　　② 低地ゲルマン語 /θ/ - /tʰ/ - /d̥/ ＞ /θ/（＞/ð/）- /tʰ/ - /d̥/（＞/d/＞/ð/）
　　　軟音閉鎖音 /d̥/ ＞有声音 /d/ ＞摩擦音 /ð/；無声摩擦音 /θ/ ＞有声音 /ð/

従来の古典的解釈では，「高地ドイツ語子音推移」はドイツ語圏の南部高地地方で発祥し，中部高地地方にもかなり浸透し，北部低地地方で途絶えたとされている[*12]。ただし，ドイツ語圏中部の中部フランケン方言でも独自に生じたとする説[*13]，ドイツ語圏中部ではフランク王国の言語同化政策でこの変化を取り入れ，上層階級から下層階級に広がったとする説もある[*14]。この点についても，フェネマンは「高地ゲルマン語」の地域で発祥した破擦音化は，北上するにつれて弱まったのではなく，政治的に優位に立つフランケン人の「低地ゲルマン語」から抵抗を受けて，部分的に後退したとみなしている。これは，音韻変化は政治的・文化的中心地から発祥して周囲に及ぶという「方言周圏論」と共通点がある。さらに，古典的解釈による古高ドイツ語の「閉鎖音＞摩擦音・破擦音」の変化（6.2., I. (a)，

[*12] フリングス（Theodor Frings 1886〜1968）を中心とする説。
[*13] シュツアイヒェル（Rudolf Schützeichel）による説。
[*14] レルヒナー（Gotthard Lerchner）による説で，「音韻置換説」（ド Lautersatz）という。

(b) ①〜③) についても，5〜8 世紀とする通説とは異なり，伝統的な「ゲルマン語子音推移」と同じほど古い紀元前 3 世紀以前に始まったとしている。フェネマンの説はグリムとは別の理想化を含み，反論もあるが，示唆に富む点が多い。

7.3. ヴェアナーの法則と語頭アクセント―祖語にも歴史がある

　印欧祖語では，語のアクセント（＝強さアクセント）の位置が語形変化などで交替することがあった。これを「可動アクセント」(mobile accent) といい，ロシア語などではひんぱんに見られる。しかし，ゲルマン祖語では最終的に「語頭アクセント」(initial accent) に固定された。これは印欧語としてはまれだが，隣接するケルト語（島嶼ケルト語，Insular Celtic）とは共通している。一説によれば，ラテン語などのイタリック語派でもかつてはそうであり，語頭アクセントへの固定を，地理的隣接性によって共通の特徴を発達させた古中央ヨーロッパの「言語連合」（ド Sprachbund）の一例とみなす意見もある[*15]。なお，現代ゲルマン諸語ではアイスランド語を除いて，この原則は失われている。

　問題はその時期である。じつは，語頭アクセントへの固定は「ゲルマン語子音推移」の後で起こり，初期のゲルマン祖語には可動アクセントの時代があったと推定されている。それを証明したのが，「ゲルマン語子音推移」の発見から半世紀以上後の 1875 年に，その例外を規則化したデンマーク人のヴェアナー (Karl Adolf B. Verner 1846〜96) であり，「ヴェアナーの法則」(Verner's law)[*16] の名で知られている。ゴート語の brōþar /ˈbroːθar/「兄弟」(英 brother) では，印欧祖語の t に由来する無声摩擦音 þ /θ/（英語の **th**ank の th）が規則的に現れている。しかし，fa**d**ar /ˈfaðar/「父」(英 father) は，例外的に有声摩擦音 d /ð/（英語の **th**at の th）を示す[*17]。これは，ギリシャ語の phrátēr「兄弟」（語頭音節にアクセント）↔ patḗr「父」（第 2 音節にアクセント）に反映されているように，印欧祖語のアクセント位置の相違に由来する。「ゲルマン語子音推移」で t から生じた無声摩擦音 þ /θ/

[*15] Vennemann (2010: 395)，Krahe / Meid I (1969[7]: 13-21) を参照。
[*16] 「ヴェルネル，ヴェルナー」ともいうが，デンマーク語の発音には「ヴェアナー」（または「ヴェアナ」）が最も近い（デ Verner [ˈvæɐ̯ʔnɒ]）。
[*17] 英語の brother, father が有声摩擦音 th [ð] を示すのは，英語内部の発達による。ラテン語の pater「父」が語頭音節にアクセントがあるのも，ラテン語内部の発達による。

は，有声音の間で有声化，つまり軟音化したが，直前の音節にアクセントがある場合は阻止され，無声音にとどまった。「無声摩擦音は有声音間で直前の音節にアクセントがないときに限って，有声化した」という記述が散見されるが，厳密には正しくない[*18]。ゲルマン語の摩擦音には有声（軟音）と無声（硬音）の対立が希薄であり，語中の摩擦音は有声化する傾向があった。語頭アクセントへの固定は「ヴェアナーの法則」がはたらいた後の時代に起こり，ゲルマン祖語は「ゲルマン語子音推移＞ヴェアナーの法則＞語頭アクセントへの固定」の順に変化したことになる。これは，祖語にも歴史的発達段階があることを示す証拠である。

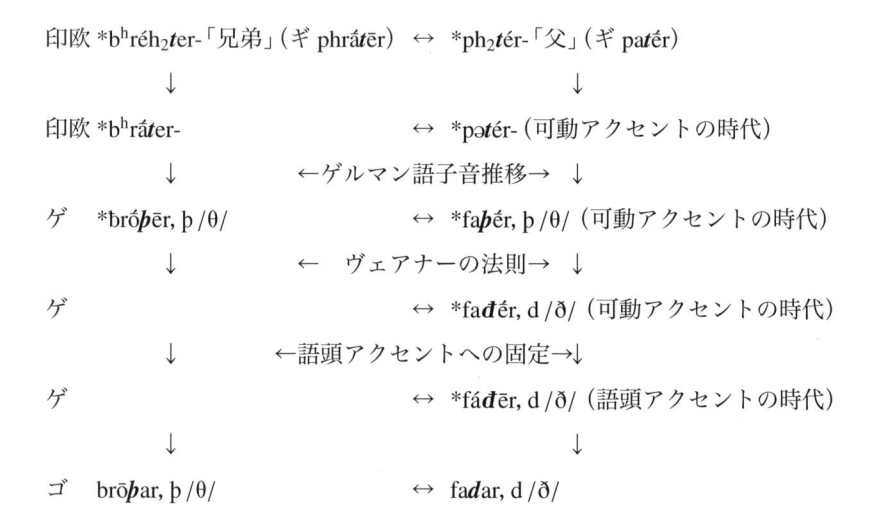

印欧 *$b^h réh_2 ter$-「兄弟」(ギ phrátēr) ↔ *$ph_2 tér$-「父」(ギ patér)
　　　↓　　　　　　　　　　　　　　　　　↓
印欧 *$b^h ráter$-　　　　　　　　　　↔ *pətér-（可動アクセントの時代）
　　　↓　　　　　　　　←ゲルマン語子音推移→　↓
ゲ　*bróþēr, þ /θ/　　　　　↔ *faþér, þ /θ/（可動アクセントの時代）
　　　↓　　　　　　　　←　ヴェアナーの法則→　↓
ゲ　　　　　　　　　　　　　↔ *faðér, ð /ð/（可動アクセントの時代）
　　　↓　　　　　　　　←語頭アクセントへの固定→↓
ゲ　　　　　　　　　　　　　↔ *fáðēr, ð /ð/（語頭アクセントの時代）
　　　↓　　　　　　　　　　　　　　　　　↓
ゴ　brōþar, þ /θ/　　　　　　↔ fadar, ð /ð/

同源の語の間でも，摩擦音に有声と無声の交替が見られることがある。たとえば，「10」を表す数詞では，ゴ taíhun「10」(英 ten) / ド zehn (＜古高ド zehan) ↔ ゴ -tig / ド -zig「…十」(英 -ty, ゴ twai tigjus / ド zwanzig, 英 twenty) のように，摩擦音の無声音 h /x/ と有声音 g /ɣ/ (＞ /g/) が交替する。前者は，ゲ *téxun ＜印欧 *dékm̥ と変化した。後者は，それに加えてゲ *tegúz- ＜ ゲ *tehúz- ＜印欧 *dekú- のように有声化した。これには，印欧祖語に由来する歯擦音 s /s/ の有声化（ /s/ ＞ /z/) も加わった。

[*18] これはソシュール（小林訳 1972: 205）, de Saussure (1972 (1916) : 201) が指摘している。

ヴェアナーは，このことをゲルマン語内部の事実にもとづいて明らかにした。文献以前の言語を再建するときに，他の語派の資料を援用する「比較方法」(comparative method) にたいして，これを「内的再建」(internal reconstruction) と呼ぶ。記録以前の言語の姿は同系の他の言語を欠いていても，当該言語の資料だけで復元できることがある。この点でも，「ヴェアナーの法則」の意義は大きい。

母音や有声子音の間の摩擦音が直前にアクセントがある場合を除いて有声化する例には，英語の 'exercise[ks]「練習」↔ ex'ertion[gz]「尽力」, ,exhi'bition[ks]「展示」(ex- 副アクセント) ↔ ex'hibit[gz]「展示する」，天文台で有名な Greenwich「グリニッジ」，Norwich「ノリッジ」などの地名 (-ch[dʒ])，ドイツ語の Nerven['nɛʁfn̩]「神経（複数形）」↔ nervös[nɛʁˈvøːs]「神経質な」などがある。英語の前置詞 of [əv] は弱く発音することが多いが，古くは「不変化詞」(particle) の off [ɔ(ː)f] にあたる語の弱形だった。What are you so proud of?「君は何がそんなに誇らしいのか」では，of にアクセントが置かれれば，f は off と同じ無声の [f] になる。英語の th- で始まる一般語は，think, thank, throw のように無声の [θ] だが，弱く発音することが多い少数の機能語 the, then, than, thus, though それに this, that は有声の [ð] で定着している。障害音は強く発音すると呼気が多く出る硬音になり，無声を保ちやすいが，弱く発音すると呼気が少ない軟音になり，声帯が狭まって有声化しやすい。声帯を振動させないひそひそ話では，有声と無声は調音の強さによる硬音と軟音，具体的には呼気の多少で区別する。

「ヴェアナーの法則」は「ゲルマン語子音推移」，すなわち「グリムの法則」の例外を規則化し，その妥当性を補強することになった。そして，1870 年代後半以降，ドイツ南東部の都市ライプツィヒ（ド Leipzig）で活躍した「青年文法学派」(Neo-grammarians) の「音韻法則に例外なし」というテーゼにつながり，印欧語歴史比較言語学の構築に寄与した。デンマーク人によるこの発見は，「グリムの法則」よりも類型論的に無理がなく，普遍性の高い音韻規則といえる。

7.4. 母音の変化と 4 母音組織―大昔は母音が乏しかった

日本語の「アイウエオ」という 5 母音組織は類型論的に「無標」(unmarked)，つまり一般的で，世界の言語に広く分布している。それより母音の数が多い英語やドイツ語のほうが「有標」(marked)，つまり特殊なのである。ただし，奈良時代

までは，日本語にもイ列とエ列，それにオ列で「上代特殊仮名遣」と呼ばれる「甲類」と「乙類」の区別があったとされている。一方，ゲルマン語では，時代をさかのぼると日本語よりも母音が少なくなる。ロマンス語も，祖語のラテン語は 5 母音組織だった。次に，母音の発達をたどってみよう。

ゲルマン祖語では，印欧祖語の短母音 a と o が a に融合し，長母音 ā と ō が ō に融合した。これには相互関係も想定されるが，ともかく実例で確認しよう。

① ゲ a ＜印欧 a / o
　　ゴ *a*krs「耕地」(英 acre) ↔ ラ *a*ger
　　ゴ s*a*lt「塩」(英 salt) ↔ ギ h*a*ls, ラ s*a*l-
　　ゴ *a*htau「8」(英 eight) ↔ ラ *o*ctō
　　ゴ hw*a*「何」(英 what) ↔ ラ qu*o*d
② ゲ ō ＜印欧 ā / ō
　　ゴ brōþar「兄弟」(英 brother) ↔ ラ fr*ā*ter
　　ゴ bōkōs「本(複数形)」(英 books) ↔ ラ f*ā*gus「ブナの木」(英 beech)
　　ゴ blōma「花」(英 bloom) ↔ ラ flōs
　　ゴ flōdus「潮流」(英 flood) ↔ ギ plōtós「浮遊している」

フィンランド語に借用された kuning*a*s「王」(ゲ *kuning*a*z, 1.2.) の -as (＜ゲ -az) は，ギリシャ語の Hómēros「ホメーロス」, kósm*o*s「宇宙」などの -os にあたる。

驚くべきことに，最初期の印欧祖語には / e / という 1 つの母音しかなかったと推定されている[19]。これにヒッタイト語を含むアナトリア語派だけに保たれた「喉頭音」(ラリンガル，laryngeal, h_1, h_2, h_3)[20]を前につけると，その他の短母音 (h_1e ＞ he ＞ e, h_2e ＞ ha ＞ a, h_3e ＞ ho ＞ o) へと「音色づけ」(coloring) がなされ (例．ゴ *a*krs「耕地」(英 acre) ＜ ゲ *akraz ＜ 印欧 *agro-＜*$h_2e\hat{g}$r-)，語末や子音の前で / e / の後につけると喉頭音が消失し，その分の長さを後続母音が補う代償延

---

[19] ただし，母音が 1 つしかない言語は，類型論的に不自然ではある。注 6 を参照。
[20] 21 歳のソシュールがヒッタイト語の発見以前に存在を予言したこの喉頭音の音価は，h_1 / h / , h_2 / χ / , h_3 / $χ^w$ / またはそれぞれの有声音だったとも推定されている。

長で長母音 (eh₁ > eh > ē, eh₂ > ah > ā, eh₃ > oh > ō) が誕生した (例. ゴ brōþar「兄弟」(英 brother) < ゲ *brōþēr < 印欧 *bʰrāter <*bʰrah-<*bʰreh₂-)。

分岐直前の印欧祖語の短母音は，類型論的に安定したラテン語や日本語のような a[ア], e[エ], i[イ], o[オ], u[ウ] の 5 母音組織に発達していた。しかし，ゲルマン祖語は o を欠く 4 母音組織になってしまった。母音 o が抜けた穴は，ゲルマン祖語後期に狭母音 u が後続音節の広母音 a, ā の影響で開口度 (＝口の開き) を広げて o になって，部分的に埋め合わされた (u > o / _ $a, ā *²¹, 例. 古英 horn「角」<ゲ *xurnan,「a-ウムラウト」，7.5.)。長母音も，印欧祖語末期の ā, ē, ī, ō, ū の 5 母音組織から ā を欠く 4 母音組織になった。母音 ā が抜けた穴は，h (<ゲ x) の前で an の n が母音 a を「鼻母音」(nasalized vowel) の aⁿ にする代わりに消失し，それを補う代償延長で鼻音長母音 āⁿ になり (an (+ h) > aⁿ + ゼロ > āⁿ)，その後，鼻音性を失って「口母音」(oral vowel) に戻り，ā として部分的に埋め合わされた (例. ゴ þāhts / 古高ド gidāht / 古ノ þótta (英 thought)「同右，過去分詞」< ゲ *þanhta-←*þankjanan「考える」(英 think)) *²²。

長母音 ā の本格的な穴埋めは，ゲルマン祖語の ē (＝ē₁ /æ:/ [広いエー]) が開口度を広げ，ゴート語を除く北および西ゲルマン語で ā になったことによる (ē (＝ē₁ /æ:/) > ā, 例. 古高ド lāz(z)an / 古ザ lātan / 古ノ láta ↔ ゴ lētan「～させる」(英 let) < 印欧 *lē-)。ドイツ語の Schwaben「シュヴァーベン地方」は，ラテン語の suēbī「スエービー族」の ē にたいして，新しい ā を示している。すると，今度は ē (＝ē₁ /æ:/) の穴埋めに，ゴート語を除いて，開口度が狭い ē (＝ē₂ /e:/ [狭いエー]) が複数の源 (次図の「...」) から新たに誕生した。

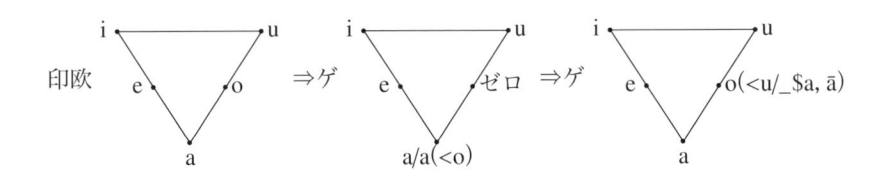

```
        i────u          i────u              i────u
印欧    e    o    ⇒ゲ   e    ゼロ   ⇒ゲ    e    o(<u/_$a, ā)
         ╲  ╱             ╲  ╱                ╲  ╱
          a              a/a(<o)                a
```

---

*²¹ 「$」は，音節境界を示す。
*²² 同様に，h の前で in >īⁿ >ī, un > ūⁿ > ū の変化が起こった。なお，次図では二重母音 (ゲ ai, au, eu, iu) は割愛してある。

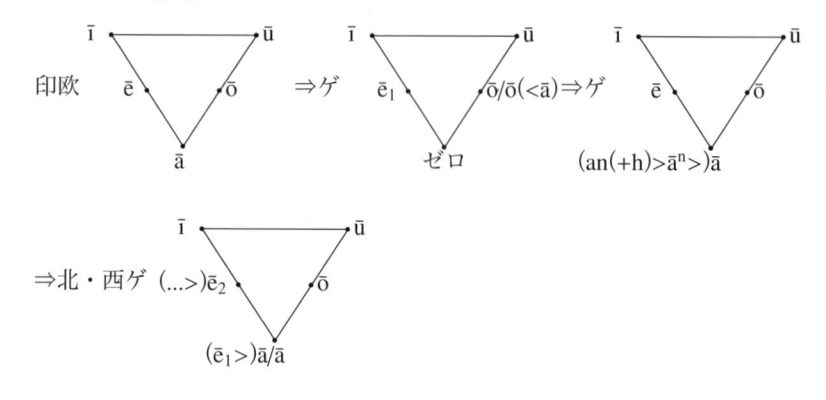

```
         ī ─────── ū              ī ─────── ū                 ī ─────── ū
印欧      ē •    • ō    ⇒ゲ      ē₁ •    • ō/ō(<ā) ⇒ゲ      ē •    • ō
              • ā                       ゼロ                    (an(+h)>āⁿ>)ā

              ī ─────── ū
⇒北・西ゲ (...>)ē₂ •    • ō
              (ē₁>)ā/ā
```

ゴート語は e > i, o > u と開口度を狭め，短母音を基本的に i, a, u の 3 種類に縮約した (ē /eː/ [狭いエー], ō /oː/ [狭いオー] は長母音のみ，3.3. の一覧表を参照)。aí /ɛ/ [広いエ], aú /ɔ/ [広いオ] は，h, ƕ, r の直前で i, u が開口度を広げたもので，1 文字ではつづらず，異音の性格が強い (例. baíran / 'bɛran/「運ぶ」(英 bear), saíƕan / 'sɛʰʷan/「見る」(英 see), daúr /dɔr/「門，扉」(英 door))。ただし，外来語などでは aípistaúlē「手紙」(ギ epistolé), aípiskaúpus「監督」(ギ epískopos) のように，その他の場合にも aí /ɛ/, aú /ɔ/ が現れるので，両者を含めた 5 母音組織への移行段階にあったとも考えられる。

7.5. ウムラウトと「割れ」—新しい母音はこうして誕生した

現代ゲルマン諸語の豊富な母音の中には，先行音節の母音が後続音節の母音を先取りし，吸収するようにして発達したものが少なくない。結果的に後ろの母音が前の母音に影響を与えるので，これを「逆行同化」(regressive assimilation) という。一方，北東に隣接するウラル語族のバルト・フィン諸語は，先行音節の母音の影響で後続音節の母音が変化する「母音調和」(vowel harmony) を示す。これは，「順行同化」(progressive assimilation) の例である。

ドイツ語には，ä, ü, ö とつづる「ウムラウト」(mutation, ド Umlaut) と呼ばれる母音がある。これは，後続音節に i (または j / j /) が続くときに a, o, u が姿を変えたもので (a >ä / _$i; u >ü / _$i; o >ö / _$i)，この音韻変化を「i-ウムラウト」(ド i-Umlaut) という[*23]。ウムラウトとは本来，ä, ü, ö の特殊文字ではなく，音韻変化

[*23] o のウムラウト (o >ö / _$i) は，類推または後代の発達による。ゲルマン語の o は後続

のプロセスをさす。現代ドイツ語で示すと，i[イ ɪ]/ ie[イー i:] は前舌狭母音なので，広母音の a[ア a]/[アー a:] はその影響で開口度を狭めて ä[エ ɛ]/[エー ɛ:] になり，後舌円唇母音 o[オ ɔ]/[オー o:]，u[ウ ʊ]/[ウー u:] は調音位置を前方に移動させて，前舌非円唇母音 e[エ ɛ]/[エー e:]，i[イ ɪ]/[イー i:] の円唇母音にあたる ö[⊥ œ]/[⊥ー ø:]，ü[ユ ʏ]/[ユー y:] になった*24。ライン河畔の大聖堂で有名な古都 K**ö**ln「ケルン」，文豪 G**oe**the「ゲーテ」(oe = ö) は「コルン」，「ゴーテ」とは表記しない。ö，ü は前舌母音 e, i の円唇母音であり，後舌母音 o, u とはもはや無関係なのである。ウムラウトを引き起こした i は，遅くとも 1100 年頃までにはあいまい母音 e[(弱い)エ ə] に弱化した。こうして条件が不明確になると，ä /ɛ/, /ɛː/; ö /œ/, /øː/; ü /ʏ/, /yː/ は独立した「音素」(phoneme) になった。

ド i[ɪ], ü[ʏ] ⟵ u[ʊ]　　　ド ie[iː], ü[yː] ⟵ u[uː]
　　　　　　　　　　　　　　　　　　　e[eː], ö[øː] ⟵ o[oː]
　　e/ä[ɛ], ö[œ] ⟵ o[ɔ]　　　　　ä[ɛː]
　　　↖ a[a]　　　　　　　　　　　↖ a[aː]

ド G**a**st[gast]「客」(英 guest) < 古高ド・中高ド g**a**st
↔ ド G**ä**ste[ˈgɛstə]「同上（複数形）」(英 guests) < 中高ド g**e**ste < 古高ド g**e**sti
ド F**u**ß[fuːs]「足」(英 foot) < 中高ド v**uo**z < 古高ド f**uo**z
↔ ド F**ü**ße[ˈfyːsə]「同上（複数形）」(英 feet) < 中高ド v**üe**ze < 古高ド f**uo**zi
ド h**ö**ren[ˈhøːʁən]「聞く」(英 hear) < 中高ド h**œ**ren < 古高ド h**ō**ren（ゴ h**au**zjan）

英語でも「i-ウムラウト」で類似した母音が誕生したが，唇のまるめが失われ，残っていない。foot ↔ feet（ド F**u**ß ↔ F**ü**ße），g**oo**se ↔ g**ee**se（ド G**a**ns ↔ G**ä**nse），

音節の a の影響で生まれ（u > o / _$a），i は後続しなかったからである（7.4.）。
*24 [⊥] は，[エ] の口のかまえで唇をまるめるという意味。[ユ ʏ]/[ユー yː] のカナ発音は便宜的なもので，英語の you[ju(ː)] の [ユ(ー)] とは異なる。短母音 a のウムラウトは ä 以外に e とつづることもあり，後述する「第 1 次ウムラウト」に多い（例．ド denken「考える」↔ ス tänka「同左」）。デンマーク語，ノルウェー語では，ä には æ，ö には ø の文字が対応する（14.2.）。

full ↔ fill（ド voll ↔ füllen）がその例である。類型論的には前舌母音は非円唇が多く，前舌円唇母音は有標性が高い，つまり特殊なので，英語の変化は不自然ではない。同じく前舌円唇母音を非円唇化した例には，ルクセンブルク語（例. Dier [diəʀ]「ドア」(ド Tür），ペンシルヴェニアドイツ語（例. dir [dir]「同左」)，イディッシュ語（例. tir [tir]「同左」）がある。ウムラウトを広範に起こしたアイスランド語も，dyr [dɪːr]（[ɪː] < / y /)「ドア」，synir [ˈsɪːnɪr]「息子」（sonur の複数形，ド Söhne），kýr [cʰiːr]「雌牛」（[iː] < / yː /，ド Kühe）のように非円唇化をこうむった。フェーロー語も，dyr [diːɹ], synir [ˈsiːnɪɹ], kúgv [kʰɪɡ̊v] となる。

i [イ] は，a [ア], u [ウ] とともに母音の基本的分布を示す母音3角形の頂点に位置し，本来のゴート語の3母音組織が示すように，安定している。したがって，同化の引き金になりやすい。じつは，ウムラウトはaとuによっても起こった。「a-ウムラウト」(ド a-Umlaut) の一例は，o を失ったゲルマン祖語がその後期に後続音節の a, ā の影響で，u が開口度を広げて o を回復したことである (7.4.)。英語の help「助ける」の過去分詞は，古英語では (ġe-)holpen だったが，この o はゲルマン祖語の *hulpanaz の u から，後続する a の影響で生じた。ドイツ語の geholfen（古高ド giholfan）も同様である。

「u-ウムラウト」(ド u-Umlaut) は，北ゲルマン語で顕著に見られる。アイスランド語では，ある程度 -u が残っており，語頭音節では a > ö (<古ノ ǫ /ɔ/)，第2音節以下では影響が弱まって a > u となる。たとえば，kalla「呼ぶ」（英 call はその借用語）の語形変化は ég kalla「私は呼ぶ」↔ við köllum (<古ノ kǫllum)「私たちは呼ぶ」，ég kallaði「私は呼んだ」↔ við kölluðum (<古ノ kǫlluðum)「私たちは呼んだ」となる。land「国（単数の主格・対格）」↔ lönd「国（複数の主格・対格）」のように条件が不明な例は，lönd < 古ノ lǫnd < *landu のように -u が失われた理由による。一方，大陸北ゲルマン語では類推がはたらき，デ barn「子供」↔ børn「同左（複数形）」(ø=ö)，ニュ bror「兄弟」↔ brør「同左（複数形）」など，使用頻度の高い少数の例しか残っていない。

上の説明で「後続音節の母音を先取りし，吸収する」としたが，それと関連する現象に「割れ」(breaking) がある。「割れ」という用語は種々の現象に使われるが，ここでは先行音節の短母音 e が後続音節の母音 a, u の影響で「二重母音化」(diphthongization) する北ゲルマン語の現象に限定しよう (e > ja/_$a; e > jö,

第2章 歴史的に探るゲルマン語の特徴

jø/_$u」、北欧には、ノルウェー西海岸を彩るフィヨルド（ブ fjord「フィユール fjuːr」）、スウェーデン人のテニスの元世界王者ビョルン・ボルグ（Björn Borg「ビェーン・ボリ」1956〜）、アイスランドの人気女性歌手ビェルク（Björk Guðmundsdóttir「ビェルク・グヴズムンスドウフティル」1965〜）など、「j［ɪ j］＋母音」をもつ名前が多い。英語の help（ゴ hilpan）、ドイツ語の bieten（ゴ biudan）「提供する」には、アイスランド語の hjálpa, bjóða やスウェーデン語の hjälpa, bjuda が対応する。アイスランド語の bjarg「救助」（ド bergen「救助する」）、björn「熊」（英 bear）で変化の過程を示してみよう（V：母音、C：子音、＄：音節境界、「´」：アクセント）。

jV́₂CC ＜ V₁V́₂CC ＿＜ V́₁V₂C$CV₂ ＜ V́₁C$CV₂

ア bjarg ＜古ノ bjarg ＜*bĕárg ＜*béarga ＜*bérga

ア björn ＜古ノ bjǫrn ＜*bĕǫ́rn ＜*béornu ＜*bérnu

bjarg は「a による割れ」（a-breaking）、björn は「u による割れ」（u-breaking）の例である。その発端は、先行音節の e が後続音節の a, u を自らの直後に引き寄せるようにして、e ＞ ea; e ＞ (eu ＞) eo となったことによる。後続音節の a, u は「語末音消失」（apocope）で失われ、アクセントが e から a, ǫ（＜o＜u）に移って「くだり二重母音」（falling diphthong, V́V）から「のぼり二重母音」（rising diphthong, VV́）に交替し、e は半母音（または「わたり音」）の j に弱化して ja, jö（ö＜ǫ）となった。ウムラウトは先行音節の母音が後続音節の母音の性質を先取りし、吸収するが、「割れ」は後続音節の母音そのものを先取りし、吸収している。

ゲルマン語では、二重母音（VV）は長母音（V̄）から生じたものが多い。短母音（V）から生まれた例はまれで、たいてい別の要素が関係している。これはゲルマン語以外でも広く見られる。たとえば、スペイン語の padre ['paðre]「父」とフランス語の père [pɛːʁ]「父」（ラ pater）を比べれば、フランス語では d（＜ラ t）が消えた分を補うように、代償延長で短母音 a [a] が長母音 è [ɛː] になっている（7.4.「喉頭音」の説明も参照）。北ゲルマン語の「割れ」でも、短母音 e から長母音 ea, eo をへて ja, jö に至ったのは、e だけが変身した結果ではない。ウムラウトと「割れ」は、本質的に同じ原理にもとづいている。古英語では、siolufr / seolfor「銀」（英

silver) ＜ゲ *silubran のように u の前で i ＞ io / eo となる「u による割れ」に似た変化も，「u-ウムラウト」(軟口蓋ウムラウト，ド Velarumlaut) と呼んでいる[*25]。

　ゲルマン祖語では，前述の「a-ウムラウト」(u ＞ o /＿$a, ā) のほかにも，英語の is やドイツ語の ist がギリシャ語の estí に対応するように，i, j の前で e ＞ i となる「i-ウムラウト」に類する変化も起きていた。しかし，それ以外のウムラウトや「割れ」は祖語の分岐以後に起こり，言語ごとに差がある。

　文献以前の時代に最も広範にウムラウトや「割れ」を起こしていたのは，母音調和をもつバルト・フィン諸語に軒を接していた北ゲルマン語である。英語も，文献以前の 700 年頃から非前舌母音すべてが広範囲で「i-ウムラウト」を起こしており，「u-ウムラウト」に類似した変化や，その他の「割れ」も見られた。両言語ともに，ゲルマン祖語の単数・主格形 *gastiz「客」(英 guest) の -i- が脱落する前に，「i-ウムラウト」による語形 (古ノ gestr, 古英 ĝi(e)st)[*26] を示している。

　一方，古高ドイツ語の語形は gast であり，「i-ウムラウト」は語幹形成接尾辞の -i- の脱落以後にようやく始まった。その時期は，2 つに分かれる。まず，8 世紀に南西部のアレマン方言で発生したとされる「第 1 次ウムラウト」(ド Primärumlaut) が起こった。ここでは，文字表記で見る限り，古高ド gesti「客 (複数形)」(＜ゲ *gastīz, 英 guests) のように短母音 a (a ＞ä (または e) /＿$i) しか対象にならず (ä, e は本来，[狭いエ] の /e/)，「h / w ＋子音」は除かれるなど，制限が強かった[*27]。北ドイツの低地ドイツ語の前身である古ザクセン語では，例外が多く，一貫性に欠けている。ドイツ語では，半広母音 ä/ɛ/ ([広いエ]) を含むその他の短母音，長母音，二重母音のウムラウトすべては，文字に現れる限りでは 10 世紀末に中西部で起こり，11 世紀半ばまでに定着した。これを「第 2 次ウムラウト」(ド Sekundärumlaut) という。しかも，都市名の Osnabrück「オスナブリュク」(ドイツ北西部)，Saarbrücken「ザールブリュケン」(ドイツ中西部) にたいして Innsbruck「インスブルク」(オーストリア西部) が示すように，地域的に限定され，第 1 次ウ

[*25] Brunner (1965³: 87)，ブルンナー (松浪他訳 1977²: 223f.) を参照。
[*26] 英語の guest は，古英語の gi(e)st に直接対応する語形ではない。
[*27] ただし，「第 1 次ウムラウト」の段階で a＞ä 以外の変化も起こっていた可能性は，完全には否定できない。古くは，このäはeとつづった (例．ド denken「考える」↔ ス tänka「同左」)。o＞ö; u＞ü の変化が見られないのは，対応するラテン文字がなく，後続する -i からウムラウトが予測できたので，表記しなかったとも考えられる。

ムラウトの発生地の東側に隣接するバイエルン方言にも及んでいない。

　西端に位置するオランダ語では、「i-ウムラウト」は少なくともあまり表記されず、広範な類推で失われ、長母音には例がない。ドイツ語の G*a*st（＜古高ド gast, 英 guest）↔ G*ä*ste（＜古高ド gest*i*, 英 guests）はオランダ語では g*a*st ↔ g*a*sten であり、大多数の複数形は後述する弱変化語尾 -(e)n（＜ゲ -an）を伴う。ドイツ語の h*ö*ren「聞く」（英 hear）は h*o*ren [ˈhoːrə(n)]「聞く」、Cl*ae*s という男名は「クラース」([klaˑs])である。画家の R*u*bens [ˈryˑbəns]「リューベンス」（通称「ルーベンス」）に見られる u [ユー yˑ] は、フランス語と同じくウムラウトとは無関係である。

　ウムラウトは同一起源ではなく、ばらばらに起こった可能性が高い。なぜこんな変化がいくつも起きたのだろうか。その原因は、語頭アクセントへの固定にあるのかもしれない。これは後続音節のアクセントを語頭音節に引き寄せるようにして先取りし、吸収した現象ともいえる。ウムラウトと「割れ」はそれに呼応して、後続音節の母音の性質や母音そのものを語頭音節に先取りし、吸収しようとした結果ともいえる。ウムラウトでは、後続音節の母音が先行音節の母音に影響を与えるので、後続母音が鍵を握っているように見える。しかし、主導権を掌握していたのは、アクセントをもつ先行音節の母音だったと解釈できる。

　有アクセントの語頭音節に後続する母音は、アクセントという韻律的特性に加えて、調音上の「素性」(feature) も語頭音節の母音に「明け渡し」、最も無標、つまり中立的な中舌非円唇のあいまい母音 [ə] に弱まり、脱落していった。ドイツ語では、語頭の有アクセント音節が長母音化を起こし、あいまい母音に弱化した後続音節の量的性質も吸収したように見える（例．古高ド t*a*ga /a/ ＞ド T*a*ge [aː]（英 days））。語頭アクセントの原則を最も強く保持したのは、頭韻詩の伝統を最も遅くまで守った北ゲルマン語である。アイスランド語は、あいまい母音 [ə] を欠き、後続する奇数音節の母音を中心に、短母音化または脱落という激しい変化をこうむった。語頭音節の母音が後続音節の母音を完全に吸収したのである。ウムラウトと「割れ」が北ゲルマン語で最も広範囲に及んだのは、このためかもしれない。

　ただし、例外的な古語が2つある。ひとつは、初期のルーン文字資料である。4.3. で紹介した『ゲレフースの黄金の角杯』では、ゲルマン祖語後期の「a-ウムラウト」(u ＞ o / _$a) をへた h*o*rna「角」（英 horn）の o にたいして、-g*a*stiR「客」（英 guest）の a は「i-ウムラウト」を欠いている。それほど古い資料なのである。もう

ひとつは，ゴート語である。ゴ ga*s*ts（ド Gast）↔ゴ ga*s*teis（複数形，ei / iː / ，ド Gäste）のように，ゴート語にはウムラウトがほとんど見られない。通説では，ウムラウトが起こる以前に話者が故地を離れたためとされている。

以上の結果，古ゲルマン諸語は多数の母音たちの群れであふれていた。こんな複雑なシステムを正確に死守するのは，並大抵の技ではない。やがて中世から近代への移行期を迎えると，英語の「大母音推移」をはじめ，ゲルマン語の多くは母音の「連鎖推移」をこうむることになる (14.2.)。

8. 祖語の似顔絵を描いてみる (2)―語形変化のしくみ

8.1. 母音交替と強変化，歯音接尾辞と弱変化―不規則動詞は規則動詞だった

英語では，to b*i*nd「結ぶ」―b*a*nd「帯」/b*o*nd「絆」/b*u*ndle「束」のように，派生語間で語幹母音が交替する例が少なくない。一般に，明確な調音方法で生み出される子音に比べて，調音器官が間接的に関与するにとどまる母音は，語彙的意味の中核を担いにくい傾向がある。アラビア語などが属するセム語族は，基本的に子音字だけをつづり，古くは印欧語族との親縁関係が主張されたこともあった。荒っぽくいうと，英語の母音をすべて e に代えても，Thenk yee se mech fer yeer essestence. は「ご支援に深謝します」(Thank you so much for your assistance.) の意味にとれそうな気もする。不規則動詞の多くも，b*i*nd―b*ou*nd―b*ou*nd のように 3 基本形で語幹母音の交替を示し，大部分が基礎語彙に属する。しかし，大切な語にでたらめな変化をさせたがる物好きはいない。じつは，これには明確な規則性があった。「不規則」動詞は「規則」動詞だったのである。

印欧祖語には，「母音交替」(vowel gradation, ド Ablaut「アプラウト」) といわれる現象があった。これはウムラウトとは，時代も要因もまったく異なる。ゲルマン語は動詞の語幹母音を体系的に母音交替させ，現代語のいわゆる「不規則動詞」を編み出した。語幹が変わるので，「変化の度合いが強い」という意味で「強変化動詞」(strong verb) といい，ほとんどが本来の動詞で基本語彙に属する。

ゲルマン祖語は，不定詞語幹と同形の現在形を中心に，過去形単数，過去形複数，過去分詞の 4 つを動詞の基本形とした。英語 (dr*i*nk―dr*a*nk―dr*u*nk) やドイツ語 (tr*i*nken―tr*a*nk―getr*u*nken) は 3 基本形だが，古くは過去形の単数と複数は

母音交替が別だった。アイスランド語では，今でも drekka—過去形単数 drakk/複数 drukkum—drukkið となる。オランダ語や西フリジア語でも，一部にその区別が残っている。ただし，過去形が 2 種類ではめんどうなので，英語やドイツ語では類推によって統一された。英語の was ↔ were（＜古英 wæs ↔ wæron）は使用頻度が高く，ひんぱんに意識されるために類推をのがれた例である。

ゲルマン祖語の強変化動詞の変化は，語幹母音 e と a（＜印欧 o）を基本として，次の 2 種類に分かれていた（ゲ a＜印欧 a/o，ゲ ō＜印欧 ā/ō の変化を参照 (7.4.)）。「ゼロ」は，アクセントを欠いて弱化した結果，音価が失われたことを示す。

	不定詞	過去形単数	過去形複数	過去分詞
①印欧	e	o	ゼロ	ゼロ
ゲ	e	a	ゼロ	ゼロ
②印欧	a/o	ā/ō	ā/ō	a/o
ゲ	a	ō	ō	a

鍵を握るのは，かつての「可動アクセント」(7.3.) である。母音交替には，アクセントの段階に応じた「階梯」（階程，grade，ド Stufe）がある。①は印欧祖語から受け継いだパターンである。e を基本とする「e-階梯」(e-grade) は，過去形単数で何らかの理由で a（＜印欧 o）を示す「a-階梯」(a-grade ＜印欧 o-grade) に「質的交替」(qualitative alternation) を起こした*28。一方，過去形複数と過去分詞では無アクセントに弱化し，これを「ゼロ階梯」(zero grade) という。②は印欧祖語では散発的にしか見られず，ゲルマン祖語で発達したパターンで，a（＜印欧 a, o）を基本とし，過去形単数・複数が強いアクセントを担って長母音化する「延長階梯」(lengthened grade) を示す。ゲルマン祖語では a〜ō の 1 種類だが，印欧祖語には a〜ā，o〜ō の 2 種類があった。以上を，「量的交替」(quantitative alternation) という。

①のパターンは，過去形複数と過去分詞がゼロ階梯を示す。両者の語幹母音は弱まって失われ，大昔は語尾にアクセントがあった。これは「ヴェアナーの法則」(7.3.) からわかる。オランダ語の was [ʋɑs] ↔ waren [ˈʋaːrə(n)]（英 was ↔ were）が示すように，英語の was の s は古くは無声音 [s] だった。英 were/オ waren の r

---

*28 e〜a（＜印欧 o）の交替が「高さアクセント」に由来するという説は，根拠に乏しい。

は，無声摩擦音 s [s] が母音間または母音と「鳴音」(sonorant, m / n / l / r) の間で有声化し，舌先ふるえ音 r [r] に変わった結果である (/s/＞/z/＞/r/)。これを「ロータシズム」(rhotacism) といい，ゴート語以外の言語で個別的に広範囲に起こった。we*re* の r に至る前の /s/＞/z/ という有声化は，「ヴェアナーの法則」に従って，大昔は直前の母音 a が無アクセントだったことによる。英語の wa*s* の s が有声音 [z] であるのは，英語史上の理由による。オランダ語の不定詞 verlie*z*en [vərˈliːzə(n)]「失う」，過去形単数 verloo*s* [vərˈloːs]，過去形複数・過去分詞 verlo*r*en [vərˈloːrə(n)] の z [z] / s [s] (＜ゲ /s/) 〜r [r] (＜ゲ /z/) の交替は，この事情を伝えている。

①のパターンは e の後続要素に応じて住み分ける「相補分布」(complementary distribution) をなし，第 I〜V 系列に分かれていた。a を基本に第 VI 系列を形成する②のパターンを添えて，ゴート語で例示しよう (N：m/n, L：l/r, C：その他の子音)。資料的限界のために，理論的に再建した語形も含まれている。

① 第 I 系列　e ＋半母音 ĭ /j/
　　第 II 系列　e ＋半母音 ŭ /w/
　　第 III 系列　e ＋鼻音 (m/n) / 流音 (l/r) ＋子音
　　第 IV 系列　e ＋鼻音 (m/n) / 流音 (l/r)
　　第 V 系列　e ＋その他の子音
② 第 VI 系列　a

	不定詞	過去形単数	過去形複数	過去分詞
I	ゲ e ＋ĭ	a ＋ĭ	ゼロ＋ĭ	ゼロ＋ĭ
	＞ ei	＞ ai	＞ i	＞ i
	ゴ b*ei*tan (ei /iː/)	b*ai*t	b*i*tum	b*i*tans
	(英 bite「噛む」	bit	bit	bitten)
	(ド beißen	biss	bissen	gebissen)
II	ゲ e ＋ŭ	a ＋ŭ	ゼロ＋ŭ	ゼロ＋ŭ
	＞ eu	＞ au	＞ u	＞ u
	ゴ -b*iu*dan (iu ＜ eu)	-b*au*þ	-b*u*dum	-b*u*dans
	(ド bieten「提供する」	bot	boten	geboten)

第 2 章　歴史的に探るゲルマン語の特徴　77

III	ゲ e ＋ N/L ＋ C	a ＋ N/L ＋ C	ゼロ ＋ N/L ＋ C	ゼロ ＋ N/L ＋ C
	＞ e	＞ a	＞ u	＞ u
	ゴ bindan (i ＜ e)	band	bundum	bundans
	(英 bind「結ぶ」	bound	bound	bound)
	(ド binden	band	banden	gebunden)
IV	ゲ e ＋ N/L	a ＋ N/L	ゼロ ＋ N/L	ゼロ ＋ N/L
	＞ e	＞ a	＞ u ＞ ē (類推 VI)	＞ u
	ゴ baíran (aí /ɛ/)	bar	bērum	baúrans (aú /ɔ/ ＜ u)
	(英 bear「運ぶ」	bore	bore	born(e))
	(ド gebären「生む」	gebar	gebaren	geboren)
V	ゲ e ＋ C	a ＋ C	ゼロ ＋ C	ゼロ ＋ C
	＞ e	＞ a	＞ ē (類推 VI)	＞ e (類推 VI)
	ゴ giban (i ＜ e)	gaf	gēbum	gibans (i ＜ e)
	(英 give「与える」	gave	gave	given)
	(ド geben	gab	gaben	gegeben)
VI	ゲ a	ō	ō	a
	ゴ faran	fōr	fōrum	farans
	(ド fahren「行く」	fuhr	fuhren	gefahren)

　過去形複数と過去分詞に注目しよう．上述のように，両者の語幹母音は無アクセントのゼロ階梯に弱まった．語頭アクセントに移行するべきゲルマン祖語にとっては，問題である．そこで，第 I, II 系列では半母音(または「わたり音」) ĭ /j/, ŭ /w/ が母音 i, u に姿を変えて，語幹母音の消失を補った．第 III 系列では鼻音 m/n と流音 l/r が母音 u を産み落とした．英語で kitten「子猫」[ˈkɪtən] → [ˈkɪtn̩]，bottom「底」[ˈbɑ(ː)təm] → [ˈbɑ(ː)tm̩] となるのと逆の現象と思えばいい．呼気をあまり阻害せずに母音に近く，単独で音節を形成する子音を「成節子音」(syllabic consonant) という．ĭ /j/, ŭ /w/ に加えて鳴音 m/n/l/r は成節子音 l̩ [l̩] / r̩ [r̩] / m̩ [m̩] / n̩ [n̩] となり，「ソナント」(音節主音, sonant)，すなわち「音節核」(nucleus) を形成し，母音を代行したのである．第 IV 系列の過去分詞 u も同様である．
　一方，第 V 系列で語幹母音に後続するのは，母音にはほど遠い閉鎖音と摩擦

音という障害音なので，弱化した母音を代行できない。詳細は不明だが，通説では，第VI系列との類推から，ōとaに対応する階梯のēとeを取り入れたという。第IV系列の過去形複数も，同様に延長階梯のēに置き換えたらしい。

　ほかにも，2次的な母音交替を示す第VII系列がある。これは語幹の第1音節を「重複」(reduplication)させて語頭に付加し，完了形を導いた印欧祖語の「重複動詞」(reduplicating verb)に由来する。英語では，*di*d「した」(＜古英 *dy*de)←do「する」(＜古英 dōn)に痕跡がある。di-(＜古英 dy-)は語幹do(＜古英 dō-)を重複させて付加したもので，-d(＜古英 -de←dō-)が本来の語幹であり，過去形接尾辞-edとは関係がない。ドイツ語の*ta*t「した」(＜古高ド *te*ta)←tun「する」(＜古高ド tuon)も同様である(ta-(＜古高ド te-)＋-t(＜古高ド -ta←tuo-))。

　「重複」はギリシャ語やサンスクリット語では規則的に起こり，ラテン語にもdō「(私は)与える」—*de*dī「(私は)与えた」などの例がある。ゲルマン語では早くから衰退したので，2次的な母音交替(ゲ ē² /eː/)を案出し，過去形を明示した。ゴート語に残る重複動詞 haldan「保つ」(重複成分 haí- /hɛ/)を挙げてみよう。

	不定詞	過去形単数	過去形複数	過去分詞
VII	ゴ haldan	**haí**hald	**haí**haldum	haldans
	(英 hold	held	held	held)
	(ド halten	hielt	hielten	gehalten)

　haldan「保つ」では語幹母音が母音交替を示さず，ドイツ語のie[iː](＜古高ド ia＜ゲ ē₂)，英語のe(＜古英 ē/(ēo)＜ゲ ē₂)が2次的な母音交替による過去形になっている。第VII系列の語幹母音は雑多で，多くは母音交替しなかった動詞であり，現在形語幹(＝不定詞語幹)と過去分詞語幹の母音は原則として同一である。

　第VII系列以外の強変化動詞は古くから母音交替を起こし，語形成手段としても活用された。上記の英語の to bind「結ぶ」↔ band「帯」/bond「絆」/bundle「束」やドイツ語の binden「結ぶ」↔ Binde「包帯」/Band「リボン；絆；巻」/Bund「結束」/Bündel「束」は，派生名詞に用いられた例である。本来，母音交替しなかった第VII系列では，語幹母音は派生名詞と原則として同一である。

英 hold「保つ」(held—held) ↔ hold「支え」
ド halten「保つ」(hielt—gehalten) ↔ Halt「支え」
英 fall「落ちる」(fell—fallen) ↔ fall「落下」
ド fallen「落ちる」(fiel—gefallen) ↔ Fall「落下」

　一方，後の時代に名詞，形容詞，他の動詞から派生した動詞は，母音交替とは無縁だった。そこで講じた手段は，最も有力な説によれば，動詞の「不定形」(infinite form)の中で形容詞的語形である過去分詞を特徴づける接尾辞の中性単数対格形 *-đa（＜印欧 *-tó-）に，意味的に最も無標，つまり一般的な「する」という意味の *đōnan（＜印欧 *dʰē-，英 do/ド tun）の過去形 *đēd- を付加することだった。この「過去分詞＋*-đa＋*đēd-」は，同じ子音が続くので，「重音脱落」(haplology) をへて *-đ(ēd)- という「歯音接尾辞」(dental suffix) に発達した。これが動詞の語根とほぼ同形の現在語幹に付加されると再解釈され，英語の -ed やドイツ語の -te のもとになった。たとえば，聖書に頻出して用例が豊富なゴート語の salbōn「香油を塗る」(ド salben) は，名詞 salbō「香油」(ド Salbe) からの派生動詞である。過去形 salbō*da*「(彼は) 香油を塗った」(ド salbte)，salbō*dēdun*「(彼らは) 香油を塗った」(ド salbten) は *salbō-*da dēda*, *salbō-*da dēdun* という分析的形式からの発達で，原義はおよそ「香油を塗られたようにした」だったとされている。

　これは日本語の「香油塗りをした」と似ており，英語の「did＋不定詞」(例. I *did*n't *know*) とも共通点がある。低地ドイツ語の「不定詞＋doon」，スイスドイツ語の「tue＋不定詞」も「〜する」の意味で多用する。ドイツ語でも，Die Augen *taten* ihm *sinken*.「彼の目は (die Augen... ihm) 閉じられた (＝沈んだ)」(ゲーテ) のように，sanken「沈んだ」(英 sank) を taten... sinken (英 did sink) と表現することがある。ゲルマン祖語では，定動詞を文末に置くのが基本語順だったとされている。文法的機能を表す無アクセント要素は「接語」(クリティク，clitic) として，古来の語頭アクセントに抵触しない語末に接語化された。こうして，英 did/ド tat にあたる形式は独立性を弱め，接尾辞になったと考えられる。

　過去形で歯音接尾辞を伴う動詞は，ウムラウトや「割れ」(7.5.) を除くと語幹が無変化なので，「変化する度合いが弱い」という意味で「弱変化動詞」(weak verb) という。接尾辞には次の①〜③があり，④を加えることもある。弱変化動詞は母

音交替の衰退とともに生産性を獲得し，現代語の規則動詞に発達していった。

① 接尾辞 -ja-：使役動詞 (causative verb) などを派生
例．ゴ sat*ja*n「置く，すわらせる」(英 set) ＜ sat- (a- (＜印欧 o-) 階梯) ＜ sitan「すわっている」(英 sit)
ゴ hail*ja*n「(病気などを) なおす」(ド heilen) ＜ hails「完全な」(英 whole, ド heil)

② 接尾辞 -ō-：装備動詞 (ornative verb,「〜を施す」の意味) などを派生
例．古高ド dankōn「感謝する」(英 thank) ＜ dank「感謝」(英 thank)

③ 接尾辞 -ē-：状態動詞 (stative verb)，起動動詞 (inchoative verb) などを派生
例．古高ド werēn「続く」(ド währen) ＜ wesan「〜である」(ド Wesen「存在」)
古高ド altēn「古くなる」(ド veralten) ＜ alt「古い」(ド alt, 英 old)

④ 接尾辞 -na-：動作や状態の開始を表す自動詞の起動動詞などを派生
例．ゴ full*na*n「満ちる」＜ fulls「満ちた」(英 full)

8.2. 動詞の文法範疇—アスペクトから時制へ，英語に残る 1 人称語尾

一般に，動詞による時間の表現手段には，「時制」(テンス，tense) と「アスペクト」(相，aspect) がある。時制は発話時との関係で「過去—現在—未来」を区別し，アスペクトは発話時とは無関係に出来事の時間的な構造を特徴づける。

印欧祖語には，現在時制のほかに，過去の時点にかかわる 3 種類のアスペクトを区別する語幹があった。開始・終結は考慮せずに出来事を内側から継続・反復の断面ととらえる「未完了 (imperfect) 語幹」(現在語幹から形成)，開始・終結を含めて出来事を外側から全体的・瞬間的にとらえる「アオリスト (aorist) 語幹」，終結した出来事の結果を状態としてとらえる「完了 (perfect) 語幹」である。ゲルマン祖語はアオリスト語幹を破棄し，未完了語幹を「現在 (present) 語幹」，完了語幹を「過去 (preterit(e)) 語幹」に置き換え，2 種類の時制組織に再構築した。

「太郎は来て，ここにいる」が「太郎はここに来た」ことを含意するように，結果としての現在の状態は過去の出来事に結びつけやすい。過去形との対比から，継続表現としての現在形を性質・習慣・規則・真理など，現実世界での無標，つまり一般的な時制表現とすることにも無理はない。以上は出来事を客観的に述べ

る「直説法」(indicative) でのことだが，その現在形は未来の出来事も表すようになった。それには，ゲルマン語では，これから起こる出来事を表す印欧祖語の「接続法」(subjunctive) を直説法が吸収したことも関係している。こうして，ロシア語の完了体・不完了体，フランス語の単純過去・半過去に類するアスペクトの区別は，ゲルマン語では1語の語形変化としては認められなくなった。

英語の進行形「be＋現在分詞」や完了形「have＋過去分詞」のように，助動詞による迂言形としてのアスペクト形式は，その後の古語の時代の発達である。ただし，結果的には，かつての3つのアスペクト語幹と意味的に類似することにもなった。to build「建てる」はアオリスト語幹，to be building「建てつつある」は未完了語幹，to have built「建ててしまっている」は完了語幹に意味的に対応している。現在完了形 John has built a house. は「ジョンは家を建てたものとして (built) もっている (has)」という，結果としての現在の状態表現に由来し，「家を建てた」という過去の出来事にも言及している。ドイツ語など西ゲルマン語の多くでは，現在完了形が過去の出来事の一般的な表現になっている。スイスドイツ語やアフリカーンス語のように，過去形が消滅して現在完了形だけになった例もある。

ゲルマン語の過去形が印欧祖語の状態表現としての完了形から発達した事情は，完了形に由来する一部の語形が過去形にならず，状態の意味を保って現在形に再解釈された事実に反映している。その一例は，ゴート語の現在形 wait「(私は) 知っている」(← witan「知っている」，強変化動詞第 I 系列) や対応するドイツ語の (ich) weiß (← wissen)，アイスランド語の (ég) veit (← vita) である。これはラテン語の videō「(私は) 見る」(英語の video「ビデオ」と同源) の完了形 vīdī「(私は) 見た，見てしまっている」やギリシャ語の完了形 oīda「同左」にあたる。「見てしまっている」ので，「知っている」というわけである。ゴ wait / ド weiß / ア veit は元来，語形的には過去形だが，状態の意味を保ったので，現在形として定着した。このような動詞を「過去現在動詞」(preterit(e)-present (verb)) という。ゴート語には十数個あるが，現代ゲルマン諸語ではおもに「話法の助動詞」(法助動詞，modal verb) に残っている。英語には，know と同源で「習っている，知っている」から「～できる」の意味に転じた can，「負っている」(ド schuld) から「～するべきだ」の意味に転じた shall のほかに，may, must, 希求法が起源の will などがある。現在形3人称単数で -(e)s がつかないのは，このためである。

ゴート語の強変化動詞第 IV 系列 baíran「運ぶ」(英 bear) を例にとって，動詞の語形変化をまとめてみよう。

不定詞 baíran　　現在分詞 baírands　　過去分詞 baúrans

能動態：

	直説法		希求法		命令法
	現在形	過去形	現在形	過去形	
単数 1 人称	baíra	bar	baírau	bērjau	—
2 人称	baíris	bart	baírais	bēreis	baír
3 人称	baíriþ	bar	baírai	bēri	baíradau
双数 1 人称	baírōs	bēru	baíraiwa	bēreiwa	—
2 人称	baírats	bēruts	baíraits	bēreits	baírats
複数 1 人称	baíram	bērum	baíraima	bēreima	baíram
2 人称	baíriþ	bēruþ	baíraiþ	bēreiþ	baíriþ
3 人称	baírand	bērun	baíraina	bēreina	baírandau

受動態：

	直説法	希求法
	現在形	現在形
単数 1 人称	baírada	baíraidau
2 人称	baíraza	baíraizau
3 人称	baírada	baíraidau
複数 1〜3 人称	baíranda	baíraindau

「希求法」(願望法，optative) は願望や可能性の判断を表し，英語の仮定法やドイツ語の接続法にあたる (上記のように，印欧祖語の接続法は直説法に吸収された)。受動態は baírada「(彼は) 運ばれる」のように1語で表した。これは印欧祖語の「中動態」(mediopassive) を現在形にとどめた結果である。動作の影響が他者に及ばずに，動作主に還元されることを表す中動態は，印欧祖語では受動態の意味も表したが，ゲルマン祖語では受動態の意味に限定され (例. ゴ skabada「(彼は) ひげをそられる」)，中動態の意味には再帰代名詞を用いた (例. ゴ skabiþ sik「(彼

は）自分のひげをそる」）。北ゲルマン語でも，ア ber*ast* / ス bär*as*「運ばれる」のように，bera / bära「運ぶ」に -st / -s を添えて 1 語で表現するが，これは再帰代名詞 sik を動詞に接語化した後代の発達である (-st / -s < -sk < sik)。西ゲルマン語では，英語の「be ＋過去分詞」のように分析的な形式になった。

　語構成にも注目してみよう。直説法現在形 baír-i-þ「彼（女）は運ぶ」，baír-a-nd「彼（女）らは運ぶ」のように，動詞の語形は 3 要素からなっている。語彙的意味の中心部分 baír- を「語根」(root) という。それに -i- / -a- などの「語幹形成接尾辞」(ド stammbildendes Suffix) が付加されて，「語幹」(stem) ができる。これに人称や数を表示する -þ / -nd のような「語尾」(ending) がついて，完成となる。

　　語：　　　　　　語幹（＝[語根＋語幹形成接尾辞]）　　＋語尾
　　baíriþ/baírand:　　[baír-＋-i- / -a-]　　　　　　　　　＋-þ / -nd

　このしくみは名詞や形容詞でも同じだった。語幹形成接尾辞が摩滅した現代語では，「語幹↔語尾」にたいして「語幹↔語根」の区別は目立たない。英語の he play*s* やドイツ語の er komm*t*「彼は来る」(← kommen) にたいして，she wash*es* や sie wart*et*「彼女は待つ」(← warten) は，歴史的には「口調上の理由で e をはさむ」のではなく，語幹形成接尾辞が e として残ったことによる。ドイツ語では，命令形 Komm(*e*)!「来なさい」(kommen) の -e は任意だが，Wart*e*!「待て」(warten) では口調上の理由がなくても -e が義務的であるのも，この理由による。

　語尾は直説法の現在形と過去形で一致せず，2 種類あった。現在形 1 人称単数の baír-*a* は無語尾である。-a は語幹形成接尾辞であり，語尾ではない。ドイツ語でも，ich wart*e*「私は待つ」の -e は古くは語尾ではなく，sie wart*et* の -e- と同じく語幹形成接尾辞だった。じつは，英語の I a*m*「私は…です」だけに残った -m が本来の語尾である。ゴート語の i*m*「同上」の -m もこれにあたる。ギリシャ語には 1 人称単数が「語根＋-mi」となる「mi-動詞」(例. ei*mí*「同上」) があり，-i が脱落したのが -m である。古高ドイツ語では，ih wart-ē-*m*「私は待つ」のように，語尾 -m が弱変化動詞の一部に保たれていた。-m は -n に弱まり，ich bi*n*「私は…で

す」に残っている。この語尾 -n を広く保持している例には、ルクセンブルク語がある (ル ech si*nn* / doe*n* / waarde*n*, 英 I am / do / wait)。スイスドイツ語でも、「動詞＋人称代名詞」の語順では、母音で始まる人称代名詞との「母音連続」(母音接続, hiatus) を嫌って、「n の復活」が起こる (チュ ich bi / tue / bäite ↔ bi*n* / tue*n* / bäite*n* ich, ベ i bi / tue / beite ↔ bi*n* / tue*n* / beite*n* i「同上」)。

　この -m は、ゴート語の 1 人称複数形 baír-a-*m*「(私たちは) 運ぶ」の -m (＜ゲ -m-az) だけでなく、人称代名詞 *m*ik / *m*is「私 (対格／与格)」、ドイツ語の *m*ich / *m*ir、英語の *m*e の m- とも同源である。大昔は、英語の am (＜古英 eom) だけで「私は (-m)…です」に相当し、I「私は」(＜古英 iċ) はつけ足しにすぎなかった。-m は、動詞、代名詞ともに 1 人称を示す単数・複数共通の目印だったのである。英語の I やドイツ語の ich は後代の発達である。他の人称・数を含めて、動詞の語尾は代名詞が接語として語幹に付加されて誕生した。ただし、西ゲルマン語の直説法過去形 2 人称単数は、古英 bǣri / 古高ド・古ザ bāri となり (2.1.)、希求法 (ゲ *bēris, -z) を敬称として転用した可能性などが指摘されている。

　上述の北ゲルマン語の -st/-s による受動態も、再帰代名詞 sik を動詞に接語化した形式である。ドイツ語の 2 人称親称単数の語尾は du warte*st*「君は待つ」の -st だが、これもゴート語の baíris と共通の語尾 -s に du「君」を接語化した結果である (wartēs *du* ＞ wartē*stu* ＞ warte*ste* ＞ du warte*st*)。同様の変化をへたオランダ北部の西フリジア語では、(do) wachte*st*(e)「同上」(wachtsje「待つ」) のように、do「君」の使用は任意である。これを「代名詞脱落」(pro-drop) という。その歴史言語学的理由は人称代名詞を重ねた点にあり、余計なので片方を省くのである。本来の語や形態素の境界を異なって区切る現象を「異分析」(metanalysis) という。異分析された語形は文法的に別の扱いを受けることがあり、弱変化動詞の過去形を表す歯音接尾辞 (8.1.) と同じく、「再解釈」(reanalysis) と呼んでいる (11.3.)。

8.3.　名詞の格と性—8 格組織から 4 格組織へ、「性」の由来

　名詞の話題に移ろう。まず、文中での役割を示す「格」(case) を取り上げる。分岐直前の印欧祖語は、語形変化による 8 格組織を発達させていた[*29]。おお

　　　[*29] 方向を表す「向格」(方向格, allative) を加えれば 9 格組織だが、対格に吸収されて消滅

まかにいうと，主語を表す「主格」(nominative)，文構造に関与しない点で特殊な呼びかけ「〜よ」に用いる「呼格」(vocative)，直接目的語や方向を表す「対格」(accusative)，間接目的語や受益者・目的を表す「与格」(dative)，名詞句内の関係や部分の意味を表す「属格」(genitive)，道具・原因「〜で，〜によって」を表す「具格」(instrumental)，分離・起源「〜から」を表す「奪格」(ablative)，場所 (時点)「〜のところで (ときに)」を表す「所格」(位格，locative) がそれである。ゲルマン祖語は与格が奪格と所格を吸収して，6 格組織になった。

　その後，呼格が主格に取り込まれ，与格は具格も吸収し，4 格組織に近づいていった。アイスランド語では kasta steinum「石を (steinum) 投げる (kasta)」というが，steinum は単数主格 steinn の複数与格で，「石を使って投げる動作をする」という具格の意味に由来する。ドイツ語では前置詞を用いて，mit Steinen werfen「石を (=石を使って mit Steinen) 投げる (werfen)」という。一般に与格の用法は複雑だが，これは 3 つの格を吸収した歴史的理由とも無縁ではない。ゴート語では，一部の名詞の単数形で呼格がほぼ対格と同形で保たれ (8.4. の変化表を参照)，具格も西ゲルマン語の古語と同じく，英語の what (<古英 hwæt) の具格形 (古英 hwȳ/hwī「何によって」) に由来する why と同源の hvē として残っていた。

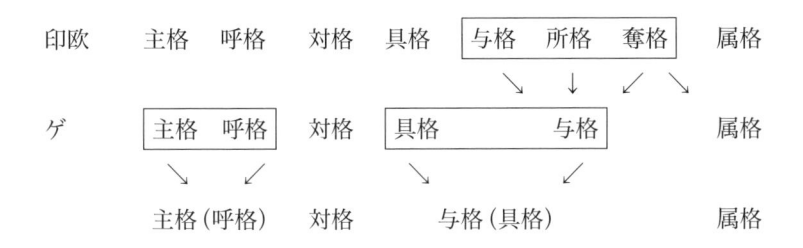

印欧	主格	呼格	対格	具格	与格	所格	奪格	属格
					↘	↓	↙	
ゲ	主格 呼格		対格	具格		与格		属格
	↘	↙		↘		↙		
	主格 (呼格)		対格		与格 (具格)			属格

　これは語形変化による格を統語的機能に限定した結果といえる。主格，対格，与格，属格の 4 格組織はアイスランド語やドイツ語に見られるが，ドイツ語では ein Stein (英 a stone)—ein*en* Stein—ein*em* Stein—ein*es* Stein*(e)s* のように，格表示が冠詞などの「限定詞」(determiner) に大幅に移行している。一方，不定冠詞が未発達のアイスランド語では，主格 stein*n* (<*stein-r* <ゲ *stain-a-z*)—対格 stein—

しつつあった。ヒッタイト語には向格が残っている。大城/吉田 (1990: 31) を参照。

与格 stein*i*―属格 stein*s* のように，名詞の格変化で表示する必要性が高い．英語や大陸北ゲルマン語などでは，代名詞で主格と目的格を区別するだけに簡素化され，属格も「群属格」(group genitive) を許すなど，格としての性質が希薄である．

　次に，「性」の話題に移ろう．ドイツ語には，d*er* Wein「ワイン」は「男性」(masculine)，d*ie* See「海」は「女性」(feminine)，d*as* Buch「本」は「中性」(neuter) のように，物事を表す名詞にも文法的な性（文法性，gender）の区別がある．これは男の人・女の人・物事という「自然性」(sex) とは別の範疇である．たいてい機械的に覚えるしかなく，冠詞などが変化するので，無視できない．ただし，ゲルマン語で文法的な性を失ったのは，歴史的に大きな変化を被った英語，アフリカーンス語，デンマーク語西ユトランド方言（デ vestjysk）に限られている．印欧語でも，アルメニア語，ペルシャ語などを除いて大多数の言語に残っている．

　性の起源は非常に古く，言語間の不一致が著しい．アイスランド語では，vín*ið*「ワイン」は中性，sjór*inn*「海」は男性，bók*in*「本」は女性のように，ドイツ語とは見事にずれている (-ið / -inn / -in は北ゲルマン語に特有の後置定冠詞)．さて，印欧祖語の古い段階では，名詞の性は「有生」(animate) と「無生」(inanimate) という自然性による素朴な意味的対立が基本だったらしい．有生には生物としての男性と女性が含まれる．ヒッタイト語に代表されるアナトリア語派は，起源には異論があるが，「有生・両性 (common)」↔「無生・中性」の2性組織だった．

　印欧祖語の古い段階では，格組織も上記の8格組織とは大きく異なっていたとされている．主語を表す主格と目的語を表す対格を例にとると，ヒッタイト語では無生名詞は他動詞文の主語にはならなかった．印欧祖語では，無生名詞は他動詞の目的語か自動詞の主語に限られていたとも推定されている．つまり，「何が彼女をそうさせた」という表現は，「バタ臭い」日本語のようだが，本家のヨーロッパでも大昔はエキゾチックで「味噌臭く」聞こえた時代があったらしい．呼格と与格は有生名詞，所格と具格は無生名詞に用いる傾向も強かった．その後，有生名詞から男性名詞，無生名詞から中性名詞が発達した．中性名詞は古今東西の印欧諸語に共通して，主格と対格が同形である．これは物事を主格にできる時代になって，対格（ギ -on / ラ -um ↔ 主格：ギ -os / ラ -us）を主格に転用したことによる．古くは，中性名詞には主格形がなかったのである (松本 2006: 44-59)．

聖書によれば，神はイヴをアダムの胸の骨から創り給うたというが，印欧祖語では，女性名詞は抽象概念を表す接尾辞 (印欧 -eh$_2$ > -ā >ゲ ō) を中性，すなわち無生名詞に付加した集合名詞として生まれた。この接尾辞は中性名詞の複数形にも用いた。「美しさ」とは，美しい事例の集合から得られる概念というわけである。これを有生名詞に付加すると，生物としての女性をさすようになった。現代語でも，抽象名詞には派生語を含めて女性名詞が多い。ギリシャ語などの古典語では，中性名詞の複数形が主語になっても，定動詞は単数形のままである。中性名詞の複数形は，当時は数という文法範疇に取り込まれていなかった。大昔は，性・数・格は融合せず，独立のモジュールを形成していたのである。

8.4. 双数と複数形語尾の本質—複数形は単数形である!?

それでは，数 (＝すう) の話題に移ろう。印欧祖語には単数と複数のほかに，一対のペアを示す「双数」(dual) があった。「2」という数は，人間の生活に特別の意味がある。身体部位の多くは 2 つ備わっているし，恋人や夫婦も 2 人が基本で，それ以上になると何かとやっかいである。印欧祖語では双数が人称代名詞のほかに，名詞や動詞にも再建されるが，ゲルマン祖語では衰退しつつあった。ゴート語では 3 人称で消滅し，1・2 人称の代名詞 (wit / *jut (推定形)「{私たち / あなたがた} 2 人」(主格)) と動詞の変化形にしかない (8.2. の語形変化表を参照)。その他の古語では，動詞の語形変化の双数は複数に取り込まれて消滅した。wit は wi-「私たち」+ t (wai)「2 人」に由来する。古英語 (wit/ġit) や古ノルド語 (vit/þit) では，双数は 1・2 人称代名詞にしかない。現代語では，北ドイツの北フリジア語にかろうじて残り，モーリング方言やフェリング方言の 1・2 人称形 (モ/フェリ wat/jat「{私たち / あなたがた} 2 人」) のほかに，ジュルト島 (ド Sylt) のセルリング方言 (北フ Sölring) には 3 人称形もある (セ wat/at/jat「{私たち/あなたがた/彼(女)ら} 2 人」)。ただし，話し言葉ではどの方言でもほとんど用いない[*30]。

[*30] 清水 (1992: 99f.)。アイスランド語の 1・2 人称代名詞複数形 við/þið や上部ドイツ語バイエルン方言の 2 人称代名詞複数形 ees も双数形に由来する。バイエルン方言では本来の 2 人称代名詞複数形 iä も用いるが，アイスランド語では，本来の 1・2 人称代名詞複数形 vér/þér と所有代名詞 1 人称複数形 vor は雅語である。なお，上部ドイツ語では，複数の意味で用いる本来の複数形 euch「君たちを」(対格) と本来の双数形 enk「君たちを」(対格) を等語線として，西側のアレマン方言と東側のバイエルン・オーストリ

複数形に目を転じると，ドイツ語の学習者は，名詞の複数形には外来語に用いる「s-型」以外に，ウムラウトの有無も混ざった「無語尾型，e-型，(e) n-型，er-型」があることに驚く。これは性とは別のかつての名詞の種類のなごりで，複数形とは無関係だった。現代ドイツ語の複数形は，古くは単数形だったのである。

　日本語では「富士山，琵琶湖，信濃川」のように，地名に「山，湖，川」などの「類別詞」(classifier)がつく。ゲルマン祖語の名詞の大多数は，印欧祖語と同じく，この種の要素を伴っていた。話をわかりやすくするために，「富士山が」に強引になぞらえると，動詞の場合に似て，「富士」は語根，「山」は語幹形成接尾辞にあたり，語幹ができる。これに数・格を表す語尾をつければ，完成である。英 day/days, ド Tag/Tage「日」にあたる古語の構成を示してみよう。

			語幹（＝[語根＋語幹形成接尾辞]）		＋語尾
		富士山が	←[富士	＋山]	が
単数 主格	印欧	*dʰegʷʰos	←[dʰegʷʰ-	＋-o-]	-s
	ゲ	*đagaz	←[đag-	＋-a-]	-z
	ゴ	dags	←[dag-	＋-ゼロ-]	-s
複数 主格	印欧	*dʰegʷʰoes	←[dʰegʷʰ-	＋-o-]	-e-s
	ゲ	*đagōz	←[đag-	＋-ō-＜印欧 -o-e]	-z
	ゴ	dagōs	←[dag-	＋-ō-]	-s

　語幹形成接尾辞の多くは摩滅してしまった。アイスランド語とフェーロー語ではある程度わかるが，それでも見えにくい。本来の語尾にも，摩滅したものが少なくない。ゲルマン祖語の単数主格 *đag*a*z が示すように，語幹形成接尾辞は -a- (＜印欧 -o-) である。フィンランド語への借用語 kunin*ga*s「王」(＜ゲ *kunin*ga*z, 1.2.) の -a- もそうである。これを「a-語幹」(＜印欧「o-語幹」) といい，男性 (ゲ -az ＜印欧 -os, ギ -os, ラ -us) のほかに，中性 (ゲ -a ＜-aⁿ ＜印欧 -om, ギ -on, ラ -um) も含まれる。語末音節の短母音を失ったゴート語では，-a- を欠いた dags となり，複数主格はゲルマン祖語で複数形語尾 -e- が語幹形成接尾辞と融合して -o-e- ＞-ō- となって，主格語尾 -s (＜ゲ -z) が続いている。これは，文法的形態素と意

　ア方言に区分する (11.1.)。

味の対応が1対1の「膠着的」(agglutinating/agglutinative) 性質から，1対多の「屈折的」(inflecting/inflectional) 性質に移行したことを示している。

ゲルマン祖語には，およそ次の語幹形成接尾辞による語幹があった。母音語幹と「n-語幹」の5つが主要語幹である。「n-語幹」以外の子音語幹は例が少ない。女性名詞をつくる「ī-語幹」(ī-stem) や「語根名詞」(root noun) は割愛する。

① 母音語幹 (vocalic stem)
　　a-語幹 (a-stem, 男性・中性＜印欧 o-stem)
　　ō-語幹 (ō-stem, 女性＜印欧 ā-stem)
　　i-語幹 (i-stem, 3 性共通, 中性少数)
　　u-語幹 (u-stem, 3 性共通, 中性・女性少数)
② 子音語幹 (consonant stem)
　　n-語幹 (n-stem, 3 性共通, 中性少数)
　　ter-語幹 (ter-stem, 男性・女性の親族名称＜印欧 -r-「r-語幹」(r-stem))
　　nt-語幹 (nt-stem, 3 性共通, 動詞の現在分詞に由来)
　　ir-語幹 (ir-stem, 中性＜ゲ -iz-＜印欧 -es-「s-語幹」(s-stem))

J. グリムの命名に従って，動詞の場合のように，「n-語幹」による語形変化を「弱変化」(weak declension)，その他を「強変化」(strong declension) という。形容詞でも同様である (8.5.)。「語幹形成母音」(幹母音，thematic vowel) の有無によって，「母音語幹名詞」(幹母音型名詞 thematic noun) にたいして，子音語幹名詞は「非母音語幹名詞」(非幹母音型名詞 athematic noun) とも呼ばれる。

ドイツ語では，無アクセント音節の a, ō, i, u があいまい母音 e [ə] に弱化し，母音語幹は「e-型」に融合した。「e-型」の一部と「er-型」はウムラウトを示す (例. G*ä*ste ← G*a*st「客 (男性)」(英 guest), Kr*ä*fte ← Kr*a*ft「力 (女性)」(英 craft「技術, 仕事」＜「力, 熟練」), L*ä*mm*er* ← L*a*mm「子羊 (中性)」(英 lamb))。これは，かつての「i-語幹」(＜古高ド g*e*st*i* ← g*a*st, kr*e*ft*i* ← kr*a*ft) と「ir-語幹」(＜古高ド lemb*i*r ← l*a*mb) に由来する「i-ウムラウト」による。ただし，類推を受けて他の語幹に入れ替わることがあるので，すべての複数形がかつての姿に忠実なわけではない。フィンランド語に借用された母音 a を示す lamm*a*s「子羊」(1.2.) は，ゲルマン祖語で「az-語幹」(ゲ *lamb*a*z) から「iz-＞ir-語幹」(ゲ *lamb*i*z) に移行する以前の段

階を示している。「天狗岳」から「天狗山」に改名したと思えばいいだろう。とくに「a-語幹」の中性名詞は，語尾と語幹形成接尾辞が摩滅して，単複同形になることが多かった。そこで，中性専用で少数派の「ir-語幹」が転用され，中性名詞の複数形として生産性を獲得した。ドイツ語の Wort「語」(英 word) の複数形 Worte「名言」(a-語幹)，Wörter「(個々の) 語」(ir-語幹) はその例である。

　それでは，どうして英語の複数形はほとんど -s で終わるのだろうか。それは，英語が本来の複数形語尾 -s (＜ゲ *-z) を保ち，語幹形成接尾辞を摩滅させたためである。ドイツ語では複数形語尾が失われ，何種類もある語幹形成接尾辞が残った。詳述は省くが，英語の複数形は強変化男性名詞の複数形語尾 -s が一般化されて，-(e)s (＜古英 -as) で終わるようになった。複数形語尾 -s の保持を北海ゲルマン語の特徴 (5.1.) に数える意見もある (Markey 1976: 51ff.)。ox*en*「雄牛」(←ox) のような例外は，「n-語幹」の語幹形成接尾辞 -en- を複数形語尾に再解釈した例で，使用頻度が高く，多数派の語尾 -s との類推を免れた。一方，ドイツ語では，語幹形成接尾辞が複数形として再解釈された。古くはドイツ語の Tag「日」(英 day) は語根，Tage (英 days) は語幹にあたり，複数形ではなかったのである。

　　　　　　　語幹 (＝[語根＋語幹形成接尾辞]) ＋語尾
　英　day　←[day＋ゼロ]　＋ゼロ　＜　古英　dæġ　←[dæġ＋ゼロ]　＋ゼロ
　　　　days　←[day＋ゼロ]　＋s　　＜　　　　dagas　←[dag＋a]　　＋s
　ド　Tag　←[Tag＋ゼロ]　＋ゼロ　＜　古高ド　tag　←[tag＋ゼロ]　＋ゼロ
　　　　Tage　←[Tag＋e]　　＋ゼロ　＜　　　　taga　←[tag＋a]　　＋ゼロ

ドイツ語では，Frau「女性」，Kind「子供」の複数形は Frau*en* (n-語幹)，Kind*er* (ir-語幹) となる。英語の child*ren* ← child，オランダ語の kind*eren* ← kind は，両方を含む「二重複数」(double plural) の例である (「子-ども-たち」も同様)。-(e)n/-er はドイツ語の Frau*en*zimmer「婦人部屋」，Kind*er*wagen「ベビーカー」などの複合語にも現れる。1 人乗りでも Kind*er*wagen というのは，現代の少子化とは無関係であって，語幹形成接尾辞が複合語に残ったという事情による。

　ゴート語の母音語幹名詞の変化を示しておこう。複数与格・対格で語幹が確認できる。dags「日」(英 day)，waúrd「語」(英 word)，giba「贈り物」(英 gift)，gasts「客」(英 guest)，sunus「息子」(英 son)，「n-語幹」の例は 8.5. を参照。

強変化：	a-語幹	a-語幹	ō-語幹	i-語幹	u-語幹
	男性	中性	女性	男性	男性
単数 主格	dags	waúrd	giba	gasts	sunus
対格	dag	waúrd	giba	gast	sunu
与格	daga	waúrda	gibai	gasta	sunau
属格	dagis	waúrdis	gibōs	gastis	sunaus
呼格	dag	—	—	gast	sunu, sunau
複数 主格	dagōs	waúrda	gibōs	gasteis	sunjus
対格	dagans	waúrda	gibōs	gastins	sununs
与格	dagam	waúrdam	gibōm	gastim	sunum
属格	dagē	waúrdē	gibō	gastē	suniwē

　ドイツ語などの複数形語尾に残る語幹形成接尾辞は，古くはどんな名詞の種類を表していたのだろうか。最もわかりやすいのは「ter-語幹」で，これは親族名称のグループである（英fa*ther*/ド Va*ter*「父」，mo*ther*/Mu*tter*「母」，bro*ther*/Bru*der*「兄弟」，sis*ter*/Schwes*ter*「姉妹」，daugh*ter*/Toch*ter*「娘」，ド Ve*tter*「男のいとこ＜叔父」）。英 son/ド Sohn「息子」は該当せず，英 aunt/ド Tante「叔母」，uncle/Onkel「叔父」などはフランス語からの借用なので，除かれる。類型論的に見ると，名詞には「親族・固有＞人間＞動物＞無生物」という意味的階層がある（角田2009[2]: 41–65）。親族名称は最も重要な名詞で，特殊なクラスを形成しやすい。ギリシャ語やラテン語と同じく，アイスランド語では，親族名称は性の区別と無関係に語形変化が同じであり，語幹形成接尾辞は大切な親族名称の目印として保持された。father/Vater「父」，mother/Mutter「母」に対応するギリシャ語 patḗr/ mḗtēr やラテン語の pater/māter は，英語の pa「パパ」/ma「ママ」を連想させる幼児語の呼びかけ（印欧 *pā（?）/*mā）を語根とするともいわれる。

　ただし，親族名称は数の区別には敏感である。しかし，語幹形成接尾辞 -ther / -ter / -der は単数形に含まれており，複数形には使えない。そこで，英語では類推によって多数派の -s を援用した。ところが，ドイツ語ではあいまい母音 e［ə］を含む -ter/-der に -e を重ねるのは音韻構造に適さず，多数派の「a-語幹」と「ō-語幹」に由来する「e-型」には移行しなかった。そこで次の手段がとられた。

① 語幹母音が a, o, u の語はウムラウトによる複数形：V*a*ter「父」→ V*ä*ter, M*u*tter「母」→ M*ü*tter, Br*u*der「兄弟」→ Br*ü*der, T*o*chter「娘」→ T*ö*chter
② それ以外の語は，「n-型」による複数形：Schwester「姉妹」→ Schwester*n*, Vetter「男のいとこ」→ Vetter*n*

　それは，ウムラウトと「n-語幹」の「無断な」転用だった。ウムラウトは後続音節の -i/-j を条件とするが，無アクセント音節があいまい母音 e [ə] に弱化した時代に，その縛りは解けていた。こうしてドイツ語の親族名称の複数形は，ウムラウトできる母音 a, o, u をもつ語は，本来の理由とは無関係にウムラウトし，できない語は「n-型」に移行して，数の区別を明示する道を選んだ。ウムラウトは機械的な音韻規則から脱皮し，形態規則としての役割を獲得したのである。現代ドイツ語やその諸方言でウムラウトが重要になるのは，この出来事による。
　性との関係にも一言しておこう。母音語幹は比較的後代の発達で，性との結びつきが強い。「ō-語幹」は抽象名詞の派生接尾辞 -ō（＜印欧 -ā）に由来するので (8.3.)，女性名詞である (例. ゴ giba「贈り物」)。残りの男性名詞 (例. ゴ dags「日」) と中性名詞 (例. ゴ waúrd「語」) は「a-語幹」である。「i-語幹」は 3 性共通だが，男性名詞 (例. gasts「客」) と女性名詞 (例. ゴ mahts「力」, 英 might) が多い。「u-語幹」も 3 性を含むが，女性名詞と中性名詞は少ない (例. 男性：ゴ sunus「息子」, 中性：ゴ faíhu「財産」(英 fee), 女性：ゴ handus「手」(英 hand))。子音語幹名詞は少ないが，「n-語幹」は比較的多い。ただし，中性名詞は少ない。
　「ter-語幹」以外の意味との関係については，「ō-語幹」の多くは当然ながら抽象概念を表す。「nt-語幹」は「〜しつつある」という意味の動詞の現在分詞 (ド -nd) の名詞化に由来する。英語の friend「友」とドイツ語の Feind「敵」は，ゴート語の frijōn「愛する」，fijan「憎む」の現在分詞 frjōnds「愛している者」と fijands「憎んでいる者」が原義である。「nt-語幹」は単数形で語幹形成接尾辞を保ったが，英語は friend*s*「友人たち」のように語尾 -s を付加し，ドイツ語は Feind*e*「敵たち」(＜古高ド fīant*a* ← fīant) のように，多数派の「a-語幹」に由来する「e-型」に移行した。

8.5. 形容詞の強変化と弱変化—なぜ 2 通りに変化するのか

　英語のような例外を除くと，ゲルマン語の形容詞は名詞を修飾する「限定用

法」(attributive use)で2通りに変化する。ドイツ語を例にとると、gut「良い」(英 good)には、gut*er* Zucker「良い砂糖(Zucker 男性名詞単数主格)」(英 good sugar) ↔ *der* gut*e* Zucker「その良い砂糖」(英 the good sugar)のように、名詞の性・数・格と定冠詞などの有無に応じて「強変化 -er ↔ 弱変化 -e」という2種類の語尾がつく。この現象を一般に「一致」(agreement)という。古くは日本語でも、連体形の「高キ山」は終止形の「山、高シ」とは異なっていた。ドイツ語の形容詞には、終止形にあたる「叙述用法」(predicative use)では、古くは無語尾形と変化形があったが、Dieser Zucker ist ***gut***.「この砂糖は良い」(英 This sugar is good.)のように無語尾になり、主語に「一致」しなくなった。これは西ゲルマン語に共通している[*31]。一方、北ゲルマン語の形容詞はロマンス語やスラヴ語と同じく、叙述用法と限定用法で変化する。ただし、限定用法の語尾はやはり2種類ある。アイスランド語で示すと、叙述用法 Þessi sykur er góð*ur*.「この砂糖は良い」の góð*ur*「良い」は、ドイツ語と違って、主語 þessi sykur「この砂糖」に「一致」して強変化語尾 -ur を伴う。一方、限定用法ではドイツ語と同じく、góð*ur* sykur「良い砂糖」↔ góð*i* sykur*inn*「その良い砂糖」(-inn は北ゲルマン語共通の後置定冠詞)のように、定冠詞の有無に応じて「強変化 -ur ↔ 弱変化 -i」(男性単数主格形)に分かれる。限定用法の2種類の語尾はゲルマン語の革新だった。そのメカニズムとは何か。

　現代西ゲルマン語の形容詞が限定用法で語尾を保持した理由は、納得がいくだろう。「山、高シ」では「山」と「高シ」の間に切れ目があるが、「高キ山」はひとまとまりの名詞句である。der gut*e* Zucker の弱変化語尾 -e には、形容詞と名詞をつなぎ、名詞句のまとまりを示す「テープ」の役目がある。橋本(1981: 153)は、これを「シンタグマ・マーキング」(syntagma-marking)と呼んだ。一方、限定用法 gut*er* Zucker の強変化語尾 -er には、男性単数主格を表示する役割もある。gut*er* [**グーター** 'guːtɐ]では、定冠詞 d*er*[デア dɐɐ̯](←指示代名詞 der[**デーア** 'deːɐ̯]「(強く指示)その」)の指示的要素である語幹 d- を除いた語尾 -er[エア ɛɐ̯]を無アクセント音節で弱め、-er[アー ɐ]として gut に付加している。

[*31] ただし、イディッシュ語のように形容詞が不定冠詞を伴うなどして名詞化した場合を除く(イ Dos bukh iz gut/a guts.「その本は(dos bukh)良い(iz gut, 英 is good)/良いものだ(iz a guts, 英 is a good one)」)。なお、北ゲルマン語の形容詞は、動詞を修飾する「副詞用法」(adverbial use)では中性単数形になる。

名詞の性の役割には,「名詞句のまとまりをマークする」,「代名詞による名詞句との照応(anaphora)を明示する」という役割がある。前者は,上記の「テープ」の役割にあたる。後者は,たとえば強変化語尾 -er[エア ɛɐ̯]は人称代名詞の男性単数主格 er[エ(ー)ア eːɐ̯, ɛɐ̯]「それ,彼」と同形で,*der* Zucker/Mann「その砂糖/男」—*er*「それ/彼」のように,名詞句との対応がわかることを意味している。英語では,「北海ゲルマン語的特徴」(5.1.) として er が語末の -r を失い, *h*ere「ここ」と共通の指示的要素 h- を伴って,he になった。

男性　d*er*[デア dɛɐ̯]Zucker「その砂糖」(d- は指示的要素)
　　　er[エ(ー)ア eːɐ̯, ɛɐ̯]「それ,彼」(語頭の指示的要素なし)
　　　gut*er*[グーター ˈguːtɐ]Zucker「良い砂糖」(-er[アー ɐ]<-er[エア ɛɐ̯])
女性　d*ie*[ディー diː]Milch「その牛乳」(d- は指示的要素)
　　　sie[ズィー ziː]「それ,彼女」(s- は指示的要素)
　　　gut*e*[グーテ ˈguːtə]Milch「良い牛乳」(-e[エ ə]<-ie[イー iː])
中性　d*as*[ダス das]Wasser「その水」(d- は指示的要素)
　　　es[エス,(エ)ス ɛs, (ə)s](<-as[アス as], 語頭の指示的要素なし)
　　　gut*es*[グーテス ˈguːtəs]Wasser「良い水」(-es[エス əs]<-as[アス as])

形容詞の語尾が叙述用法で1種類,限定用法で2種類というのも,不思議ではない。「良い砂糖」では,「砂糖」が未知か既知かで形容詞の語形が異なる根拠があるが,「その砂糖は良い」では,「良い」という概念に区別はない。アイスランド語の góð*ur* のように,叙述用法の語尾は無冠詞の限定用法の語尾と同形の強変化で,古くはドイツ語もそうだった。定冠詞つき限定用法の der gute Zucker, góð*i* sykurinn の弱変化語尾 -e/-i が変わり者なのである。ドイツ語は単数主格と中性・女性対格が -n を失って -e になり,残りはすべて -en が現れる。北ゲルマン語は古い時代に語尾 -n を失い,母音で終わるが(ア -i/-a/-u <...n),かつてはすべて -n を伴っていた。両言語の単数形の変化表を挙げておこう。

第2章　歴史的に探るゲルマン語の特徴

		その良い砂糖（男性）	その良い牛乳（女性）	その良い水（中性）
ド	主格	der gute Zucker	die gute Milch	das gute Wasser
	対格	den guten Zucker	die gute Milch	das gute Wasser
	与格	dem guten Zucker	der guten Milch	dem guten Wasser
	属格	des guten Zuckers	der guten Milch	des guten Wassers
ア	主格	góði sykurinn	góða mjólkin	góða vatnið
	対格	góða sykurinn	góðu mjólkina	góða vatnið
	与格	góða sykrinum	góðu mjólkinni	góða vatninu
	属格	góða sykursins	góðu mjólkurinnar	góða vatnsins

　上述のように，子音語幹名詞で例が多いのが「n-語幹」である。ラテン語にも，男性 homō「人」，女性 nātiō「民族」，中性 nōmen「名前」などがある。中性名詞は単数主格形も -n で終わるが，主格以外の「斜格」(oblique case) では，与格 hominī「人に」，対格 nātiōnem「民族を」のように軒並み -n- を示す。英語の nation は斜格形，オランダ語の natie は主格形の借用である。

　英語では oxen「雄牛」，children「子供たち」など少数派の「n-語幹」は，オランダ語や西フリジア語では大多数の名詞に用いる複数形語尾に発達した。これは「n-語幹」が語形成から語形変化の範疇に及んだことを示しているが，ゲルマン祖語でも，接尾辞 -an（＞ド -(e)n）として形容詞の弱変化に広がっていた。それがドイツ語の弱変化語尾 -e（＜...n）/-en の正体である。名詞と同じく，形容詞でも弱変化は「n-語幹」による変化をさし，それ以外を強変化と呼ぶのはこのためである。ゴート語の guma「男」（男性，英 human ＜ラ homō），haírtō「心臓」（中性，英 heart），qinō「女」（女性，英 queen）の変化を形容詞 blinds「盲目の」（英 blind）の弱変化と比べてみよう。両者はまったく等しいことがわかる。

弱変化：		男性 (n-語幹)	中性 (n-語幹)	女性 (n-語幹)
単数	主格	blinda ↔ guma「男」	blindō ↔ haírtō「心臓」	blindō ↔ qinō「女」
	対格	blindan ↔ guman	blindō ↔ haírtō	blindōn ↔ qinōn
	与格	blindin ↔ gumin	blindin ↔ haírtin	blindōn ↔ qinōn
	属格	blindins ↔ gumins	blindins ↔ haírtins	blindōns ↔ qinōns

複数 主格	blind*ans* ↔ gum*ans*		blind*ōna* ↔ haírt*ōna*		blind*ōns* ↔ qin*ōns*	
対格	blind*ans* ↔ gum*ans*		blind*ōna* ↔ haírt*ōna*		blind*ōns* ↔ qin*ōns*	
与格	blind*am* ↔ gum*am*		blind*am* ↔ haírt*am*		blind*ōm* ↔ qin*ōm*	
属格	blind*anē* ↔ gum*anē*		blind*anē* ↔ haírt*anē*		blind*ōnō* ↔ qin*ōnō*	

弱変化の登場以前は，ゲルマン語の形容詞には母音語幹の名詞変化と共通の強変化しかなかった．形容詞は固有の語幹形成接尾辞をもたず，多数派の「a/ō-語幹」(ja-/jō- を含む) にほぼ一本化されたのである．「a-語幹」は男性と中性，「ō-語幹」は女性を覆った．ゴート語でも，「i-語幹」と「u-語幹」の形容詞は少ない．名詞語幹の語形変化への侵入は，弱変化の登場以前にも起こっていたといえる．ただし，名詞と代名詞の変化は微妙に異なっていた．古語の強変化には，指示代名詞の変化が大幅に混入しており (下の表では四角で囲って示す)，中性単数主格・対格には両方の語形が見られることがある．ゴート語の強変化名詞 (8.4.) と指示代名詞 sa (男性)/þata (中性)/þō (女性) 「それ」(英 that) の語形変化を併記してみよう．

強変化：	男性 (a-語幹)	中性 (a-語幹)	女性 (ō-語幹)
単数 主格	blind*s* ↔ dag*s*	blind ↔ waúrd	blind*a* ↔ gib*a*
		☐ *blindata* ↔ *þata* ☐	
対格	☐ *blindana* ↔ *þana* ☐	blind ↔ waúrd	blind*a* ↔ gib*a*
		☐ *blindata* ↔ *þata* ☐	
与格	☐ *blindamma* ↔ *þamma* ☐	☐ *blindamma* ↔ *þamma* ☐	blind*ai* ↔ gib*ai*
属格	blind*is* ↔ dag*is*	blind*is* ↔ waúrd*is*	☐ *blindaizōs* ↔ *þizōs* ☐
複数 主格	☐ *blindai* ↔ *þai* ☐	blind*a* ↔ waúrd*a*	blind*ōs* ↔ gib*ōs*
対格	blind*ans* ↔ dag*ans*	blind*a* ↔ waúrd*a*	blind*ōs* ↔ gib*ōs*
与格	☐ *blindaim* ↔ *þaim* ☐	☐ *blindaim* ↔ *þaim* ☐	☐ *blindaim* ↔ *þaim* ☐
属格	☐ *blindaizē* ↔ *þizē* ☐	☐ *blindaizē* ↔ *þizē* ☐	☐ *blindaizō* ↔ *þizō* ☐

現代ドイツ語では，形容詞の強変化は指示代名詞から発達した定冠詞の変化と一致し (ド d*er* Zucker ↔ gut*er* Zucker)，完全に指示代名詞の変化に移っている．

これは形容詞の語形変化が「名詞変化＞代名詞変化」と発達したことを示している。この発達は「限定」の意味と密接に結びついていた。代名詞には指示的機能があるので，古くは「非限定」(不定 indefinite) の意味をもつ名詞変化にたいして，代名詞変化は「限定」(定 definite) の意味を担っていたと推定される (下の I)。ただし，代名詞変化の限定の意味は早い時期に希薄になり，指示代名詞を形容詞の強変化に付加して，限定の意味を補強するようになった (下の II)。名詞変化は代名詞変化に代替されたが，「指示代名詞＋形容詞・強変化」では同じ語尾が重なって冗長なので，形容詞の強変化形を限定の意味をもつ弱変化形で置き換えたのである (下の III)。その後，指示代名詞から定冠詞が発達し，弱変化は限定の意味を失って，「指示代名詞・定冠詞＋形容詞弱変化＋名詞」↔「無冠詞＋形容詞強変化＋名詞」の対立に至ったと考えられる (千種 1983: 60f., Meillet 1949: 183)。

I 不定：形容詞強変化・名詞変化↔定：形容詞強変化・代名詞変化
*blind*a*「ある盲目の男に」(＝名詞 dag*a*「日に」) ↔ *blind*amma*「その盲目の男に」(＝指示代名詞 þ*amma*「それに」)

II 不定：形容詞強変化・名詞変化↔定：<u>指示代名詞</u>＋形容詞強変化・代名詞変化
*blind*a*「同上」↔ *þ*amma* blind*amma*「同上」

III 不定：形容詞強変化・<u>代名詞変化</u>↔定：指示代名詞（＞定冠詞）＋<u>形容詞弱変化</u>
blind*amma*「同上」↔þ*amma* blind*in*「同上」

弱変化が限定の意味を保っていたことは，ゴート語聖書の例からもうかがえる。

① ゴ gōlja izwis ik Taírtius ***sa mēljands*** þō aípistaúlein in fraujin「この手紙を (þō aípistaúlein) 書いている (sa mēljands) 私 (ik)，テルティウス (Taírtius) はあなたがたに (izwis) 主において (in fraujin) 挨拶を送ります (gōlja)」(『ローマ人への手紙』16, 22)

② ゴ Ik im hlaifs ***sa libanda***, sa us himina qumana「私は (ik) 天 (himina) から (us) 来た (sa…qumana) 生きている (sa libanda) パン (hlaifs) である (im)」(『ヨハネによる福音書』6, 51)

斜体字の部分は，指示代名詞 sa「その」に動詞の現在分詞を加えたものだが，

blinds (強変化) ↔ blinda (弱変化)「盲目の」からわかるように，① mēljands「書いている」(← mēljan「書く」) は強変化，② sa libanda「生きている」(← liban「生きる」) は弱変化である．ゴート語の現在分詞は弱変化がふつうだが，①は「手紙を書いている私」という一時的で限定されない行為なので強変化で表し，②は「生きているパン」という内在的性質としての限定の意味を弱変化で表したといえる．

ドイツ語に見られる弱変化語尾 -(e)n は，古くはたんに名詞句のまとまりを示す「テープ」ではなく，定冠詞に準じる限定の意味をもっていた．このことは，「n-語幹」が「個別化」の意味を表す名詞派生接尾辞という語形成手段だった事実からわかる．限定の意味は，「個別化＞唯一性・内在性＞限定」という発達の結果である．たとえば，ラテン語の Catō「カトー」(対格 Catōnem)，ギリシャ語の Agáthōn「アガトーン」という人名は，「n-語幹」に相当する印欧語の接尾辞 -on (＞ゲ -an ＞ド -(e)n) を伴っている．両者は形容詞 catus「賢い」，agathós「良い」(英 good と同源) の派生名詞で，「賢さ・善良さの個別的実現」ほどの意味である．Catō はもちろん「加藤」ではなく「賢治」，Agáthōn は「良雄」といった感じである．ドイツ語で単数主格以外にすべて -(e)n をつける「男性弱変化名詞」(ド schwaches Maskulinum) には，Herr「主人」，Junge「男の子」，Bär「熊」のように有生名詞が多い．有生名詞は，限定された個体の意味を表す語といえる．

ゲルマン語は「n-語幹」の限定の意味を語形成手段の枠組みから，任意の形容詞に付与する語形変化 (＝活用) のパラダイムに拡張した．この変化は，同格表現という中間段階をへたと考えられる．ドイツ語の wir Armen「私たち貧者」(arm「哀れな，貧しい」) などの「人称代名詞＋形容詞弱変化」による同格表現は，そのなごりといえる．wir Armen は「貧しい私たち」ではなく，「私たち，すなわち貧しい者」という構成であり，上記の hlaifs sa libanda「生きているパン」(ド das lebende Brot) も「パン，すなわちその生きているもの」(ド Brot, das Lebende) という構成に近い．これは「n-語幹」が名詞派生接尾辞に由来する事実と関係がある．相手が決まっている呼びかけでも，アイスランド語の kæri Jón!「親愛なるヨウンよ」，kæra Anna!「親愛なるアンナよ」(← kær「親愛な」) のように，北ゲルマン語では弱変化 (-i/-a ＜...n) を使う．比較級も特定の対象との関係を表すので，古くは弱変化しかなく，アイスランド語には今でも特殊な弱変化しかない．

印欧祖語と同じく，ゲルマン祖語は冠詞を欠いていた．ゴート語や初期のルー

ン文字資料でも，冠詞は未確立である(『ゲレフースの黄金の角杯』(4.3.)の horna「(この)角(杯)」を参照)。ラテン語やロシア語でも冠詞は未発達で，アイスランド語にはギリシャ語と同じく不定冠詞がない。ゲルマン語の定冠詞は，2 種類の指示代名詞(ゴ sa (男性)/þata (中性)/sō (女性)＜ゲ *s-/*þa-＜印欧 *so-/*to-：西ゲルマン語で前置定冠詞に発達; ア -nn＜ゲ *jai-na-＜印欧 *eno-：北ゲルマン語で後置定冠詞に発達)，不定冠詞は数詞の「1」から発達した。注目すべきは，ゲルマン祖語の動詞がアスペクトの区別を失った事実である(8.1.)。ロシア語などスラヴ語に見られる「完了体」↔「不完了体」という「体」(＝たい)の区別は，出来事の時間的な「限定」(例. ロ napisat'「書いてしまう(完了体)」)↔「非限定」(例. ロ pisat'「書いている(不完了体)」)の表現形式ともいえる。ポーランド人のクリウォヴィチ(Jerzy Kuryłowicz 1895～1978)は，動詞のアスペクトは名詞につく冠詞のようなものだと述べている(Kuryłowicz 1973^2: 110)。情報伝達の効率性から見て，限定・非限定(＝定・不定)の区別はどこかで明示する必要がある。ゲルマン語は出来事それ自体を表す動詞のアスペクトの消失を補うように，出来事の関与者である名詞句で限定・非限定の区別を表示するべく，定冠詞にさきがけて形容詞強変化の代名詞変化，ついで弱変化を発達させたのかもしれない(Leiss 2000)。

現代ゲルマン諸語概説

▶ 第 3 章 ◀

9. 現代ゲルマン語の仲間たち―「言語」と「方言」を分けるもの

ここからは近現代の世界に旅立とう。現代ゲルマン語には次の仲間がいる。

(1) 北ゲルマン語
  (a) 大陸北ゲルマン語
    スウェーデン語
    デンマーク語
    ノルウェー語ブークモール
    ノルウェー語ニューノシュク
  (b) 離島北ゲルマン語
    アイスランド語
    フェーロー語
    †ノーン語
(2) 西ゲルマン語
  (a) ドイツ語
    ［低地ドイツ語］
    ルクセンブルク語
    ［スイスドイツ語］
    ［ドイツ語アルザス方言］
    イディッシュ語

　　　　［プラウトディーチ語］
　　　　［ペンシルヴェニアドイツ語］
　　(b)　オランダ語
　　　　［オランダ語フランドル方言，いわゆるフラマン語］
　　　　アフリカーンス語
　　(c)　英語（スコットランド英語，アイルランド英語；イギリス英語，アメリカ英語，オーストラリア英語など）
　　(d)　フリジア語群
　　　　　西フリジア語
　　　　　北フリジア語（9方言の総称）
　　　　　東フリジア語（＝ザーターフリジア語）
　　(e)　クレオール諸語

　現代語を語るときに避けて通れないのが，「言語」(language)と「方言」(dialect) の問題である。上の表では，方言または特異な性格の言語はカッコに入れてある。海抜が低い北ドイツで用いられる低地ドイツ語とスイスドイツ語は，慣例による通称で，「ドイツ語低地方言」，「ドイツ語スイス方言」がふさわしい。両者は標準語を欠く諸方言の集合だが，標準ドイツ語から一線を画する特徴を備えている。「言語」としての性格が特殊な例には，16世紀前半以来のメノ（＝メノー）派教徒の東方移住で低地ドイツ語から発達したプラウトディーチ語，17世紀後半頃にドイツのプファルツ地方からアメリカ・ペンシルヴェニア州を中心に移住した中部ドイツ語を基礎とするペンシルヴェニアドイツ語がある。ルクセンブルク語もドイツ語の一方言から，1984年の言語法で「言語」の地位に昇格した。
　19世紀末には，2種類のノルウェー語，ブークモールとニューノシュクが誕生している。両者は，400年以上支配されてきたデンマーク語から，保守的な前者と革新的な後者に分かれて生まれた。ノルウェーの切手やクローネ紙幣には，ブークモールのNorgeとニューノシュクのNoregで，「ノルウェー」と印刷されている。ただし，その差は微妙である。スウェーデン語とデンマーク語を加えた4つの大陸北ゲルマン語は，よく似ている(14.1.)。スウェーデン語のä, öにたいして，æ, øの文字を使うデンマーク語とブークモールは，書面では判別がつきに

くいこともある。それでも，この4言語を方言だという人はいない。

　言語と方言の違いは，構造的相違よりも政治的・社会的理由，すなわち「社会言語学」(sociolinguistics) 的な要因に依存している。この点が重視されるのは，ヨーロッパ諸言語の特徴といえる。ヨーロッパでは，話者が自分たちのお国言葉を「言語」であると公的に強く主張すれば「言語」になり，しなければ「方言」の地位にとどまるか，「言語」から「方言」に格下げになる可能性もある。ヨーロッパの人々は言語の社会的地位という問題に敏感である。言語は空気のような自明の存在ではなく，ひんぱんに意識にのぼる風や嵐のような実体なのである。

　ほかにも，特筆すべき方言は少なくない。まず，中世期には独立の言語だった「スウェーデン語ゴトランド方言」(ス gotländska) がある。民俗学の宝庫として知られるスウェーデン中部のダーラナ地方北部で，話者数約3千人と推定される「スウェーデン語エルヴダーレン方言」(ス älvdalska) は，名詞に男性・女性・中性の3性と主格・対格・与格・属格の4格組織を保っている。「デンマーク語西ユトラント方言」(デ vestjysk) は北ゲルマン語に特徴的な後置定冠詞をもたず，西ゲルマン語のような前置定冠詞を発達させており，名詞の両性・中性という性の区別を廃して，代名詞との照応によって可算・不可算という区別に転換したユニークな存在である (リングゴー (清水訳) 1995: 62ff.)。さらに，イタリア北東部の都市トレント (イタ Trento) に近いルゼルナ村 (イタ Luserna) を中心に話されている「上部ドイツ語ツィンバーン方言」(ド Zimbrisch) は，イタリア語の影響で，英語と並んで，西ゲルマン語の大多数に共通の「定動詞第2位」の原則を失っている (Tyroller 2003, Bidese 2008)。

　最後に，「クレオール諸語」(creoles) は世界各地で系統の異なる現地の言語と混ざり合い，独自の言語に成長したものをさす。英語またはオランダ語を基礎にした40～50種類が知られている (Holm 1989, Romaine 1994)。

10.　北ゲルマン語の仲間たち―スカンジナヴィア本国と離島の言語

10.1.　北ゲルマン語の変遷―東・西から大陸・離島の区分へ

　それでは，北欧スカンジナヴィアから出発しよう。ヴァイキング時代末期に顕著になった東ノルド語と西ノルド語への分岐以降，大陸北ゲルマン語と離島北ゲ

ルマン語の類型論的区分に至る道程には，次に述べる出来事が待っていた．

```
西ノルド語                          東ノルド語
┌─────────────────────────┐      ┌─────────────────────────┐
│古アイスランド語　古ノルウェー語│ ↔ │古スウェーデン語　古デンマーク語│
└─────────────────────────┘      └─────────────────────────┘
                                              ↓
西ノルド語：北ノルド語              東ノルド語：北ノルド語｜南ノルド語
┌─────────────────────────┐      ┌──────────────┬──────────────┐
│古アイスランド語　古ノルウェー語│ ↔ │古スウェーデン語│｜古デンマーク語│
└─────────────────────────┘      └──────────────┴──────────────┘
                                              ↓
離島北ゲルマン語                    大陸北ゲルマン語
┌─────────────────────────┐      ┌──────────┬──────────┐
│アイスランド語　フェーロー語  │ ↔ │ニューノシュク│｜スウェーデン語│
├──────────┐                    ├──────────┴──────────┤
│†ノーン語  │                    │ブークモール　〜　デンマーク語│
└──────────┘                    └─────────────────────┘
```

まず，北ゲルマン語地域の南部で語末音の弱化と形態的簡素化が起こり，12世紀頃には，当時，デンマーク領だったスウェーデン南部を含むデンマーク語が「南ノルド語」(South Nordic) として，その他の「北ノルド語」(North Nordic) から異なる性格を得た．これには，南に接する低地ドイツ語の影響が指摘されている．デンマークとドイツの国境は古来，一定せず，1920年の国民投票の結果，シュレースヴィヒ地方が南北に分かれて両国に分属することになった．ほかにも，デンマーク語は語頭以外でのp, t, kの軟音化（有声化と摩擦音化），高さアクセントに代わる声門狭め音（声門閉鎖音）など，独自の特徴を発達させた (14.3., 4.)．

13〜15世紀には，「ハンザ同盟」(ド Hanse) の興隆に伴う北ドイツ商人の進出を経験した (5.5.)．中低ドイツ語から大量の語彙が流入し，書き言葉にも影響を与え，1350年頃にその頂点に達した．現代の大陸北ゲルマン語の日常語彙の30〜40％は，低地ドイツ語起源といわれている．リューベクを盟主とするこの経済共同体の言語は，ネーデルラントから北海，バルト海沿岸のリングワ・フランカ，すなわち共通の意思疎通手段となった．これはドイツ語が他の言語に与えた最大の影響とされている（清水1983）．コペンハーゲン，ストックホルム，オスロ，ヘルシンキなど，北欧の沿岸部を中心とする主要都市は，北ドイツ商人がこの時代に発展させた．その旧市街にはドイツ教会がそびえ，ベルゲンの旧市街にはハンザ商館が建ち，最初のストックホルム市長の職にはドイツ人が就いた．

デンマーク語に続いて，スウェーデン語は14世紀半ば，ノルウェー語は1世代ほど後に語末母音を弱め，それぞれ大幅な形態的簡素化をこうむった。一方，アイスランド語とフェーロー語は古風な性格を保った。この結果，前者の「大陸北ゲルマン語」(Continental North Germanic) と後者の「離島北ゲルマン語」(Insular North Germanic) という類型論的基準にもとづく新しい区分が誕生した。

以上の事情に加えて，スカンジナヴィア内部の政治情勢の変遷がある。キリスト教改宗，16世紀の宗教改革とそれに続く絶対主義王政，19世紀ロマン主義とナショナリズム (国民主義) をキーワードに概観してみよう。

10.2. デンマーク語とスウェーデン語──覇権争いと規範整備

スカンジナヴィアでは海を媒介として，10世紀頃に諸部族の統合から3つの王国が成立した。北海を中心にバルト海の出口を押さえたデンマーク，ノルウェー海を中心に西部のフィヨルド海岸部を拠点として発達したノルウェー，バルト海を中心に中部のメーラレン湖 (ス Mälaren) 周辺を支配したスウェーデンである。北ゲルマン語圏では独自の信仰が根強く，ドイツ王国による支配への警戒心も強かった。キリスト教化は，「スカンジナヴィアの使徒」と称えられたアンスガー (Ansgar 801～865) の努力もむなしく，王侯の支持を受けた10世紀後半から12世紀末という長いプロセスの末に達成された。政治的支配も同時に象徴する大司教座の設置は，デンマークでは1104年に現在はスウェーデン領南部のルンド (ス Lund)，ノルウェーでは1152年に中部のトロンハイム (ノ Trondheim) の前身ニーダロス (ノ Nidaros)，そしてスウェーデンでは1164年に中部のウプサラでなされ，それぞれ北欧を代表する大聖堂が建立された。

「デーン人の (dan-) 領土 (-mark)」を意味する「デンマーク」(デ Danmark) では，960年頃にハーラル青歯王 (デ Harald 1 Blåtand ?～987) がローマカトリックに改宗し，11世紀前半にはデーン朝イングランドに加えてノルウェーを征服した。ヴァイキング時代の終焉でこの関係は解消されたが，ドイツとの抗争をへて14世紀半ばには復興を遂げ，女王マルグレーテ1世 (Margrete 1, 1353～1412) の統治下の1380年にアイスランド，フェーロー諸島，グリーンランドを含むノルウェーを支配した。1397年にはバルト海沿岸の古都カルマル (ス Kalmar) で「カルマル

同盟」(Kalmar Union) を締結し，スウェーデンを含む北欧連合王国の中心として君臨した。マルグレーテ1世は14世紀末に公文書をラテン語からデンマーク語に改めさせてもいる。デンマーク語はノルウェー語，フェーロー語，アイスランド語を傘下に置き，前者の2言語の歩みに決定的な影響を与えた。

　16世紀前半の宗教改革の時代に入ると，ヴァーサ王朝の創始者グスタヴ1世 (Gustav 1, 1496～1560)，すなわちグスタヴ・ヴァーサ (Gustav Vasa) のもとでスウェーデンの台頭を迎える。1523年にスウェーデンはデンマークへの従属を断ち切り，カルマル同盟は解消された。1524年の新約聖書のデンマーク語訳に続いて，1525年以降は近代デンマーク語の時代に入り，1550年には『クリスチャン3世欽定訳聖書』(デ *Christian 3.s Bibel*，正しくは「クレスチェン」，14.2.) が完成した。そして，絶大な国民的人気を誇ったクリスチャン4世 (Christian 4, 1577～1648, 親政 1596～1648) の統治期を迎える。しかし，三十年戦争で敗北し，1658年にはスカンジナヴィア半島南部のスコーネ (ス Skåne)，ハッランド (ス Halland)，ブレーキンゲ (ス Blekinge) をスウェーデンに割譲した。この地のスウェーデン語南スウェーデン方言は，rが舌先ではなく，口蓋垂の摩擦音であり，二重母音が多いなど，標準スウェーデン語とは異なる特徴を随所に示している。景観の点でも，森林に囲まれてひっそりとたたずむスウェーデン的な赤壁と白の窓枠の一軒家とは一味違って，積み木の箱をひっくり返したようなカラフルで愛らしい木組みと漆喰を合わせた家並みが印象的である。

　現在のデンマーク語 (デ dansk) は，宗教改革期に誕生した書き言葉に，17～18世紀のコペンハーゲン市民の話し言葉を交えたものを標準語の基礎にしている。話者数は約550万人で，コペンハーゲンを東端とするシェレン島 (デ Sjælland)，アンデルセンの故郷として有名なオーゼンセ (デ Odense) を中心都市とするフューン島 (デ Fyn) が主要な2島である。大陸部の国土は，北シュレースヴィヒ (ド Nordschleswig, デ Nordslesvig「北スレースヴィ」) 以北のユトラント半島であり，同国第2の都市オーフス (オーフース，デ Århus) や国内最古の都市リーベ (デ Ribe) などが位置している。大陸方言と島方言はかなり異なる。ドイツとの国境を越えた南シュレースヴィヒ (ド Südschleswig, デ Sydslesvig「南スレースヴィ」) にも話者がおり，グリーンランドとフェーロー諸島の公用語でもある。

スウェーデンは，中部のスヴェーアランド（ス Svealand），南部のイェータランド（ス Götaland），北部のノルランド（ス Norrland）からなる。ノルランドはノルウェー最北部と並んで，フィンランド語やエストニア語と同じウラル語族に属するサーミ語の主要使用地域でもある。スウェーデン語（ス svenska）の古来の中心地は中部のスヴェーアランドで，「スウェーデン」の原語 Sverige「スヴェリエ」は「スヴェーア人の (Sve-< Svēa) 国 (-rige < rīke)」の意味である。標準語は，北欧最古の大学町ウプサラ，首都ストックホルムを含むメーラレン湖周辺とウップランド地方の方言を基盤としている。面積は日本の約 1.2 倍に及ぶが，話者はスウェーデン本国の人口約 940 万人の 90 % 程度にとどまる。残りは近年の移民で占められ，その多くは第 2 言語としてスウェーデン語を用いている。デンマークとノルウェーでも移民が多く，ともに寛容な言語政策がとられている。

スウェーデンでは異教信仰が根強く，11 世紀半ばにイェータランドでキリスト教改宗がなされてからも，中部のスヴェーア人はこれに従わず，ウプサラで異教徒の神殿を破壊した後の 1164 年に司教座が置かれた。1526 年の新約聖書訳を境に近代スウェーデン語の時代に入り，グスタヴ 1 世の命で 1541 年に編まれた『グスタヴ・ヴァーサ欽定訳聖書』（ス *Gustav Vasas Bibel*）の全訳によって，書き言葉の規範整備が途についた。1732 年頃以降はドイツ語の影響を脱し，スウェーデン語的な書き言葉への転換がなされていった。

ヴァイキング活動以後，新たなスウェーデンの進出に伴う言語的影響をとどめる地域にフィンランドがある。スウェーデン語は同国の公用語であり，30 万人弱の話者がいる。「フィンランドスウェーデン語」（ス finlandssvenska）の話者は，ノヴゴロト公国と対抗して行われたキリスト教布教活動による 12 世紀後半の南西部の改宗を起源とし，1809 年まで続いたスウェーデン支配下の居住民の後裔である。ムーミンでおなじみの女流作家トゥーヴェ・ヤーンソン（Tove Jansson 1914～2001）もフィンランドスウェーデン人で，スウェーデン語で作品を発表した。特徴としては，後述する標準スウェーデン語の「高さアクセント」（14.4.）を欠き，「音節均衡」（14.2.）の制限を受けない古来の音節構造を残すなどの点がある。使用地域は，南海岸と西海岸中部の沿岸，くわしくいうと，ヘルシンキ周辺のニューランド地方（ス Nyland），ヴァーサ（ス Vasa, フィ Vaasa）周辺のエステルボッテン地方（ス Österbotten），オーボ（ス Åbo, フィ Turku「トゥルク」）周辺の

オーボランド地方 (ス Åboland), それにオーランド諸島 (ス Åland) である。オーランド諸島は自治権をもち, スウェーデン語を唯一の公用語としている。

10.3. ノルウェー語―ブークモールとニューノシュクの誕生

上記の2王国にたいして, ノルウェー (ブ Norge, ニュ Noreg) は長らく陰の道をたどった。国名の由来は,「北の (古ノ norðr) ＋道・地方 (古ノ vegr)」である。

アイスランドとフェーロー諸島のキリスト教改宗にも尽力したウーラヴ1世トリュッグヴァソン (ノ Olav 1 Tryggvason 968～1000) [*1] は, デンマークとスウェーデンの策謀で暗殺された。その遺志を継いだ聖ウーラヴ (ノ Olav den hellige 995～1030) の名で知られるウーラヴ2世 (ノ Olav 2 Haraldsson) は, 1024年にノルウェーキリスト教会の基礎を築いた。13世紀のノルウェー王国は1262年にアイスランドを併合するなどして繁栄した。しかし, 1349年に西部に位置する古来の中心地ベルゲンの港に入ったイギリス船からペスト菌が侵入し, 国内に蔓延した。総人口30～45万人の約3分の1が犠牲になり, 続く半世紀には14～20万人に半減して, 国力は著しく衰えた。1380年にデンマークとの同君連合に入った後は, デンマーク語の影響が急増し, 16世紀初頭には書き言葉の地位をデンマーク語に譲って, ノルウェー語 (ノ norsk) は公的役割を失った。この状況はデンマークとの連合関係を解消し, スウェーデンとの同君連合に入った1814年まで続く。スウェーデンからの独立は1905年である。ただし, ノルウェー語は話し言葉として生き続け, 多様な方言を育む一因ともなった。人々はデンマーク語の文章をノルウェー語の発音で読み, 自由な話し言葉がノルウェー語的な書き言葉の基礎になった。これは,「デンマーク語的ノルウェー語」の意味で「ダンスク・ノシュク」(ノ dansk-norsk) と呼ばれ, ブークモールに継承された。

1814年以降のノルウェー語復興運動は, 2つの道を進んだ。ひとつは学校教師クニュート・クニュトセン (Knud Knudsen 1812～1895) に代表される穏健派である。その努力は, 都市部の教養層の話し言葉をもとにノルウェー語的要素を取り入れ, デンマーク語の規範を改革した「リクスモール」(ノ riksmål,「国の (riks-) ＋言葉 (mål)」の意味) に結実し, 広い支持を得た。一方, 急進的立場を代表する

[*1] 以下の人名はノルウェー語の発音で示す。Olav の o は, [ウー uː] である (14.2.)。

イーヴァル・オーセン (Ivar Aasen 1813〜1896) は，ノルウェー各地の方言を調査し，古風な特徴をとどめる西部の方言を基盤として，古西ノルド語を継承するノルウェー語的な「書き言葉」を「再建」し，創造した。1864年の文法書と1873年の辞書で具体化されたその理想は「ランスモール」(ノ landsmål,「地方の (lands-) 言葉 (mål)」の意味) と呼ばれ，国民主義を標榜する人々から支持を集めた。

両者は1885年に，同等の社会的有効性を有する公用語として承認された。1929年には，リクスモールは「ブークモール」(ノ bokmål,「文書・本 (bok) の言葉 (mål)」の意味)，ランスモールは「ニューノシュク」(ニ nynorsk,「新しい (ny) ノルウェー語 (norsk)」の意味) と改称された。今でも，リクスモールはオスロの上流階級特有の保守的なブークモールをさすことがある。19世紀以降のノルウェー語はゲルマン語最多の正書法改革を経験し，規範整備が急ピッチで進められた。両言語の垣根を取り除き，「共通ノルウェー語」を意味する「サムノシュク」(ノ samnorsk) を構築する試みもあるが，両者を等しく容認する寛容さが主流である。ニューノシュクは当初の過度に古風な性格から，現状に即応するように修正されていったが，ブークモールもデンマーク語的性格から脱して，ノルウェー語としての独自性を加味していった。名詞の女性形の復活は，その一例である。

ブークモールとニューノシュクは国内全域で，公的機関での有効性が保証されている。学校教育ではどちらかが選択されるが，もう一方の言語も教えられることがある。両者の相互理解は，ある程度可能である。私たち外国人が学ぶのは，たいていブークモールである。話者は合計約500万人弱を数え，ニューノシュクは約17%で，西部の沿岸部と南部の内陸部を中心とし，ブークモールは約83%で，南東部のオスロ首都圏を中心に残りの地域で用いられている。ただし，方言の許容度が高いノルウェー語では，話者の70〜75%がニューノシュクに近い方言を話しているともいわれている。ブークモールは，スウェーデン語やデンマーク語に比べて規範性がゆるやかであり，話者もそれを自覚している。入り組んだ地形が息をのむほど美しい雄大な自然景観を旅人の胸に刻み込むノルウェーは，方言分布が複雑である。標準発音については，ブークモールはオスロ首都圏を基盤とするが，ベルゲン，トロンハイムなどの地域的標準発音も存在する。一方，ニューノシュクは本質的に書き言葉であり，標準発音を欠き，各地の方言の発音が許容されている。たとえば，ベルゲン周辺では，r はデンマーク語のよう

に口蓋垂摩擦音なので,「舌先ふるえ音 r[r]＋s[s]」を［シュ ʃ］と発音するブーク
モール的な norsk［ノシュク］「ノルウェー語」にたいして,「ノルスク」という発音
になる。語彙についても,「選択形」(ノ sideform) と呼ばれる異形態が数多く許容
され, テキストではかなりの異同が目につく。

10.4.　アイスランド語―ヨーロッパ言語の奇跡

　中世のアイスランドは 999 / 1000 年のキリスト教改宗をへて,「共和制の時代」
に自由を享受した。しかし, その末期には 8 つの豪族が覇権を争う「ストゥルト
ルンガルの時代」(ア sturlungaöld 1200 / 20〜64) に突入した。1262 / 64 年には,
ノルウェー王に庇護を求めて属国に下った。1380 年にデンマークの支配に移行
した後は, 疫病や災害に悩まされ続けた。ヨーロッパ中を震撼させたペストの襲
来で, 1402〜04 年には人口の 3 分の 1 以上が犠牲になった。1550 年にはルター
派新教への改宗を暴力的に強要されて教会財産を失い, 1602 年には通商権をデ
ンマークに独占されて経済発展の道を絶たれた。暗黒の 18 世紀には, 1783 年の
ラーキ火山 (ア Laki) の大噴火で有史以来最大規模の溶岩流が大地を覆い, アジ
アにまで達した火山灰が日射を遮って「霞の大飢饉」(ア móðuharðindi 1784〜85)
を引き起こし, 住民の約 4 分の 1 の命を奪った。ただし, アイスランド語 (ア
íslenska) はノルウェー語と違って一度も他言語の支配を受けず, 人々の唯一の母
語であり続けた。それには, 遠隔地という地理的要因のほかに, 中世文学の遺産
を精神的支えとして言語擁護の努力を傾け続けた事実も無視できない。

　アイスランドでは, 14 世紀半ばまでに 4 編の文法論文が編まれている。なかで
も 1150 年頃の『第 1 文法論文』(ア Fyrsta málfræðiritgerðin) は, 匿名の著者によ
るゲルマン語最古の言語学的考察で, 優れた音韻記述である。1540 年にはオッ
ドゥル・ゴホトスカウルクソン (Oddur Gottskálksson 1515 頃〜56) による新約聖
書訳が初のアイスランド語の印刷本として, デンマークのロスキレ (デ Roskilde)
で刊行された。これを境に,「中期アイスランド語」(ア miðíslenska 1350〜1540)
と「新期アイスランド語」(ア nýíslenska 1540〜) に区分される。最初の聖書の全
訳は, 主教グヴズブランドゥル・ソルラウフソン (Guðbrandur Þorláksson 1541 /
2〜1627) による 1584 年の『グヴズブランドゥル聖書』(ア Guðbrandsbiblía) であ
る。南西部のスカウルホルト (ア Skálholt 1056〜1785) と並んで, 学問の拠点だっ

た北部のホウラル（ア Hólar 1106～1801）の司教座に設けられた最初の印刷所で刊行された。外国語の要素を除去する言語純粋主義の姿勢が顕著である。

　豊かな中世文学と「ヨーロッパ言語の奇跡」と称えられる古風な特徴を備えたアイスランド語は，17世紀のデンマーク人文主義者以来，海外の関心を集めた。最古のアイスランド語辞書であるマグヌス・オウラフソン（Magnús Ólafsson 1573頃～1636）の『ルーン文字語彙資料集』（ラ *Specimen lexici runici* 1650）から1691年までの3種類の辞書はラテン語で書かれ，デンマーク人とスウェーデン人の手で刊行された。最古の文法書は，スコーネの学校長を務めたアイスランド人リューノウルヴル・ヨウンソン（Runólfur Jónsson 1620頃～54）による『アイスランド語文法の基礎』（ラ *Grammaticae Islandicae rudimenta*）である。上記のマグヌスの没後，その辞書の刊行に尽力したデンマーク人学者ヴォーム（Ole Worm 1588～1654）のはからいで，1651年にコペンハーゲンで刊行された。類書の出現は，1668年のポントピダンによる『デンマーク語文法』（Erik Pontoppidan: *Grammatica Danica*），1696年のヒェルマンによる『スウェーデン語文法』（Nils Tiällman(n): *Grammatica Suecana äller Enn Svensk Språck ock Skrift-konst*），前述のオーセンによる1864年の『ノルウェー語文法』（Ivar Aasen: *Det norske Folkesprogs Grammatik*）に始まる。北ゲルマン語で最初の文法書がアイスランド語について書かれたのは，偶然ではない。リューノウルヴルは海外の要請に応えることを意図してラテン語を用い，同書はオクスフォードとルンドで再版された。

　古語の文法の最初の著者は，「ゲルマン語子音推移」（7.2.）で言及した印欧語歴史比較言語学の創始者のひとり，デンマーク人のラスクである。1811年刊行の『アイスランド語あるいは古ノルド語への手引き』（デ *Vejledning til det Islandske eller gamle Nordiske Sprog*）は，ラテン語以外で書かれた外国人による最初の文法書である。現在の常識とは異なって，古アイスランド語を北ゲルマン語の祖語と確信していたラスクは，豊かな古語の文学に接するためにアイスランド語の重要性をデンマーク人に説いた。最も重視したのは語形成である。言語は変化語尾を失っても，不変化詞や前置詞などで補えるが，新しい語を創造する力を失えば，他言語から盲目的に語彙を受け入れ，衰退を余儀なくされるという見解をラスクはもっていた。これは屈折語尾の摩滅を堕落とみなす当時の進化論的偏見とは一線を画する卓見である。ラスクの考え方は「新造語」（neologism）を旨とする言語

純粋主義運動の牽引力となり，孫弟子のアイスランド人コンラウズ・ギスラソン (Konráð Gíslason 1809〜91) を筆頭に受け継がれていった。

ラスクの関心はデスクワークにとどまらなかった。1813〜15 年に滞在した新興のレイキャヴィークで目にしたのは，デンマーク語の氾濫だった。アイスランド語の将来に危機感を抱いたラスクは，アイスランド語の能力を母語のレベルにまで高め，島内を回って人々に母語への誇りを訴えた。そして，コペンハーゲンで「アイスランド文学会」(ア Hið íslenska bókmenntafélag 1816〜) を設立して初代会長に就任し，北欧最古の学術雑誌『スキルトニル』(ア Skírnir 1827〜，「洗礼」の意味) を創刊して，今日の学問の基礎を築いたのである。短い生涯の間に最初のフェーロー語文法とフリジア語文法を含む膨大な業績を残したラスクの学問的足跡は，ゲルマン語の研究と擁護の両面で比類なく広く深いものだった。

その後，アイスランドはヨウン・シーグルソン (Jón Sigurðsson 1811〜79) を中心に粘り強い独立運動を展開し，建国千年祭を祝った 1874 年に憲法を得て，デンマークによる支配は実質的に終わりを告げた。1918 年にはデンマークと同君連合を結成して主権国家となり，第 2 次世界大戦下の 1944 年，完全独立を達成した。日本の約 4 分の 1 強の面積で北極圏をかすめるアイスランド共和国は，1930 年以前には 10 万人以下だった話者が約 32 万人 (2011 年の統計) に達し，先進諸国中，例外的に人口が増加している。国内には古来，他言語が存在せず，均質的な伝統社会が変容の兆しを見せながらも，ヨーロッパ諸国で唯一，多言語使用の問題とは無縁である。海岸沿いに離散して農場を構えた伝統的居住形態も影響して，地域的特徴はあっても，明確な「地域方言」(regional dialect) は認められず，社会階層に応じた「社会方言」(social dialect, sociolect) も希薄である。

アイスランド語は 16 世紀半ばまでに，現代語の音韻の骨格が定まった。フェーロー語よりも形態的に古風で，古来の語彙を豊富にもち，約千年前の古西ノルド語の姿を広範に伝えている。最も使用頻度が高い 550 語中，500 語が古西ノルド語と共通し，宗教改革以後に加わったのは 10 語にすぎない。外来語の直輸入を避け，自国語に置き換える新造語は，1964 年設立の「アイスランド言語委員会」(ア Íslensk málnefnd) の主要任務となっている。heimspeki「哲学」(heim-← heimur「世界」+speki「知恵」)，stjórnmál「政治」(stjórn「統治」+mál「事柄」)，lýðveldi「民主主義」(lýð-← lýður「人々」+veldi「力」) など，明治期に私たちの先達が傾けた努

力が連綿と続けられている。アイスランド人は世界一読書量の多い国民として知られ，1955年にノーベル文学賞を受賞したハルドウル・ラハスネス（Halldór Laxness 1902〜1998）を筆頭に，何百人もの作家を輩出している（清水 2009）。

10.5. ノーン語―わずかな記録を残して消滅した古ノルド語の後裔

ノルウェー人ヴァイキングが800年頃にイギリス北部にもたらした古ノルド語は，当地の支配的言語となったが，北端のケイスネス（Caithness）などスコットランド沿岸部と西側のヘブリディーズ諸島では，15世紀までに消滅した。一方，北側のオークニー諸島とさらに北側のシェトランド諸島では，1195年以降のノルウェーの支配時代にも生き残った。この言語を「ノーン語」(Norn) といい，フェーロー語に最も近い。Norn は，「(西)古ノルド語，ノルウェー語」を意味する古ノルド語の norrœna の縮約形で，1485年に最初の使用例がある。しかし，1379年にオークニー諸島，1469年にシェトランド諸島がスコットランドの手に渡った後は，17世紀までに住民の大半が英語低地スコットランド方言（Low Scots）との2言語使用者になった。18世紀に教区学校がスコットランド英語で教育を始めると，ノーン語は衰退し，オークニー諸島で滅びた。そして，推定で1880年代初めにシェトランド諸島西端のフーラ島（Foula ＜古ノ Fuglaey,「鳥の (fugla-) 島 (-ey)」の意味）で最後の話者を失った（Rendboe 1987: 6）。

当地の記述は，1200年頃の『オークニー人のサガ』（古ノ Orkneyinga saga）や旅行記中の言及にとどまり，言語資料も少数のルーン文字銘文などに限られ，実体が不明だった。1774年，スコットランド人神学徒ジョージ・ロウ（George Low）はシェトランド諸島の総合調査を命じられて同地に渡り，この言語に興味を抱いた。そして，フーラ島で使用実体を記録し，30余りの語彙，新約聖書『マタイによる福音書』所収の「主の祈り」，35詩節からなるバラードを採集した。その成果は1879年に刊行されたが，言語資料は1805年に別人の著書に収録された。「主の祈り」には，ウォーレス（James Wallace）による1700年に著書に収められたオークニー諸島のノーン語によるヴァージョンもある。

その後，フェーロー人の言語学者イェアコブセン（Jakob Jakobsen 1864〜1918）は，1893〜95年にノーン語の残照を求めてシェトランド諸島を訪れ，1万語余りの語彙を採集した。1897年の博士論文『シェトランド諸島のノーン語』（デ Det *norrøne sprog på Shetland*) は英語スコットランド方言が当地の村々に浸透していく様子を描写したもので，海外でも名声を博し，フェーロー人のナショナリズム覚醒にも影響を与えた。死後に最終巻が刊行された『シェトランド諸島のノーン語語源辞典』(デ *Etymologisk Ordbog over det Norrøne Sprog på Shetland* 1908–21) は，概説とテキスト集に加えて発音記号と語源解説を含む精緻な学問的語彙記述であり，この言語の面影を伝えている。同書には，著者の死後，友人の手による上記の博士論文の一部の英訳を含む英語版 (1928-32, 1985 復刻) がある。

10.6. フェーロー語―最後の機会をとらえて飛翔を遂げた言語

アイスランドとスコットランドのほぼ中間に浮かぶデンマーク領フェーロー諸島は，南南東から北北西に伸びる総計約 1,400km² の細長い 18 のおもな島からなる。火山の噴火による青灰色の玄武岩に覆われ，460 メートルにも達する絶壁に囲まれた海岸部と 882 メートルを最高部とする山がちの地形で，雨量が多い。アイスランドと同様に森林に乏しく，緑草と湿地帯植物が茂る土地の中で耕作可能な面積は 7 ％程度にすぎないが，切り立った海岸部は海鳥の繁殖に適し，周囲の海は漁場に恵まれ，高緯度ながら比較的温暖である。

「フェーロー語」(フェ føroyskt [フェーリスト 'føːɹɪsd]) は 17 の島で約 48,000 人に用いられ，デンマーク本国など海外にも話者が多い。島内の話者はデンマーク語との 2 言語使用者で，学校教育でも 2 言語教育がめざされている。中心都市は北部最大の島，ストレイモイ島 (ストレイミ島，フェ Streymoy) 南部のトウシュハウン (フェ Tórshavn,「(北欧神話の神) ソウル (古ノ Þórr > Tór) の (-s) 港 (havn)」の意味) だが，100 余りの「ビグド」(フェ bygd) と呼ばれる村ごとに方言差が著しい。これはアイスランドと対照的に，狭い土地ごとに密接な生活共同体を発達させたことによる。トウシュハウンの方言を標準語とみなす傾向が強いが，各地の方言も尊重され，標準発音はない。方言差が少なく，意思疎通に支障がないために標準発音を定める必要がないアイスランド語とは，事情が異なる。

「フェーロー諸島」の原語 Føroyar [フェリヤル 'føːɹjaɹ] は，「羊の (før-<古ノ fær) ＋島々 (-oyar <古ノ eyjar)」の意味とされている。これは，800 年頃にこの地に到達した西ノルウェー出身のヴァイキングが目撃した羊の群れにちなむ名称で，600 年頃には居住していたと推定されるケルト系アイルランド人の隠者が

持ち込んだものらしい。アイスランドと同じ 999 年頃にキリスト教を受け入れ，1100 年頃にトウシュハウンの南のチルチュベーヴル（フェ Kirkjubøur）に司教座が置かれた。行政の中心はトウシュハウン近郊のティンガネース（フェ Tinganes）で毎年 7 月 29 日に開かれた国民議会レグティング（フェ Løgting）であり，アイスランドのアルシンギ (4.6.) に相当する。植民とキリスト教伝道の経緯は，13 世紀初頭の『フェーロー人のサガ』(古ノ *Færeyinga saga*) に語られている。

　1780 年代以前は文献が乏しく，1000 年頃と 1200 年頃のルーン銘文 2 点，1298 年の上質皮紙 4 枚からなる農業条例『羊文書』(フェ *Seyðabrævið*) と後代の改訂版などにとどまる。古来，ノルウェーの属国だったが，1380 年にデンマークに帰属してからはデンマーク語の影響が強まった。1540 年以降は，宗教改革後に教会の使用言語がラテン語からデンマーク語に代わり，デンマーク人中心の行政組織ができるなどして，デンマーク語が唯一の書き言葉となった。宗教改革期に書き言葉を発達させられなかったことが，フェーロー語の歩みを妨げる原因になった。17 世紀には，外国船の襲来や 1660 年以降のデンマーク絶対主義王政による搾取に苦しんだ。それでも，デンマークの対外政治の弱体化とともに，1852 年にはレグティングが復活した。1856 年には 3 世紀以上続いた通商独占権が廃止されて経済状況が好転したが，これは皮肉にもデンマーク語の使用機会を高める結果となった。1300 年以前は約 1,000 人だったと推定される人口は，1800 年には約 5,000 人，1900 年には約 15,000 人に達したが，19 世紀後半のトウシュハウンではデンマーク語が街頭にあふれ，周囲の村々にも浸透する勢いだった。

　1770〜80 年代になって，フェーロー人のスヴェアボ（Jens Christian Svabo 1746〜1824）は当時の発音に従った初の正書法を考案した。そして，バラードを中心に 52 編の民謡を収集し，『フェーロー語・デンマーク語・ラテン語辞典 I–II』(*Dictionarium Færoense: Færøsk-dansk-latinsk ordbog I–II*) を編み（1966〜70 刊行），フェーロー語を近代的な書き言葉のレベルに高める試みを行った。日本では未紹介の「フェーローバラード」(フェ kvæði) は 200〜300 詩節にも及ぶ中世以来の韻文叙事詩であり，歌と輪舞を伴って演じられる。200 編以上の作品が知られており，北ゲルマン語圏では類例を見ない。ただし，スヴェアボの姿勢は客観的な理性主義に立脚するもので，デンマーク語の優位性を認め，フェーロー語の凋落を予期して，在りし日の姿を後世に伝えることを念頭に置いていた。

ところが，1811年にラスク (10.4.) が初のフェーロー語歴史文法を『アイスランド語あるいは古ノルド語への手引き』の巻末に添え，同じくデンマーク人の牧師レングビュー (Hans Christian Lyngbye 1782〜1837) が1822年にスヴェアボの正書法を用いて，初のフェーロー語による単行本となったバラード集を刊行すると，ロマン主義によるナショナリズム興隆の中で言語擁護の試みが開始された。コペンハーゲンでアイスランド独立運動の父ヨウン・シーグルソン (10.4.) と親交を深めた神学徒ハンメシュハイム (Venceslaus Ulricus Hammershaimb 1819〜1909) は，1845年の勅令にデンマーク語がフェーロー人の母語と銘記されたことに憤りを覚えた。そして，方言調査にもとづいて，学校教育への導入を見越して独自の正書法を考案し，1846年刊行の民謡集でそれを実践し，1854年に『フェーロー語文法』(デ *Færøisk Sproglære*) で体系化した。ただし，その正書法は語源重視の原則で貫かれ，習得を困難にするおそれがあった。ハンメシュハイムはそれを承知の上で，相違が激しい諸方言間の平等と相互理解を保ち，スカンジナヴィアの人々に理解されるように配慮し，古ノルド語との絆を尊重したのである (14.3.)。その正書法は反対論を抑えて支持され，現在に至っている。

　1874年にアイスランドが広範な自治権を獲得すると，コペンハーゲン大学のフェーロー人学生たちが叙情詩を中心に文学活動を開始し，母語の擁護と自治権拡大を求める動きにつながった。1889年には，「フェーロー人国民協会」(フェ Føringafelag) が設立された。この出来事は，フェーロー人国民主義運動の幕開けとされている。同協会は，1890〜1906年の間にフェーロー語だけによる月刊誌を発行して正書法を広め，専門用語の充実，国民高等学校の創立など，重要な役割を果たした。ハンメシュハイムは前述のイェアコブセン (10.5.) と協力して，1891年に『フェーロー語文典 I–II』(デ *Færøsk Anthologi I–II*) を刊行した (1991年復刻)。第1巻は1854年の文法書の改訂版，バラードと散文テキストを含み，第2巻はイェアコブセンによるデンマーク語との対訳辞書である。

　20世紀に入ると，フェーロー語は公的使用の機会を増し，1938年にはデンマーク語と対等の地位を獲得した。1948年には，フェーロー諸島が広汎な自治権を得て，その第1言語に認可された。聖書の翻訳は，新約聖書訳が1937年，全訳が1949年に完成している。1952年には「フェーロー・アカデミー」(フェ Føroya Fróðskaparfelag)，1965年には大学に相当する学術機関「フェーロー大学」(フェ

Fróðskaparsetur Føroya）が設立された。現在のフェーロー語の話し言葉には，デンマーク語的要素が色濃く混入している。辞書にはフェーロー語的な語彙が収録されていても，話者の口にのぼるのは，デンマーク語的な語彙である場合が少なくない。1985年設立の「フェーロー言語委員会」（フェ Føroyska málnevndin）は，アイスランド語に準じて新造語と規範確立に尽力している。フェーロー語擁護運動はノーン語の命運を意識しつつ，アイスランド語を模範として，ロマン主義思潮の中で最後の波をとらえて飛翔を遂げた例といえよう。

11. ドイツ語とその仲間たち―ヨーロッパの内と外

11.1. ドイツ語の方言区分と低地ドイツ語―南北・東西区分の原点

　西ゲルマン語は規模が大きく，ヨーロッパ以外にも広がっている。まず，ドイツ語を取り上げよう。ドイツ語はヨーロッパ連合（EU）の中で最大の話者をかかえ，ドイツ，オーストリア（ド Österreich），スイス（ド Schweiz）の主要3国のほかに，ルクセンブルク（ド Luxemburg），リヒテンシュタイン（ド Liechtenstein），イタリア北部南チロル（ド Südtirol），ベルギー東部（ド Ostbelgien）に及び，第2言語話者を含めると9,500万人余りに達する。東欧や南北アメリカ大陸を加えると，1億人を越えるともいう。地域的特徴は色彩に富み，標準語には複数の「標準変種」（11.3.）がある。以下では，その方言区分を中心に述べる。

　方言地図は時間軸に沿って音楽のように展開する言語の発達を，絵画のように平面上に映し出してくれる。標準ドイツ語は中部・南部の「高地ドイツ語」，とくに中東部の方言の特徴を反映している。なかでも南から北に及んだ「高地ドイツ語子音推移」（6.2.）は，ドイツ語圏を段々畑のように細分化し，社会的背景も反映する重要な尺度である。k > ch の変化（ma*k*en / ma*ch*en［x］，英 make）の北端を示す「等語線」（isogloss）である「ベンラート線」（ド Benrather Linie），またはさらに北西の「ユーアディンゲン線」（ド Ürdinger Linie, i*k* / i*ch*，英 I）の北側が「低地ドイツ語」である。その南側から p > pf の変化（a*pp*el / a*pf*el，英 apple）の北端を示す「ゲルマースハイム線」（ド Germersheimer Linie，または Speyrer Linie「シュパイアー線」）までが「中部ドイツ語」，その南側が「上部ドイツ語」である。どの環境でも完全に子音推移を起こしているのは，最南部の「ボーデン湖・ズントガウ線」

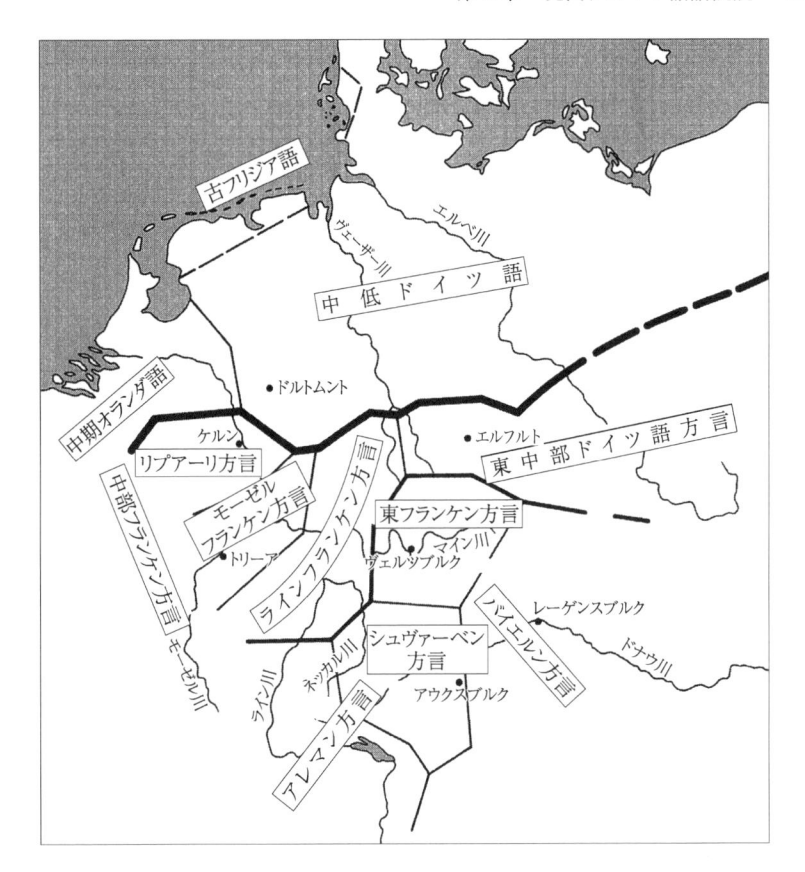

地図 4　中高ドイツ語（太線以南）と中低ドイツ語の使用地域（13 世紀）

（Paul/Mitzka（1966[18]/ 巻末），Robinson（1992: 241）をもとに作成）

（ド Bodensee-Sundgau Linie）以南に限られている（König 1998[12]: 230f.）。

　「高地ドイツ語子音推移」の北限を示す等語線は，ライン川周辺の「西中部ドイツ語」（ド Westmitteldeutsch）で扇の形に細かく分岐している。これを「ライン扇状地」（ド Rheinischer Fächer）という。当地はフランク王国のお膝元で，政治文化の中心地として方言区分が進行した。選挙侯国や大司教管区の境界とも一致しており，社会制度の影響も無視できない。等語線は，歴史的に古い地域で混み合っ

ていることが多い。ドイツ語圏では，西部地域に比べて東部地域で等語線の間隔が広く，方言分岐が進んでいない。これは，東部地域が比較的新しい時代にドイツ語圏になったことによる。フランケン方言は裾が広く，「低地ライン方言」（ド Niederrheinisch）は例外的に古フランケン方言を基礎とする低地ドイツ語で，オランダ語圏にまたがっている。フランケンワインの産地で9世紀の古高ドイツ語の中心地だった東フランケン方言は，上部ドイツ語の一員になっている。

英 I	make	thorp	that	apple	pound	child	
ik	maken	dorp	dat	appel	pund	kind	低地ドイツ語
							西中部ドイツ語：
ich	maken	dorp	dat	appel	pund	kind	リプアーリ方言（北部飛び地）
ich	ma*ch*en	dorp	dat	appel	pund	kind	リプアーリ方言（ケルン周辺）
ich	ma*ch*en	dor*f*	dat	appel	pund	kind	モーゼルフランケン方言
ich	ma*ch*en	dor*f*	das	appel	pund	kind	ラインフランケン方言
ich	ma*ch*en	dor*f*	das	appel	*f*und	kind	東中部ドイツ語
							上部ドイツ語：
ich	ma*ch*en	dor*f*	das	a*pf*el	*pf*und	kind	低地アレマン方言，バイエルン・オーストリア方言
ich	ma*ch*en	dor*f*	das	a*pf*el	*pf*und	*ch*ind	高地アレマン方言

東西を2分する縦の等語線もある。たとえば，中部ドイツ語は語頭のp＞(pf＞)fの変化の有無（*p*und/*f*und）によって，前述の西中部ドイツ語と「東中部ドイツ語」（ド Ostmitteldeutsch）に区分される。さらに，低地ドイツ語はリューベック以東のエルベ川沿岸付近を境として，次の相違を示す。

① 西低地ドイツ語（ド Westniederdeutsch）
　　　北低地ザクセン方言（ド Nordniedersächsisch）
　　　ヴェストファーレン方言（ド Westfälisch）
　　　オストファーレン方言（ド Ostfälisch）

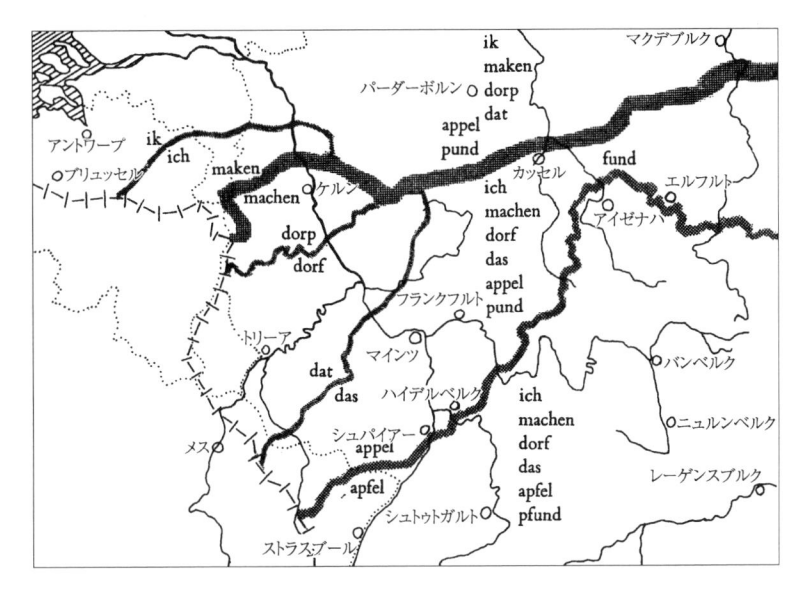

地図5　高地ドイツ語子音推移と「ライン扇状地」

（Niebaum/Macha (1999: 101)をもとに作成）

　　低地ライン方言（ド Niederrheinisch）
② 東低地ドイツ語（ド Ostniederdeutsch）
　　メクレンブルク・フォーアポマーン方言（ド Mecklenburgisch-Vorpommersch）
　　マルク・ブランデンブルク方言（ド Märkisch-Brandenburgisch）
　　中部ポマーン方言（ド Mittelpommersch）

　低地ライン方言だけはフランケン方言を基盤とし，標準オランダ語を構成する低地フランケン方言に連なっている。その他の方言は，古ザクセン語とその拡大に由来する。北低地ザクセン方言はクラウス・グロート（Klaus Groth 1819〜99），メクレンブルク・フォーアポマーン方言はフリツ・ロイター（Fritz Reuter 1810〜74）という19世紀ロマン主義の低地ドイツ語復興運動を代表する2大作家の出身方言である。ともに学習教材が豊富で学びやすい。ただし，上記7方言にも下位方言がある。北低地ザクセン方言北西部の「東フリースラント方言」（ド

Ostfriesisch) はフリジア語，北端の「シュレースヴィヒ方言」(ド Schleswigsch) はデンマーク語を「基層言語」(substratum) としており，随所で特異な性格を示す。たとえば，後述する動詞現在形・複数の語尾は -t ではなく，例外的に -en となる。なお，低地ドイツ語東フリースラント方言は「東フリジア語」とは異なる (13.1.)。

　東西の区分は，南北の区分よりも新しい。東低地ドイツ語は，10世紀以降の「東方植民」(ド Ostkolonisation) によって誕生した。東方植民は 12〜13 世紀に規模を拡大し，エルベ川とその支流のザーレ川 (ド Saale) 以東，くわしくいうと，旧東ドイツ，バルト海沿岸部，内陸のシュレージエン (ド Schlesien)，ボヘミア (Bohemia) に及んだ。オーストリアの大部分も，この時代までにはスラヴ語を駆逐して，ドイツ語圏となった。Lübeck「リューベク」，Rostock「ロストク」，Berlin「ベルリン」，Leipzig「ライプツィヒ」，Dresden「ドレースデン」，Graz「グラーツ」などの都市名は，どれもスラヴ語起源である。メクレンブルク地方の東側からポーランドに広がる地方名 *P*ommern「ポマーン」や *P*reußen「プロイセン」の地名は，p- で始まっている。これは「ゲルマン語子音推移」(7.2.) で述べたように，古典的解釈では印欧祖語で再建不可能な語頭の b- に由来し，ゲルマン語ではあり得ない。文化的にも，南北の方言区分は，スイスを除く南部高地地方のカトリックと北部低地地方のプロテスタントの歴史的対立などにも反映している。第 2 次世界大戦後，ドイツは東西に分断されたが，スターリンの介入以前，イギリスの首相チャーチルは南北に分ける腹案をもっていたともいわれている。

　東・西低地ドイツ語を分ける目印に，動詞現在形・複数の語尾がある。西低地ドイツ語では -(e)t，東低地ドイツ語では -(e)n に統一された。これは「北海ゲルマン語的特徴」(5.1.) に由来する。西低地ドイツ語北低地ザクセン方言と東低地ドイツ語メクレンブルク・フォーアポマーン方言を対比させてみよう[*2]。

　ド {wir mach*en* / ihr mach*t* / sie mach*en*}「{私たちは / 君たちは / 彼 (女) らは} 作る」(現在形) ← machen「作る」(不定詞)
　ザ {wi / ji / se} maak*t* ← maken

[*2] 北低地ザクセン方言は Thies (2010: 120)，メクレンブルク・フォーアポマーン方言は Hermann-Winter (2006: 46) に従って示す。両方言ともに [aː] > [ɔː] と変化したので，a / aa / å は [(広い) オー ɔː] を表す。

⇔ メ {wi / ji / sei} måk*en* ← måken

　標準ドイツ語の -en / -t / -en (＜古高ド -um(ēs) / -et / -ant) にたいして，古ザクセン語の古来の語形は *-am / *-iđ, *-id / *-anþ と推定されている (þ= th[θ])。北海ゲルマン語の形成とともに，摩擦音の直前の n が消失して 3 人称が *-anþ＞古ザ -ađ (古英 -aþ) となり，同じく -đ で終わる 2 人称との類推から -m (＞-n) で終わる 1 人称が駆逐され，-ađ (＞-(e)t) に統一された。西低地ドイツ語の語尾 -(e)t はこれを受け継いでいる。東低地ドイツ語の -(e)n は後の時代の発達である。この -(e)t ＞ -(e)n の変化については，ハンザ同盟の盟主リューベクの書き言葉が 1350 年頃に，接続法と過去現在動詞 (8.2.) の語尾 -en との類推やオランダ語の影響で -en に移行し，1400 年頃までに広く普及したとする説がある。オランダ語では摩擦音の直前の n は脱落せず，ドイツ語と同じく 3 人称の -ant の -t にあたる子音が脱落し (-ant ＞-en)，1 人称 (-um(ēs) ＞-en) との類推で 2 人称の -et が駆逐されて，統一複数語尾 -en になった。東低地ドイツ語には移住前の各地の方言による混成言語の性格があり，中心地の書き言葉が与えた影響は否定できない。

11.2. ルクセンブルク語と中部ドイツ語—多言語主義政策の手本

　「ルクセンブルク語」(ル Lëtzebuergesch, 約 30〜40 万人) はライン扇状地の西端に位置し，1984 年の言語法で，「西モーゼルフランケン方言」(ド Westmoselfränkisch) からフランス語，ドイツ語と並ぶルクセンブルク大公国 (ル Groussherzogtum Lëtzebuerg) の公用語に昇格した。1985 年の「シェンゲン (ル Schengen) 協定」で，近隣国との入国審査なしの往来を認め，欧州連合 (EU) の基礎を築いた同国では，人口約 50 万人の 4 割強，首都圏では約 6 割をおもにロマンス語圏からの移民が占めている。多額の財政投資を要する公用語化は，豊かな経済水準を背景に政府の支援を受けて推進されており，国民のアイデンティティを支えている。同じく多言語国家を標榜するスイスやベルギーでは，地域ごとに言語区分がなされているが，ルクセンブルクは国民全員に 3 言語教育をほどこすことを信条としている。この点で，統合ヨーロッパの多言語主義政策の手本といえよう。

　断片的な資料を別にすれば，最古のまとまった文献は，1999 年に写本が発見されたドミニコ会修道士ヘルマン・フォン・フェルデンツ (ド Hermann von Veldenz,

ル Hermann vu Veldenz) による聖者伝『フィアンデンのヨランダ』(ド *Yolanda von Vianden*, ル *Yolanda vu Veianen*, 1293 年頃, 5,963 行) である。以後, 19 世紀ロマン主義文学隆盛期をへて, 連綿と受け継がれてきた。ルクセンブルク語の土壌は, 20 世紀末よりもはるか以前から造成されていたのである。政治的には, 神聖ローマ皇帝カール 4 世 (Karl IV. 1316〜78) に代表される 14〜15 世紀半ばのルクセンブルク家の繁栄後は, 大国の属領に下り, フランスに南部 (ピレネー条約 1659), ドイツに東部 (ウィーン会議 1815), ベルギーに西部 (ロンドン条約 1839) の領土 (ベルギーのリュクサンブール州 (フラ Luxembourg)) を割譲された。これは今日の国土 2,586km^2 よりもはるかに広い面積に及ぶ。ただ, 逆説的にいえば, 結果的にルクセンブルク語地域が残り, 公用語化が容易になったともいえる。

　ドイツ語には, 異質な言語に囲まれた「言語の島」(ド Sprachinsel) が東欧を中心に多数残っている。ルーマニアのジーベンビュルゲン地方 (ド Siebenbürgen, 英 Transylvania「トランシルヴァニア」) のドイツ語方言もその例で, ルクセンブルク語との類似性が認められる。これには, 12 世紀半ばから 13 世紀末にモーゼル川 (ド Mosel) 沿岸地域から行われた植民との関係が指摘されている。

11.3. スイスドイツ語と上部ドイツ語—ダイグロシアと標準変種

　上部ドイツ語は, 南西部の「アレマン方言」(ド Alemannisch), 北部の「東フランケン方言」(ド Ostfränkisch), 南東部の「バイエルン・オーストリア方言」(ド Bairisch-Österreichisch) に大別される。「スイスドイツ語」(ス Schwyzerdütsch, ベルン方言の語形) は南部のアレマン方言の集合で, 語頭の k > (k)ch /kx/ (例. *Ch*ind / *Kch*ind「子供」↔ ド *K*ind) の変化をへた「高地アレマン方言」(ド Hochalemannisch) に属する。北に隣接するアルザス方言 (11.4.) は, 標準ドイツ語と同じくその変化をまぬがれた *K*ind「子供」を示す「低地アレマン方言」(ド Niederalemannisch) の一員である。ただし, 最北部は中部ドイツ語ラインフランケン方言 (ド Rheinfränkisch), 最南部は高地アレマン方言をかすめている。

　スイスドイツ語の主要方言には, 東部の「チューリヒ (=ツューリヒ) 方言」(チュ Züritüütsch), 南西部の「ベルン方言」(ベ Bärndütsch), 北西部の「バーゼル方言」(バ Baaseldytsch) がある。チューリヒ方言とベルン方言が, 教材が充実していて学びやすい。「ドイツ語」を意味する -tüütsch / -dütsch / -dytsch からも, 相

互の差異はうかがえるだろう．一例を挙げて，標準ドイツ語と比べてみよう．

ド　　{wir dank*en* / ihr dank*t* / sic dank*en*}
　　　「私たちは / 君たちは / 彼（女）らは感謝する」
　　　（現在形）← danken「感謝する」（不定詞）
アル　{mér / éhr / sé} dank*e* ← danke
バ　　{mer / er / si} dangg*e* ← dangge
チュ　{mir / ir / si} tank*ed* ← tanke
ベ　　{mir dank*e* / dihr dank*et* / si dank*e*}← danke

　チューリヒ方言とバーゼル方言は，スイスドイツ語ではないアルザス方言と同様に，動詞現在形が「北海ゲルマン語的特徴」(5.1.) と共通の「統一複数」の語尾を示している．チューリヒ方言の -ed，その他の -e という語尾は，東・西低地ドイツ語の区分 (11.1.) を想起させる (König 1998[12]: 158)[*3]．mér / mer / mir「私たち」（英 we, ド wir）の m- による語形は，バイエルン方言 (*mi*à)，ルクセンブルク語 (*mi*r)，ペンシルヴェニアドイツ語 (*mi*r) にも見られる．これはかつての語尾 -en で終わる定動詞への人称代名詞の接語化によって，n-w ＞ m と変化した結果で，西部のノルウェー語方言 (*mi* ↔ ブ *vi* (＜ w-)) とも共通している (Skjekkeland 1997: 269)．ベルン方言の *d*ihr「君たち」（英 you，ド ihr）の d- は，ルクセンブルク語の dir と同様に，定動詞の語尾 -t が異分析で付加されたことによる（ベ heit-ihr ＞ hei-t-ihr ＞ heit dihr ＞ dihr heit，英 you have，ド ihr habt）．この 2 つの事実は，「定動詞＋人称代名詞」の語順と接語化の頻用に起因する (8.2. の最終段落を参照)．
　方言には，ある種の劣等感がつきまとうことが多い．これは方言の使用地域がしばしば経済的に恵まれていない事情と関係がある．低地ドイツ語はその一例といえよう．一方，豊かな国力を背景とするスイスドイツ語の話者は母語に引け目を感じておらず，積極的にスイスドイツ語を使用する．スイスドイツ語圏で話者どうしが標準ドイツ語で会話をすることは，学校の授業などを除けばほとんど

[*3] 用例の表記は，ベルン方言 Marti (1985)，チューリヒ方言 Weber (1987[3])，バーゼル方言 Suter (1992[3])，アルザス方言 Brunner (2001)，バイエルン方言 Merkle (1990[4]) に従う．アルザス方言の é は狭母音，è は広母音，à は前舌母音，a は後舌母音を表す．

ない。20世紀の2度の大戦を通じて標準ドイツ語にたいする「精神的国土防衛」（ド geistige Landesverteidigung）の意識が高まり，スイスドイツ語の使用に拍車がかかった。ただし，統一的な言語規範の確立を求め，正規の「言語」の地位に高めようとする動きは認められない。北ドイツの書店に低地ドイツ語の書籍の数々が並ぶ光景も，求めがたい。母語として習得されるスイスドイツ語は同胞との話し言葉や電子メールなどの私的な通信手段に用い，学校教育で正式に習得する標準ドイツ語は公的な書き言葉として，補い合っている。標準語と方言の関係とは違い，母語と外国語の関係とも異なって，同一言語の変種が社会的機能に応じて使い分けられている場合の2言語使用を「バイリンガリズム」（bilingualism）と区別して，「ダイグロシア」（2変種使い分け，diglossia）という。スイスドイツ語と標準ドイツ語の関係は，その一例とされることが多い（熊坂 2011）。

　スイスドイツ語を「言語」の地位に押し上げようとしない事情の背景には，スイスが多言語国家であり，ドイツ語を中心に歴史を刻んできた経緯がある。ドイツ語が最も有力な公用語である現状で，スイスドイツ語を新たに公用語にすれば，さまざまな問題が生じる。ここで同国の言語事情を紹介しておこう。

　スイス連邦（ド Schweizerische Eidgenossenschaft）の正式名称をドイツ語から直訳すれば，「スイス誓約同盟」となる。その起源は，1291年にハープスブルク家に対抗して，原初3州が永久同盟を結んだことに由来する。1648年の三十年戦争終結とともに神聖ローマ帝国から分離して，独立国となった。その間，1513年には13の州（カントーン，ド Kanton）に増えていたが，すべてドイツ語圏だった。その他の言語圏が加わったのは，19世紀初頭である。1815年のウィーン会議で，永世中立国として認められて22州に達したが，1848年の憲法でフランス語とイタリア語も国語になるまで，ドイツ語が主要言語であり続けた。

　現在，同国は26州に分かれ，ドイツ語（人口約780万人の約64％），西部のフランス語（約20％），南西部のイタリア語（約6.5％）とレト・ロマンス諸語に属するロマンシュ語（約0.5％）の4言語を国語とし，地域的公用語であるロマンシュ語を含めて同じく4言語を公用語に認めている（その他の言語の話者は約9％）。ただし，その使用は州ごとに制限され，ほとんどの州が単一言語の行政単位を形成している。スイスでは伝統的に国語間の平等を保つために，他の州の言語を取り入れて多言語教育に配慮がなされ，日常生活で他の公用語に触れる機会

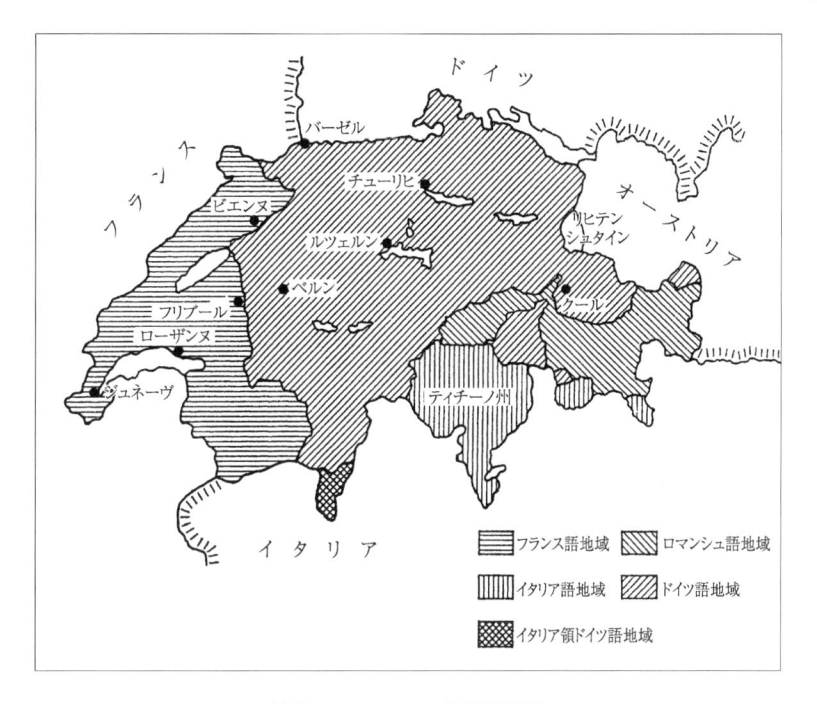

地図6　スイスの多言語使用

(Lockwood (1976: 161) をもとに作成)

も多い。それでも，全国民が多言語使用者であるわけではない。他の州の言語よりも，英語の能力が高い若者も増えている。スイスの多言語使用はルクセンブルクとは異なり，政治問題を別にすれば，ベルギーの状況に近い (12.1.)。ただし，複数の言語を公用語とする州も4つある。ベルン (ド Bern), フリブール (フラ Fribourg, ド Freiburg「フライブルク」), ヴォー (フラ Vaud, ド Waadt「ヴァート」) はドイツ語とフランス語，グラウビュンデン (ド Graubünden) はドイツ語，ロマンシュ語，イタリア語を公用語としている。

　さらに，スイスには「ドイツの標準ドイツ語」とは異なる「標準変種」(ド Standardvarietät) としての「スイスの標準ドイツ語」がある。英語でも，イギリス，アメリカ，オーストラリアなどの間で微妙な差があることを連想すればいいだろう。ただし，標準変種はスイスドイツ語諸方言とは別物である。オーストリアに

も「オーストリアの標準ドイツ語」としての標準変種がある。ドイツ語を公用語とする 7 か国では，ドイツ，スイス，オーストリアの主要 3 国を中心に各自の標準変種が認められるとされている。ただし，オーストリアにはバイエルン方言に連なるオーストリア方言はあるが，ダイグロシアの状況はない。3 国のアナウンサーの発音を聞けば，ドイツ語に標準変種がある事実には容易に気がつく。語彙的相違も，アモン他編 (Ammon et al. (Hg.) 2004) の試みからある程度はうかがえる。しかし，その他の相違はかならずしも明確ではない。

　ドイツ語が高地ドイツ語を標準語の基盤とすることを知った読者は，スイスドイツ語は低地ドイツ語よりも理解しやすいと思うかもしれない。しかし，そうとは限らない。上部ドイツ語南部の特徴には，標準ドイツ語の蚊帳の外に置かれているものが多い。ドイツ語圏各地の方言によるメルヒェンを収録した『グリム童話集』(ド *Kinder- und Hausmärchen*) をひも解いてみよう。最も理解が困難なのは，スイスドイツ語によるメルヒェンにちがいない。標準ドイツ語との距離を実感するのは，スイスドイツ語話者も同じである。スイスの大作家ケラー (Gottfried Keller 1819〜90) の教養小説『緑のハインリヒ』(ド *Der grüne Heinrich*) を例にとろう。人生の転機を求めて，主人公ハインリヒはスイスの故郷から隣国ドイツの芸術の都ミュンヒェン (ド München) に画家として旅立つ。ライン川を越えたことを告げられたハインリヒは強い胸の鼓動を感じ，「今こそ私の青春時代を養い，最もなつかしい夢を育んできた書物に記されていた言葉を話す権利と義務が生じた」(第 3 巻第 10 章) と自覚するのである。現在でも，標準ドイツ語を学校で習う外国語と意識しているスイスドイツ語の話者は少なくない。

11.4. ドイツ語アルザス方言―『最後の授業』の真実

　「アルザス方言」(ド Elsässisch，アル Èlsàsserditsch, èlsèssisch，約 130 万人) の使用地域は，ライン川をはさんで独仏国境の西側に位置している。842 年にドイツ語とフランス語の住み分けを定めた『ストラスブールの宣誓』(『シュトラースブルクの宣誓』ド *Straßburger Eide*) 以来，ドイツ語圏となった。古高ドイツ語によるオトフリートの『福音書』(6.3.)，中高ドイツ語によるゴトフリート・フォン・シュトラースブルク (Gottfried von Straßburg ?〜1215) の未完の宮廷恋愛叙事詩『トリスタン』(ド *Tristan*)，初期新高ドイツ語によるゼバスティアン・ブラント

(Sebastian Brant 1458〜1521) の風刺文学『愚者の船』(ド *Das Narrenschiff* 1494) など，この地で生まれた重要な作品も多い。政治的帰属は，フランスとドイツの間で揺れ動いた (独＞三十年戦争 1648 仏＞普仏戦争 1870 独＞第 1 次世界大戦 1919 仏＞第 2 次世界大戦 1940 独＞第 2 次世界大戦 1945 仏)。

　ヨーロッパの多言語使用には，私たちの想像を越えた複雑な事情が潜んでいる。フランスの作家ドーデ (Alphonse Daudet 1840〜97) の短編小説『最後の授業』を例にとろう (田中 1981: 121–128)。1870〜71 年の普仏戦争で，プロイセン (＝ドイツ帝国) はフランスに勝利した。作品の舞台であるアルザス地方の学校教師アメル先生は，これからはドイツ語しか教えてはいけない，フランス語の授業は今日で最後になる，しかし，自分の言語を保っている限り，牢獄の鍵を握っているようなものだ，フランス万歳，という言葉を残して授業を終える。いかにもドイツ語が悪者という印象だが，作中の生徒たちはドイツ語アルザス方言を第 1 言語としていたと考えられ，「話す (読む) ことも書くこともできない」フランス語を学校で習っていたのである。アメル先生はフランス語を押しつける立場にあったわけで，言語の多様性を否認する偏見を招く作品として，今では教科書に採用されることもなくなった。ただ，アメル先生自身にも居合わせた生徒たちの両親にも，単純な対立では割り切れない複雑な思いがあったにちがいない。

11.5. イディッシュ語―「再語彙化」から見た系統関係

　近代ヨーロッパが帝国主義的植民地政策に傾いた 19 世紀から 20 世紀初頭にかけて，当時の後進国ドイツは遠く列強諸国の後塵を拝した。ドイツ語がアフリカ南部のナミビアに広がったのは，例外である。ナミビアでは英語優先策を押し出す 1990 年まで，ドイツ語が公用語のひとつだった。さて，それとは別に，真摯な尽力と数奇な運命によって，遠方の地で独自の道を進んだ 3 例を紹介しよう。

　まず，ゲルマン語としておそらく最も根本的な変貌を遂げた「イディッシュ語」(イ yidish, 英 Yiddish, ド Jiddisch) がある。ユダヤ人が用いるいわゆる「ユダヤ語」の中で最も話者が多く，スペイン・ポルトガル系ユダヤ人をさす「セファルディーム」(Sephardim) にたいして (Sepharad はヘブライ語で「スペイン」の意味)，ドイツ・東欧系ユダヤ人をさす「アシュケナジーム」(Ashkenazim) の母語である (Ashkenaz はヘブライ語でおよそ「ドイツ」の意味)。独自の工夫をほど

こしたヘブライ文字を用いて，右から左につづる。断片的資料を除けば，まとまった文献は 1382 年の文学作品に始まる。宗教と学問を担ったヘブライ語にたいして，イディッシュ語は世俗文化を代弁し，豊かな文学的伝統をもっている。ミュージカル『屋根の上のヴァイオリン弾き』の原本になった『牛乳屋テヴィエ』(イ *Tevye der Milkhiger* 1878) の作者ショレム・アレイヘム (Sholem Aleykhem 1859～1916)，1978 年にノーベル文学賞を受賞したジンガー (通称シンガー，Isaac Bashevis Singer 1904～91) など，優れた作家は多い。

　通説では，イディッシュ語は 10 世紀頃を起源として，ユダヤ人が用いていた高地ドイツ語の方言から，セム語族のヘブライ語とアラム語の要素を交えて発達した。1215 年の宗教会議で居住区域は制限されて「ゲットー」(ghetto) を形成し，ユダヤ教的色彩を強めた。14 世紀半ばのペスト大流行の元凶として不当な迫害を受けるなどして，12～16 世紀にかけてポーランド，ウクライナ，ベラルーシ，リトアニアなどへ大量移住し，スラヴ語との密接な関係が生じた。ドイツとその周辺にとどまった西イディッシュ語は 18 世紀末に衰退し，消滅した。現存するのは，移住先のスラヴ語の影響下で発達した 17 世紀以降の東イディッシュ語である。19 世紀から 20 世紀初頭には旺盛な文学活動がなされ，標準語的な書き言葉が生まれた。1908 年には初のイディッシュ語会議がウクライナのチェルノヴィツで開かれ，社会的威信も高まった。話者はユダヤ人の約半数に及ぶ 1,000 万人を越えたが，その最盛期にナチスドイツによる 500～600 万人ともいわれる大量虐殺で激減し，旧ソ連のスターリン体制下でも弾圧を受けた。話者数はイスラエルと北米を中心に 300～400 万人ともいわれ，全員が 2 言語使用者とされている。語彙は，大量の基礎語彙を含む約 75 ％がドイツ語を起源とする。一方，母音の長短の欠如，動詞のアスペクトの対立，「枠構造」の欠如など，種々のスラヴ語的特徴が認められる。

　さて，上記の通説にたいして，テル・アヴィヴ大学のヴェクスラー (Paul Wexler) は，イディッシュ語はスラヴ語起源であり，ドイツ語による「再語彙化」(relexification)，つまり大多数の語彙をドイツ語に置換して誕生したとする大胆な説を提唱した。9～12 世紀頃に，西スラヴ語に属するソルブ語を母語とするユダヤ人が，「東方植民」(11.1.) によって支配層となったドイツ人と密接に接触した。その結果，ドイツ語から大量の語彙供給を受け，文法構造は基層言語 (substratum) のス

ラヴ語，語彙は上層言語 (superstratum) のドイツ語に変貌した．15 世紀を過ぎた頃，イディッシュ語はドイツ系ユダヤ人の大量移民でベラルーシ南部とウクライナ北部にもたらされ，この地の東スラヴ語（キエフ・ポレスク方言 Kiev-Polessian）の話者であるユダヤ人の言語に再び大規模な語彙供給を行った．イディッシュ語はこの 2 段階の再語彙化 (two-tiered relexification) によって，系統的にはスラヴ語だが，ゲルマン語的装いをまとうに至ったという (Wexler 1991, 2002)．

この説には反論があるが[*4]，再語彙化という概念は系統関係の査定に重要な問いを投げかける．たとえば，アルバニア語はトルコ語，アルメニア語は印欧語族のイラン語派から大量の語彙を借用したために，かつては前者は非印欧語，後者はイラン語派の一員とみなされていた．基礎語彙の音韻対応を重視する歴史比較言語学の常識では，再語彙化が起こった言語は「語彙供給言語」(lexifier) である上層言語の系統に分類されるだろう．しかし，急激な言語接触で誕生したクレオール諸語の系統は，どう判断するべきか．ディアスポラ (diaspora) で世界中に離散したユダヤ人のイディッシュ語の起源と系統については，慎重な熟考を要する．

11.6. プラウトディーチ語—シベリアから南米まで

第 2 の例は，「プラウトディーチ語」(プ Plautdietsch) である．これは，低地ドイツ語の原語 Plattdeutsch にもとづく名称である．16 世紀前半の宗教改革期に，オランダのフリースラント出身で再洗礼派のメノ・シモンス (Menno Simons 1496〜1561) の下に，オランダ，ドイツ，スイスから多数の信奉者が集まった．信奉者たちは北ドイツの東フリースラントをへて，ヴィスワ川下流のデルタ地帯に移り，現在のポーランドのグダニスクを中心に定住した．ハンザ同盟都市でもあった同市には，中世末期にオランダ人やドイツ人が入植していた．入植者たちの当初の言語は一様ではなかったが，同地で話されていた低地ドイツ語低地プロイセン方言（ド Niederpreußisch）にオランダ語を交えた混成言語を発達させ，以下に記す事情で，後にスラヴ語の要素が加わった．

1772 年と 1793 年のポーランド分割で同地はプロイセンの支配下に落ち，状況が悪化した．入植者たちは女帝エカチェリーナ 2 世の招きで，ロシア・トルコ戦

[*4] Wexler (1991) に続く 8 人の研究者によるコメント（151–213pp.）を参照．

争の勝利で獲得したロシア南部の開拓のために，1789年と1803/4年，同地のホルティツァ (Chortitza) とモロチュナ (Molochna) に移住した。人々は卓越した農耕技術で開拓地を広げたが，1870年代の政策転換で情勢が暗転すると，カナダ，アメリカ，南米に渡る者が続出した。1910年から1917年のロシア革命直後にかけて，一部の人々はカザフスタンとの国境に近いシベリア南西部アルタイ地方のクルンダ・ステップ地帯 (Kulunda steppe) に向かった。当地の言語は「プラウトディーチ語アルタイ方言」(Altai dialect of Plautdiitsch/Plautdietsch) として，わずかに命脈を保っている (Nieuweboer1999)。第2次世界大戦後，ドイツに帰還せずに同地に残った人々は，敵国の憎むべき同胞として極度の辛酸を経験した。

　プラウトディーチ語の話し手は450年余の間，メノ派（メノー派）教徒として宗教的アイデンティティを保ち，世界各地に離散している。話者数は40万人程度とも見積もられ，約15万人が常用しているといわれる (Epp 1993, Neufeld 2000)。1987年には，カナダの研究者による新約聖書の翻訳，2003年には全訳が世に出ており，『星の王子様』(プ *Dee tjliena Prinz*) の翻訳もある[*5]。

11.7. ペンシルヴェニアドイツ語―宗教的アイデンティティの証

　最後の例は，北米ペンシルヴェニア州とその周辺，カナダや中南米でも用いられているペンシルヴェニアドイツ語（ペ Pennsylfaanisch-Deitsch, 約20〜30万人, Van Ness (1994: 420)）である。話者のルーツは，ラインラント・プファルツ地方（ド Rheinland-Pfalz）を中心に，1683年からアメリカ独立戦争勃発の1775年までの移住にさかのぼる。ルクセンブルク語の南に隣接する中部ドイツ語ラインフランケン方言の中のプファルツ方言（ド Pfälzisch）を基盤とし，前舌円唇母音の非円唇化，「nの脱落」に類する現象など，ルクセンブルク語と共通点が多い。標準語化への試みもなされており，書き言葉としての機能も認められる。

　話者は，英語との2言語使用者だが，世俗的なグループと再洗礼派に属する厳格なアーミシュ (Amish) およびメノ派（メノー派）教徒のグループに分かれる。中核をなすのは，現代文明から距離を置き，質素な伝統的生活様式を守る後者の人々である。ペンシルヴェニアドイツ語はその人々の宗教的アイデンティティの

[*5] Jack Thiessen 訳 (2002. Niederau. Verlag. M. Naumann)

証であり，高い出生率もあって強力な生命力を保持している。一方，大量移民が行われた 1720 年代からは，周囲の社会様式を受け入れるルター派新教徒の移住者が加わり，かつては話者の多数派を占めていた。しかし，アメリカ社会に溶け込んだ世俗的なグループに属するこの人々の間では，英語への移行が進んでいる。

ペンシルヴェニアドイツ語の使用範囲は内輪の口頭レベルが多いが，かなりの文学的伝統もある。1993 年には新約聖書の翻訳がなされた。『星の王子様』(ペ Der glee Prins) の翻訳[*6]をはじめ，書籍も少なからず刊行されている。

12. オランダ語とその仲間たち―北海南岸から南アフリカまで

12.1. 標準オランダ語とフランドル方言―北部と南部の分離と連帯

蘭学を通じて江戸時代の日本に大きな恩恵をもたらしたオランダ語は，オランダ王国 (オ Koninkrijk der Nederlanden, 約 1,500 万人) とベルギー王国 (オ Koninkrijk België) の北半分にあたるフランドル地方 (オ Vlaanderen「ヴラーンデレン」，約 600 万人) をおもな使用地域とする。南半分はワロニー (ワロン) 地方 (オ Wallonië「ヴァローニエ」) といい，フランス語圏に属する。カトリック圏としてフランス語圏の影響を強く受けてきたオランダ語圏南部，すなわちフランドル地方にたいして，北部，すなわちオランダの広い地域はカルヴァン派のプロテスタントに属し，国民性も異なっている。ベルギーのブリュッセル (オ Brussel) 首都圏は古くはオランダ語圏だったが，現在ではフランス語が優位に立つ 2 言語併用地区である。ここでいうフランドル地方とは，西フランドル州 (オ West-Vlaanderen) と東フランドル州 (オ Oost-Vlaanderen) にアントワープ州 (オ Antwerpen「アントヴェルペン」)，ブラーバント州，リンブルフ州を加えた総称である。「フランドル」(フラ Flandre) という名称はフランス語名だが，「フランドル絵画」などの歴史的名称では東・西フランドル州をさす。「オランダ」という名称は南・北ホラント州に由来し，歴史的にオランダ語圏は「ネーデルラント」と呼ばれる。

[*6] Mark L. Louden 訳 (2006. Neckarsteinach. Edition Tintenfaß)

国境をまたがる南・北オランダ語圏の関係は，中世初期にさかのぼる。しかし，1555～1713年のスペイン，それに続くオーストリアによるネーデルラント南部の支配と，八十年戦争（オランダ独立戦争 1568～1648）でオランダが勝利して「ネーデルラント共和国」（オ Republiek der Verenigde Nederlanden 1648～1795）として独立を勝ち取った出来事を通じて，決定的に断たれてしまった。その後，ウィーン会議の決定で「統一ネーデルラント王国」（オ Verenigde Koninkrijk der Nederlanden 1815～30）が成立し，約2世紀半に及んだ分断の後に再統一が実現された。しかし，南部ではオランダ語重視の政策への反発が強く，わずか15年後の1830年に再び北部から袂を分かち，ベルギー王国として独立を宣言した。それ以来，オランダ語圏はドイツ語圏と同様に，統一国家を形成することはなかった。

標準オランダ語の礎石は，北部に中心地が移った17世紀以降に築かれた。17世紀の文豪たちの執筆活動と並んで重要な貢献は，オランダ議会の財政的援助を受けて，1637年に大学都市レイデン（オ Leiden）で完成した『欽定訳聖書』（オ Statenbijbel）である。全オランダ語使用地域で理解されることを目的としたこの大事業は，フリースラントを含むオランダ語圏各地から代表者を選出し，ホラント地方の方言を母体に，それ以前の聖書の翻訳に主として用いられた南部の方言も尊重する原則にもとづいて，1627年に開始された。その全草稿は，ペストの蔓延のためにレイデンで約2万人の死者を出した悪夢の1635年に完成され，印刷にさらに2年を費やして，生き残った3人の翻訳者の中の2人の手でオランダ議会に献呈された。『欽定訳聖書』は，最も権威あるオランダ語の規範として，教会での説教，学校教育，家庭での祈りなどを通じて，幅広い国民層に浸透した。

その後，18世紀を迎えると，オランダは対外貿易の特権をイギリスなどに奪われ，零落の時代に入った。一方，長らくフランス語が優位に立っていた南部では，19世紀半ばになると，ロマン主義の高まりの中でフランドル地方の言語文化を擁護する「フランドル運動」（オ Vlaamse Beweging）が起こり，南北連帯の機運が生じた。1849年には，「フランドル運動の父」と称えられるヴィレムス（Jan Frans Willems 1793～1846）の呼びかけで，第1回目の「オランダ語学文学会議」（オ Nederlandsch Taal- en Letterkundig Congres）がフランドル地方の古都ヘント（オ Gent）で開催されている。特筆すべき偉業は，デ・ヴリース（Matthias de Vries

1820〜92）とテ・ヴィンケル（Lammert Allard te Winkel 1809〜68）が 1852 年に編纂を開始し，約 1 世紀半に及ぶ努力を傾注して，1998 年に完成された『オランダ語辞典』(オ Woordenboek der Nederlandsche Taal, WNT) である。これは，完結途上の『スウェーデン・アカデミー，スウェーデン語辞典』(ス Svenska Akademiens ordbok, SAOB 1898〜) を別にすれば，グリム兄弟の『ドイツ語辞典』(ド Deutsches Wörterbuch 1854〜1960) を量的に上回る世界的大辞典である。

　1830 年の独立宣言で誕生したベルギーは，その後もオランダ語圏とフランス語圏の対立を抱え続けた。オランダ語文化の擁護をめざしていた初期のフランドル運動も，次第に政治的色彩を強めていった。後進地域だったオランダ語圏はめざましい経済成長を遂げて，フランス語地域の優位性を崩す勢いを見せ始めた。こうして，言語問題がベルギー最大の内政問題になった。1912 年に国王アルベール 1 世 (Albert I, 1875〜1934, 在位 1909〜1934) にたいして側近の政治家が公開書簡を寄せ，「陛下，ベルギー人という者はおりません」(フラ "Sire, ... il n'y a pas de Belges.") と述べたことは有名である。ただし，その意図は 2 つの国民の連邦から成るベルギーをめざすもので，今日の政治体制を先取りしていたともいえる。

　その後，「1 地域 1 言語の原則」(オ territorialiteitsbeginsel) を容認する動きが強まり，1963 年にはそれが公式に表明されて，2 年後にベルギーは 4 つの言語域に区画された。フランドル地方はオランダ語区，ワロニー地方はフランス語区，東部に位置するマース川上流域 (オ Overmaas) のオイペン (ド Eupen) とザンクト・フィート (ド St. Vith) はドイツ語区，ブリュッセル首都圏はオランダ語とフランス語の 2 言語区とされたのである。1968 年には，フランドル地方に置かれた同国最古のレーヴェン (オ Leuven) 大学でオランダ語部門とフランス語部門の対立が政治問題化し，フランス語部門はブラーバント州の南部，ワロニー地方の都市オティニ (フラ Ottignies) の新ルーヴァン (フラ Louvain-la-Neuve) に移転した。図書館の蔵書は離婚訴訟の財産分与さながらに，登録番号の奇数と偶数に従って配分された。1970 年以降は連邦国家への移行を進める憲法改正がなされ，1993 年には南北の連邦制に移行して，ベルギーは新たな第一歩を踏み出した。

　フランドル地方のオランダ語をフランス語名で「フラマン語」(フラ flamand, オ Vlaams「ヴラームス」) と呼ぶことがある。これは公的には独立の「言語」ではなく，「オランダ語フランドル方言」の総称である。オランダにも個性的な方言は

少なくない。ただし，標準ドイツ語には国別の「標準変種」があるのに似て，標準オランダ語にも北部オランダと南部フランドル地方で，別々の標準変種が存在するという見方も不可能ではない。南部フランドル地方のオランダ語を「南オランダ語」(オ Zuidnederlands) と称することがあるのは，この見解を反映している。1980年には，両国政府間の協定によってオランダ語の擁護と振興を目的として，「オランダ語連合」(オ Nederlandse Taalunie) が設立された (清水 2010)。

12.2. アフリカーンス語―クレオール言語か否か

　スペインに続いて「陽の沈まない国」となった17世紀黄金時代のオランダだったが，今に伝わる言語的痕跡は多くない。オランダ語は，南米北部のスリナム (オ Suriname) とアンティル諸島 (オ Nederlandse Antillen) の一部でも公用語とされ，オランダ語をベースにしたクレオール言語もいくつかある。最も特筆に値するのはアフリカーンス語である。オランダ人は統一東インド会社が経営するアジアの植民地に至る中継点として，1652年にアフリカ大陸南端のケープタウン (アフ Kaapstad「カープスタト」) 周辺に入植した。アフリカーンス語は，入植民の間で有力だったホラント方言を基盤に，現地のコイコイ人 (旧称：ホッテントット) やサン人 (ブッシュマン) の言語 (コイサン語族)，オランダ領インドネシアやアフリカの他の地域から連行した「奴隷」の言語 (マレー語，ポルトガルのクレオール言語) の影響を受けて発達した。オランダ語から別の言語になったのは，1775年頃と見積もられている。バントゥー語族や英語などの影響が強まるのは，1800年以降のことである。書き言葉としての成立は，言語擁護運動の高まりから「真正アフリカーンス語話者協会」(アフ Genootskap van Regte Afrikaners, GRA) が結成された1875年とされており，「アフリカーンス語」(アフ Afrikaans) の名称もこのときに初めて用いられた。

　アフリカーンス語は成立当初から，「白人」だけの言語ではなかった。統一東インド会社のオランダ語推進政策もあって，18世紀にヨーロッパ系自由民 (オランダ系は総人口の36.8％にすぎない)，上記の「奴隷」，現地のコイコイ人などに共通の「ケープ・オランダ語」(オ Kaapsch Hollandsch) と呼ばれる話し言葉が発達し，アフリカーンス語の基礎になった。18世紀末のケープタウン周辺のこの3グループの人口はそれほど大差なく，後者の2グループのアフリカーンス語話者

はそれぞれ 55 %程度で,「白人」とその他の話者の割合は約 1:1.1 だったと推定されている。1808 年の奴隷禁止令とドイツ人 (18 世紀の間に総人口の 35 %を占めた) などヨーロッパ系移民の流入をへて,20 世紀には「白人」の話者数の割合が増大したが,近年では再びそれ以外の人々の比率が高くなっている。

オランダ系移民は「アフリカーネル」(アフ Afrikaner) と自称したが,農民 (アフ boer) が大部分を占めたので,「ブール人」(「ボーア人」は英語読み) とも呼ばれた。入植は複数の先住民族や 1795 年に来航したイギリス人入植者との抗争の中で展開された。1806 年にイギリスがケープ植民地 (アフ Kaapkolonie「カープ植民地」) を領有し,急速に人口を拡大し始めると,圧迫されたブール人たちは 1830 年代後半に,「グレート・トレック」(Great Trek, アフ Groot Trek「フロアト・トレク」) と呼ばれる北東部への大規模な入植を行い,現在のトランスファール州 (アフ Transvaal Provinsie) とオレンジ自由国州 (アフ Oranje Vrystaat「オラニエ自由国州」) を中心に定住した。なお,英語の trek「トレッキング,徒歩旅行」はアフリカーンス語からの借用である。1860 年代後半以降のダイヤモンドや金鉱の発見などによる経済変動,イギリスとの 2 度にわたる「ブール戦争」(アフ Boereoorlog, ボーア戦争, 1880～1881, 1899～1902) をへて, 1910 年には大英帝国の自治領として認められ, 1934 年に正式に独立した。

1850 年以降,アフリカーンス語の地位は英語優位の状況下で転落したが,上述の言語擁護運動の結果,書き言葉として確立し, 1925 年に英語とともに南アフリカ共和国 (アフ Republiek van Suid-Afrika) の公用語となった。1933 年には聖書の翻訳が刊行されている。1994 年の人種隔離政策 (アパルトヘイト,アフ apartheid) 撤廃後は,同国の 11 の公用語の一角を担い,バントゥー語族に属するズールー語,コサ語についで,人口の約 1 割にあたる約 500 万の母語話者がいる。1990 年に同国から独立した北西部に隣接するナミビア (Namibia) の主要言語でもあり,両国の話者数は 600 万人以上にのぼる。約 250 万人の白人系アフリカーネルのほかに,以前は「カラード」(アフ kleuringe「クレアリンゲ」) と呼ばれたケープ州 (アフ Kaapprovinsie「カープ州」) を中心とする約 300 万の有色人種の人々が含まれる。話者は最重要言語である英語との 2 言語使用者で,近年は政府の言語政策から英語の影響が増大している。公的擁護機関としては, 1909 年創立の「南アフリカ共和国学士院」(アフ Suid-Afrikaanse Akademie vir Wetenskap en

Kuns) に置かれた「言語委員会」(アフ Taalkommissie) がある。

　アフリカーンス語は，ケープ植民地の非オランダ語話者がオランダ語との接触によって発達させた混成言語，つまりクレオール言語とされることがある。たしかに，アフリカーンス語の話者は上記の異質な環境にあった。しかし，他言語からの影響は驚くほど目立たない。アフリカーンス語の語彙は 95 %以上がオランダ語起源であり，英語の影響が増大し始める 1806 年以前に 1 %以上の語彙を供給した他の言語は存在しない。標準オランダ語と異なる音韻的特徴は，基盤となったホラント方言を色濃く反映している。一般にクレオール化は，30 年ほどの間に臨時的な意思疎通手段である「ピジン言語」(pidgin) が発達して，それが第 1 言語となることを前提とするが，少なくとも白人系話者の人々のアフリカーンス語には，それほど短期間での急激な変貌は認められず，ゲルマン語的性格が広範に保たれている。形態面では英語をしのぐ強い変化をこうむったアフリカーンス語には，名詞の性や格変化，動詞の人称変化はなく，現在形と過去形の区別もない。これは非オランダ語話者による不十分なオランダ語習得の影響を受けて，余剰的な形態的特徴が簡素化された結果と考えられる (Raidt 1983)。

13. 英語とフリジア語群―国際語と危機言語の間

13.1. フリジア語群―北海ゲルマン語唯一の後裔

　フリジア語は，北海ゲルマン語唯一の後裔とされている。古ザクセン語はドイツ語方言に下り，英語は大変革を遂げた。社会的威信言語に囲まれた現況にあって，フリジア人としての証は第一にフリジア語にある。ただし，フリジア語はオランダと北ドイツの 3 箇所に分散し，共通の標準語を欠いた言語群であり，それぞれ当地の主要言語から強い影響を受けてきた。西・東・北に分かれるフリジア語話者の相互理解は不可能で，各自が母語をたんに「フリジア語」と称している。

　最も話者が多いのは，オランダ北部フリースラント州 (約 64 万 2 千人) の西フリジア語 (西フ Westerlauwersk Frysk) である。西フリジア諸島の 2 つの島にも話者がいる。約 35〜40 万人の話者全員がオランダ語との 2 言語使用者で，言語能力に差がある。1994 年の統計では，州人口の約 94 %が「聞く」，約 74 %が「話す」，約 64 %が「読む」，約 17 %が「書く」能力があると申告している。ただし，

州外に移住した場合，子供に西フリジア語を伝えるのは容易ではない。

16世紀以降は公的機能をオランダ語に譲ったが，その中で，ギスベト・ヤーピクス (Gysbert Japicx 1603〜1666) は西フリジア語による芸術性の高い『フリジア詩集』(西フ *Friesche Rymlerye* 1668) を残した。19世紀ロマン主義の時代には，ホルベツマ (Halbertsma) 3兄弟が『フリジア民謡集』(西フ *Rimen en Teltsjes* 1871) を編纂するなど，豊かな文学の伝統がある。ただし，聖書の翻訳は遅く，新約聖書は1933年，全訳は1978年である。1955年には，オランダの地域的公用語に認定された。1928年設立の「フリジア語教育委員会」(西フ Afûk, Algemiene Fryske Underrjocht Kommisje) は多数の教材を刊行し，各種の講習を行っている。1938年にはオランダ学士院の関連機関として「フリスケ・アカデミー」(西フ Fryske Akademy) が設立され，オランダ語との対訳による全25巻の『西フリジア語辞典』(西フ／オ *Wurdboek fan de Fryske taal / Woordenboek der Friesche taal* 1984〜2011) を完成させた。東部の「ヴォーデン地方」(西フ Wâlden,「森林」の意味) にたいして，西部の「クラーイ地方」(西フ Klaai,「泥炭地」の意味) の方言が標準語の基盤になっている。

東フリジア語は東フリースラントでは用いられておらず，大陸部では遅くとも1800年以降，東フリジア諸島では東端のヴァンガーオーゲ島 (ド Wangerooge) で1950年頃に，低地ドイツ語東フリースラント方言 (ド Ostfriesisch, 11.1.) に移行した。現在の東フリジア語の使用地域は，東フリースラントの外側の南東に位置する「ザーターラント」(ド Saterland, 東フ Seelterlound「セールターロウンド」，約123km², 約12,000人) の3つの村である。「ザーターフリジア語」(ド Saterfriesisch, 東フ Seeltersk) ともいうが，この名称のほうが当を得ている。「東」という区分は中世初期の地理的分布にもとづくもので，現状にそぐわない。話者は1,500〜2,500人程度と見積もられ，標準ドイツ語，低地ドイツ語との3言語使用者である。その起源は，1100〜1400年頃に風雨と津波の襲来で故郷を追われた東フリジア人の定住にさかのぼる。19世紀までこの地は通行不能な沼地に囲まれ，隔絶されていた。1800年のドイツ人牧師の旅行記には，「神の天地創造は，この地ではまだ未完結のように見える」として，きびしい自然環境が陰惨に描写されている。最古の文献は，1812年の新約聖書の「放蕩息子の帰宅」の翻訳である。標準語は未確立で，正書法は2人の研究者による2種類がある。2000年

には，その一人で，アメリカ出身の黒人の言語学者フォート博士（Marron Curtis Fort）による新約聖書と詩篇の翻訳が刊行された。公的擁護機関はなく，北フリジア語とともに絶滅が危惧される危機言語に指定されている。

　北フリジア語（北フ Nordfriisk）の使用地域は，「言語のモザイク」として知られている。北ドイツのシュレースヴィヒ・ホルシュタイン州北西部，北フリースラント郡（北フ Nordfriislon, 約 2,049km², 約 16 万人）のフーズム（ド Husum）以北からデンマーク国境までの大陸沿岸と島，それにヘルゴラント島がそれで，標準ドイツ語，低地ドイツ語，標準デンマーク語，デンマーク語南ユトラント方言（デ sønderjysk）も飛び交っている。ただし，近年は多言語使用にも陰りがさし，標準ドイツ語が全域を覆っている。話者数の特定は困難で，9 千〜1 万人程度とされるが，個々の方言について異なる年代の統計を総合した結果にすぎない。言語能力の差も大きく，6〜8 千人程度と見積もる意見もある。5.3. で述べたように，移住時期の違いから，次の 3 つの島方言と 6 つの大陸方言に分かれる。

① 島方言

　　フェリング・エームラング方言（北フ fering-öömrang, フェーア島（ド Föhr），アムルム島（ド Amrum））[*7]（地図 F / A，以下同様）
　　セルリング方言（北フ Sölring, ジュルト島（ド Sylt））（S）
　　ハルンデ方言（北フ Halunder, ヘルゴラント島（ド Helgoland））（H）

② 大陸方言

　　ベーキングハルデ（ド Bökingharde）方言（モーリング方言, 北フ mooring）（B）
　　ヴィーディングハルデ（ド Wiedingharde）方言（W）
　　北ゴースハルデ（ド Nordergoesharde）方言（N）
　　中部ゴースハルデ方言（ド Mittelgoesharde）（M）
　　カルハルデ（ド Karrharde）方言（K）
　　ハリゲン（ド Halligen）方言（HF）

[*7] フェリング方言（北フ fering）とエームラング方言（北フ öömrang）に分かれるが，共通点が多いので，フェリング・エームラング方言にまとめることが多い。

北フリジア語は標準語を欠く9方言の集合で，相違が激しく，方言間の意思疎通は容易ではない。「青」を意味する大陸方言 ween / wjin / weeden（ド Waid「大青，青色染料」）↔島方言 blä / blö / bli（英 blue）という明確な分布ばかりとは限らない。「祖父」を表す語は，西フリジア語 pake，東フリジア語 Bääsjebaabe にたいして，北フリジア語は上記の方言順に ualaatj / Gooki / Groofoor / åte /

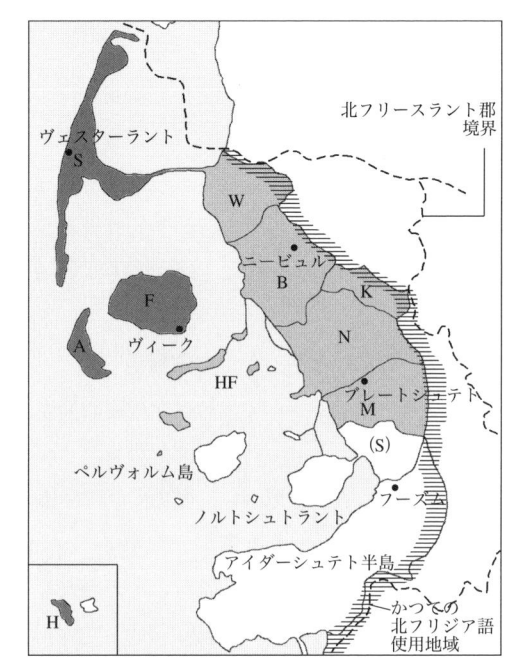

地図7　北フリジア語使用地域（清水 2006: 763）
［出所］Steensen 1994: 14，地名はドイツ語名。

aaltääte / aalfååje / olfaar / åltääte / ualbaabe とすべて異なり，ドイツ語式の大文字書きとデンマーク語式の小文字書きが混在している。これには，ザーターラントに似て，19世紀までは外界との接触が乏しい通行困難な沼地で，中心地を発達させなかった点が大きい。人々はデンマーク語，低地ドイツ語，標準ドイツ語に囲まれながらも，母語を内輪の言語として役割分担を守ってきた。最古の文献は，1600年頃のルターの教理問答の翻訳である。聖書の翻訳は，新約聖書と詩篇のセルリング方言訳（1862〜70）のほかは，部分訳にとどまる。中世には最大で約5万人に及んだとされる話者数は，19世紀半ばには3万人弱，1925年には約15,000人に減少した。衰退は大陸南部で激しく，最南端の南ゴースハルデ（ド Nordergoesharde）方言（地図（S））は1980年頃に消滅した。

　言語擁護は19世紀以来，旺盛に展開されてきた。1964年設立の公的機関「北フリジア語文化研究所」（北フ Nordfriisk Instituut）は，数々の研究教育資料を公刊

している。島方言ではフェリング・エームラング方言，とくにフェリング方言（約 1,600 人，住民の約 39.6 %），大陸方言ではモーリング方言（約 2,500 人，同約 22 %）が教材が豊富で学びやすい。辞書編集は伝統的に活発に行われ，方言別に相当数にのぼる。しかし，北フリジア語全体を包括する辞書はいまだに刊行されていない。学校教師で教会職員だったモーリツ・モメ・ニセン（Moritz Momme Nissen 1822〜1902）による歴史言語学的原則に貫かれた『北フリジア語辞典』（ド *Nordfriesisches Wörterbuch*）は，膨大な草稿のまま日の目を見ずに眠っている。

13.2. 英語―なにかとやっかいな国際語

　アフリカーンス語と並んで大規模な形態的簡素化をへた英語は，ドイツ語などに比べて学びやすいともいわれる。しかし，じつは英語ほど習得困難な外国語はまれである。そのおもな原因に，歴史的経緯でもたらされた圧倒的な語彙の豊富さがある。いつになっても辞書が手放せない。英語は世界で最も豊かな語彙をもつ言語のひとつとされている。語彙の数えかたはさまざまだが，専門用語を除く総語彙数は，フランス語約 10 万語，ドイツ語約 20 万語にたいして，英語では約 50 万語ともいわれている。今日，世界中の言語が英語から借用を行っているが，近代以降，英語は世界の諸言語から語彙を借用してきた。ただし，基礎語彙の多くはゲルマン語起源である。古来のゲルマン語彙は 25 %程度で，約 50 %を占めるフランス語およびラテン語からの借用語の半分ほどだが，総語彙数が多いので少なく感じるだけで，使用頻度が低い語を含めてごっそり残っている。

　英語はデンマーク語とならんで，聞き取りにくいゲルマン語の代表格でもある。しかも，発音と正書法が極度に一致せず，アクセントの位置も，規則は存在するが，複雑で例外が多く，予測しがたい。作家の G. B. ショー（George Bernard Shaw 1856〜1950）が「魚」を ghoti とつづろうと皮肉ったことは，よく知られている（tou*gh* + w*o*men + na*ti*on）。個々の語が独自のつづりを示すので，漢字に似て，単語の数ほど文字があるようなわずらわしさがつきまとう。

　これには，正書法改革が遅れた事情のほかに，構造的要因も大きい。ni*gh*t [naɪt]「夜」，*p*sa*l*m [sɑːm]「賛美歌」，de*b*t [det]「借金」などの黙字は排除できたとしても，compare [kəmˈpeɚ]「比較する」―comparative [kəmˈpærətɪv]「比較による」―comparable [ˈkɑmpɚəbl]「比較できる」，define [dɪˈfaɪn]「定義する」―definitive

［dɪˈfɪnətɪv］「確定的な」—definite［ˈdef(ə)nət］「確定した」のようなアクセントの交替による母音の変異は，どう処理するべきか。この例では，有アクセントの a / i は，語末音節では歴史的に長母音に由来する二重母音［eɚ］/［aɪ］(14.2.)，それ以外は短い［æ］/［ɪ］として現れ，無アクセント音節ではあいまい母音［ə］または無音に弱まっている。その他の多くのゲルマン語と違って，英語では，アクセントの交替の影響が母音の長短の交替にとどまらないのである。現代国際社会を席巻する英語では，社会的影響への懸念からも正書法改革が困難になっている。

現代ゲルマン諸語の文字と発音

▶ 第 4 章 ◀

14. 北ゲルマン語―その共通性と独自性

14.1. 北ゲルマン語話者の相互理解度―大陸北ゲルマン語の場合

　北ゲルマン語では，形態的に保守的な離島北ゲルマン語（アイスランド語とフェーロー語）と革新的な大陸北ゲルマン語の間に，大きな溝がある。後者に属するスウェーデン語，デンマーク語，ノルウェー語ブークモールとニューノシュクは類似性が高く，ある程度は相互理解が可能である。ニューノシュクは基本的に書き言葉なので，残りの3言語を比較しよう。Torp (2002^2: 110ff.)，Vikør (1995: 119ff.) を参考にして，書面理解と口頭理解の度合いを高中低離の4段階に分けて表にすると，次のようになる（例. A → B:「A は B の言語を理解できる」）。

①書面理解　　　　　　　　　②口頭理解

　　　　ノルウェー人　　　　　　　　ノルウェー人
　　　　高↗↖高　　高↘↙高　　　　低↗↖高　　中↘↙中
スウェーデン人 中→ デンマーク人　スウェーデン人 離→ デンマーク人
　　　　　　←中　　　　　　　　　　　　　←低

　書面理解の度合いは全体的に高い。スウェーデン語話者とデンマーク語話者の相互理解度がやや落ちるのは，両言語が16世紀の宗教改革期以降，別々の書き言葉を発達させたことによる。一方，口頭理解の度合いは全体的に落ちる。最も

低いのはデンマーク語とスウェーデン語の話者で，とくにスウェーデン語話者はデンマーク語を理解しづらい。これは，デンマーク語が「南ノルド語」(10.1.)とも呼ばれる独自の音韻的特徴を発達させたことによる。相互理解度が最も高いのは，ブークモールとデンマーク語の話者である。これは前者が後者を書き言葉の基礎とし，語彙の共通性が高いことによる。ブークモール話者のスウェーデン語理解度がかなり高いのは，ブークモールが「スウェーデン語で発音したデンマーク語」といわれるように，発音の類似性による。ノルウェーでは方言の使用度が高く，話者が言語的変異に寛容であることも関係している。全体的に，ブークモール話者が書面と口頭の両面で，他の2言語との相互理解度が最も高い。なお，書面理解に限れば，ニューノシュクもある程度は相互理解が可能である。

14.2. 北ゲルマン語の母音字とその発音―連鎖推移と音節均衡の原則

現代ゲルマン諸語の文字と発音について，日本語でどのようにカナ表記するかという観点を交えて，概観してみよう。カナ発音が便宜的手段であることは，いうまでもない。以下では国際音声字母(IPA)に沿った表記の一例を併記する。

まず，大陸北ゲルマン語には次の特殊な母音文字がある。

　å ä ö　スウェーデン語
　å æ ø　デンマーク語，ノルウェー語(ブークモール，ニューノシュク)

4言語に共通のå[オー]は，ドイツ語のウムラウトの文字にならって，aの上にoの文字を小さく添えたもので，[アー]＞[オー]*1の変化の結果，用いるようになった。デンマークの哲学者キルケゴールは Kierkeg*aa*rd「キアケゴー」(-rdは発音しない)だが，aaは[アー]から変化した[オー]を表す古いつづりで，1948年にåに代わった。普通名詞では kirkegård「墓場」(英 churchyard)とつづり，-gård は g の口蓋化(硬口蓋化，5.1.)をへて英語の yard「庭」に対応する。ニューノシュクの提唱者 Ivar *Aa*sen「イーヴァル・オーセン」も同じ理由により，Åsen「オーセン」という姓の人もいる*2。ユトラント半島南東部の歴史的街並みで名高い港町

---

*1 この章では煩雑さを避けて，音韻変化や古語の発音に / / の代わりに [ ] を多く用いる。
*2 無アクセントの語末の -en[エンən]では，あいまい母音[(弱い)エə]が脱落する傾向

Åbenrå「オーベンロー」(「ロー」を強く発音) のドイツ語名は, Apenrade「アーペンラーデ」(「ラー」を強く発音) である。例. Skåne「スコーネ」(スウェーデン南部地方), Håkon「ホーコン」(ノルウェー人の男名)。

スウェーデン語の ä, ö は, ドイツ語のウムラウトの文字 ä, ö に対応し, a, o の上に e を小さく添えたことに由来する。ドイツの文豪 Goethe [ゲーテ 'gøːtə]「ゲーテ」の oe は ö の古いつづりである。これは古フランス語の œ /ø/ にならったもので, この oe > ŏ̤ > ö の方式に従って, ae > å̤ > ä, ue > ṳ > ü の文字が生まれた。デンマーク語とその影響下にあったノルウェー語ブークモールとニューノシュクの æ, ø は ä, ö に対応し, 国際音声字母 (IPA) でも, [æ], [ø] の記号に転用されている。ä/æ は, 広い [エ ɛ]/[エー ɛː] と発音する。ö/ø は, ともに狭い [エ e]/[エー eː] のかまえで唇を丸めて発音する。カナ発音では, 便宜的に [㋨ ø]/[㋨ー øː] と表記しておこう。マル印は唇を丸めるという意味で, カナ発音ではつけるが, カナ表記では省く。jö/jø は, [ヨ jø]/[ヨー jøː] ではなく, [イ㋨ jø]/[イ㋨ー jøː] と表記しよう。例. Björg/Bjørg「ビェルグ」(通称「ビョルグ」, 女名)。

カナ表記では区別できないが, 開口度がより広い ä/æ [エ æ]/[エー æː], ö/ø [㋨ œ]/[㋨ー œː] もあり, r の前後などで見られる*3。ともにドイツ語と違ってアルファベットの末尾に配列し, スウェーデン語は å—ä—ö, 他の3言語は æ—ø—å の順番になる。例. Mälaren「メーラレン」(ストックホルム近郊の湖), Sjælland「シェレン」(デンマーク最大の島。-nd の d は発音しない), Helsingør「ヘルセングエア」(シェレン島の港町「ヘルシンゲア」, -ør を強く発音), Malmö「マルムエー, マルメ」(対岸のスウェーデン第3の都市), Tromsø「トルムスエ(ー), トルムセ(ー)」(ノルウェー北部の大学都市「トロムソ」) (-ö/-ø は「島」の意味)。

ドイツ語の ü の文字に発音上, 対応するのは y である。[イ i, ɪ]/[イー iː] の口のかまえで唇を丸め, [ユ y, ʏ]/[ユー yː] と表記する。スウェーデン語とブークモールの長母音 y [ユー yː] は, [イー] に近く聞こえるほど前寄りで, 口の開きが狭い。例. Visby「ヴィースビュ」(スウェーデン領ゴトランド島の世界遺産都市),

---

があるので, Åsen「オーセン」は「オースン」とも表記できる。以下同様。
*3 ただし, ブークモールの [㋨ ø]/[㋨ー øː] は, r の前後でもほとんど変わらない。

nynorsk「ニューノシュク」(-rs［シｓ̥］)、Jylland「ユレン」(ユトラント半島のデンマーク語名。jは英語のyesのy［ｲ j］、-ndのdは発音しない)。

　両言語のuの文字は、長母音ではyほど前寄りではなく、カナ表記では区別できないが、［ウー uː］と［ユー yː］の中間の［ユー ʉː］である。例. Luleå「リューリョ、リューレオー」(スウェーデン北部の都市「ルーレオ」、-åは「川」の意味)、Sula「シューラ」(正確には「スューラ」、西ノルウェーの小島)。スウェーデン語の短いuは、やや前寄りで半狭母音の［ウ ɵ］である。例. Lund「ルンド」(スウェーデン南部の大学町)。一方、デンマーク語のuは多数の語で［ウ u］/［ウー uː］である。例. Gudenå「グーゼンオー」(デンマーク最長、といっても158kmの川(-å)）。

　長母音uの音価が異なる原因は、母音の「連鎖推移」(chain shift)の方向の違いにある。上記3言語では、1250～1350年頃に［アー］＞［(広い)オー］と円唇化して後寄りになり、aaの代わりにåの文字を使うようになった。スウェーデン語とノルウェー語では、これに押されて［オー］＞［ウー］⇒［ウー］＞［ユー ʉː］⇒［ユー ʉː］＞［(［イー］に近い) ユー yː］の変化が続いた。この連鎖推移を、フランスの言語学者マルティネにならって、「押し連鎖」(push chain)という。そのため、両言語ではo［ウー uː］、u［ユー ʉː］、y［(［イー］に近い) ユー yː］と発音する。「ムーミン」で有名なフィンランド人のスウェーデン語作家Tove Janssonの Toveは「トゥーヴェ」、ノルウェー北部のヨーロッパ最北端の岬Nordkapp「ノールカップ」は「ヌールカップ」(-rdのdは発音しない)である。ノルウェーの作曲家グリーグ(Grieg)の『ペール・ギュント』のアリアで有名な「ソルヴェイグの歌」の女名Solveigも、「スールヴァイ(グ)」(-gは発音しない傾向がある)となる。

　一方、デンマーク語では、u［ウー］、o［オー］のまま残った。例. Gallehus「ゲレフース」(地名)、Odense「オーゼンセ」(アンデルセンの生まれ故郷。-d-［ズ ð］)。デンマーク語では、逆に、短母音が［ア］＞［(広い)エ］と前寄りに動き、［(広い)エ］＞［(狭い)エ］⇒［(狭い)エ］＞［イ］という押し連鎖が続いた。そのため、Danmarkはスウェーデン語とブークモールでは「ダンマルク」、デンマーク語では「デンマ(ー)ク」と聞こえる(-markのaは、rの直前なので［(後寄りの)ア ɑ］、14.5.3.)。デンマーク語のDan-のa［æ］は［ア］に近い［エ］である。後の時代に長母音化を受けたデンマーク語のa［æː］は、明らかに［エー］と聞こえる。デンマークの作曲家Gadeは「ガーデ」ではなく、「ゲーゼ」(-d-［ズ ð］)がふさわしい。

〈スウェーデン語・ブークモールの母音推移〉　〈デンマーク語の母音推移〉

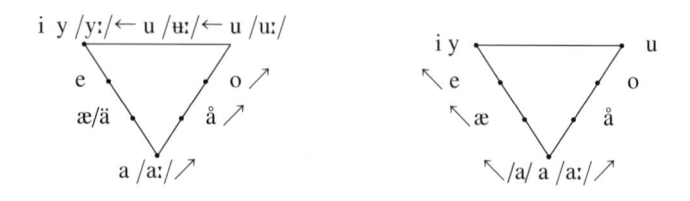

```
  i y /y:/← u /ʉ:/← u /u:/        i y            u
       e         o ↗              ＼e          o ↗
     æ/ä         å ↗               ＼æ         å ↗
          a /a:/ ↗                  ＼/a/ a /a:/ ↗
```

　これと似た変化に，1400年頃から始まった英語の「大母音推移」(Great Vowel Shift) がある。前舌母音と後舌母音はともに開口度を狭めて「高舌化」(raising) を起こし，狭母音は二重母音化した（[イー iː] ＞ [エイ ei] ＞ [アイ ai] (like), [(狭い) エー eː] ＞ [イー iː] (see), [(広い) エー ɛː] ＞ [(狭い) エー eː] ＞ [イー iː] (eat) / [エイ ei] (break), [アー aː] ＞ [(広い) エー ɛː] ＞ [エイ ei] (cake), [ウー uː] ＞ [オウ ou] ＞ [アウ au] (house), [(狭い) オー oː] ＞ [ウー uː] (room), [(広い) オー ɔː] ＞ [(狭い) オー oː] ＞ [オウ ou] (stone))。

　英語の母音のつづりが複雑な原因はここにある。一般に，ゲルマン語では a, i の文字名は「アー」，「イー」だが，英語では例外的に a「エイ」(通称「エー」)，i「アイ」という二重母音になる。k, h も，「カー」やフランス語的な h「アシュ」ではなく，k「ケイ」，h「エイチ」という。b, c, d, e をドイツ語で「ベー」，「ツェー」，「デー」，「エー」のように [(狭い) エー] で呼ぶが，英語では「ビー」，「スィー」，「ディー」，「イー」となるのも同じ理由による。なお，二重母音化をへた類例に，フェーロー語の a [エア ɛaː], í/ý [ウイ ʊiː], k [コア kʰɔaː], h [ホア hɔaː] がある。

　デンマーク語では，後の時代に開口度を広げる「低舌化」(lowering) も起こった。そのため，i/(ie)[イ i] ↔ [(狭い) エ e], e [(狭い) エ e] ↔ [(広い) エ ɛ], u [ウ u] ↔ [(狭い) オ o], o [(狭い) オ o] ↔ [(広い) オ ɔ], y [ユ y] ↔ [(狭い) ㊀ ø], ø [(狭い) ㊀ ø] ↔ [(広い) ㊀ œ] の区別があり，まぎらわしい。pisk「鞭」/ bille「カブトムシ」(ド Peitsche / 英 beetle) の i は [イ i] だが，fisk「魚」/ pille「柱」(英 fish / pillar) の i は [(狭い) エ e] である。スウェーデン人の男名 Nils「ニルス」，姓 Nil(s)son「ニルソン」のデンマーク語名は，Niels「ネルス」，Nielsen「ネルセン」に近い。デンマークの作曲家 Carl Nielsen (1865〜1931) は「カール・ニールセン」と表記しているが，ie を [イー iː] と読むのはドイツ語式である (15.3.1.)。この ie

は固有名詞に特有の i のつづりの変種で，短音の [(狭い) エ e] を表す。哲学者 Kierkegaard「キアケゴー」(＝キルケゴール) の Kierke- (kirke「教会」) の ie は，[イ i] を表す。17 世紀前半の偉大な国王クリスチャン 4 世の Christian は，「クレスチェン」であり，Chris- の i では [(広い) エ ɛ] まで低舌化が進んだ。

　低舌化は西ゲルマン語とも無縁ではない。ルクセンブルク語では [エ] を通り越して，i [イ] ＞ a [ア] まで達した (例. ル Kand [カント kant] ↔ ド Kind [キント kɪnt]「子供」)。北フリジア語では低舌化の連鎖推移が起こっている。たとえば，大陸方言のモーリング方言では，ii [イー] ＞ i [イ] の変化で (例. 西フ iis [イース iːs] (英 ice, ア ís [イース iːs]) ↔ モ is [イス ɪs]「氷」)，i [イ] ＞ e (＝ ä) [エ] ＞ a [ア] となり (例. 西フ skip [スキプ skɪp] (英 ship) ↔ モ schap [シャプ ʃap]「船」，西フ bril [ブリル brɪl] (ド Brille) ↔ モ bral [ブラル bral]「メガネ」)，さらに a [ア] ＞ å [オ] / åå [(非常に広い) オー] と変化した (西フ appel [**ア**ペル ˈapəl] (英 apple) ↔ モ **åå**pel [**オー**ペル ˈɒːpəl]「リンゴ」)。i がモーリング方言や島方言のフェリング・エームラング方言のように a まで広くなったか，島方言のセルリング方言やハルンデ方言のように e (＝ ä) で止まったかによって，方言区分の鍵にもなる (フェリ skap [スカプ skap] ↔ セ/ハ Skep [スケプ skɛp]「船」，フェリ bral [ブラル bral] ↔ セ/ハ Brel [ブレル brɛl]「メガネ」)。しかも，ゲルマン語で最多の母音をもつといわれる伝統的なモーリング方言では，後舌母音の u [ウ] が狭い oo [オー oː] に低舌化を起こした (例. hoow [ホーヴ hoːv]「希望」)。その結果，広い oo [オー ɔː] (例. hoow [ホーヴ hɔːv]「礼拝」, mooge [**モー**ゲ ˈmɔːɡə]「好む」) と非常に広い åå [オー ɒː] (måå ge [**モー**ゲ ˈmɒːɡə]「作る」) を合わせた 3 つの [オー] がある (清水 1994)。

〈英語の大母音推移〉(略記)

```
         ↗ /iː/              /uː/ ↖
  /ai/  ↘ /eː/        /oː/ ↗   /au/
          ↘ /ɛː/    /ɔː/ ↗
              ↘ /aː/ ↗
```

〈北フリジア語の母音推移〉

↘ /ɪ/   /ʊ/ ↙
  ↘ /e/   /o(:)/ ↙
    ↘ /ɛ/   /ɔ(:)/ ↙
      ↘ /a/ → /ɒ(:)/

　さて，デンマーク語を除く北ゲルマン語では，母音の長短は音節構造に応じて変化した。一般に，音節（syllable）は，［子音（初頭音 onset）＋［母音（核・主音 nucleus）＋子音（末尾音 coda）］］という構成になっている。［母音＋子音］のまとまりを，「韻」（rhyme）という。デンマーク語を除く北ゲルマン語では，強さアクセントをもつ音節の韻にあたる母音と子音は，どちらかが長音化を受けて「長く」なる必要がある。どちらも「長い」または「短い」音節は許されない。これを「音節均衡」（syllable balance）の原則という*4。「長い」とは長母音（V:），長子音（C:），二重母音（VV），二重子音（CC）をさし，「短い」とは短母音（V），短子音（C）をさす。無アクセント音節では長音化が起こらない。アイスランド語で例を示そう。

vin［ヴィーン vɪːn］「オアシス」（［V:C］：長母音［ɪː］＋短子音［n］）— vinur［**ヴィーヌル** ˈvɪːnʏr］「友人」

vinn［ヴィン vɪnː］「（私は）働く」（［VC:］：短母音［ɪ］＋長子音［nː］，［ヴィンヌ］とは表記しない）— vinnur［**ヴィンヌル** ˈvɪnːʏr］「（彼は）働く」

vind［ヴィンド vɪnd̥］「風（対格）」（［VCC］：短母音［ɪ］＋二重子音［nd̥］）— vindur［**ヴィンドゥル** ˈvɪnd̥ʏr］「風（主格）」

　長さの最小単位を「モーラ」（mora）といい，1 モーラの短音と 2 モーラ以上の長音の区別が構造的役割を果たす言語を「モーラ言語」（mora language）という。

---

*4 語形変化や派生で語尾や接尾辞を伴う場合には，「音節均衡の原則」がはたらかない場合がある。たとえば，スウェーデン語では söt［セート søːt］「甘い」→ sött［セット søtː］（söt+-t）「同（中性・単数形）；甘く」にたいして，lös［レース løːs］「ゆるんだ」→ löst［レースト løːst］（lös+-t）「同（中性・単数形）；ゆるんで」では，「長母音＋二重子音」という例外的な韻を示している。アイスランド語では，こうした例外はない（例．vís［ヴィース viːs］「確かな」→ víst［ヴィスト visd̥］「同（中性・単数形）；確かに」）。

現代北ゲルマン語は，デンマーク語を除いてモーラ言語であるといえる。長子音は，一部の例外を除いて子音字を重ねてつづる。例. U*pp*sala「ウップサーラ」(スウェーデン中部の大学町)，Li*ll*ehammer「リッレハンメル」(ノルウェーの冬季オリンピック開催地)。Joha*n*「ユーハン」(スウェーデン人の男名，Jo- を強く発音)，Joha*nn*es「ユハンネス」(スウェーデン人の男名，-hann を強く発音)。「ウプサラ」，「リレハメル」，「ヨハン」，「ヨハネス」は適切なカナ表記とはいえない。

アイスランド語とフェーロー語では，長子音が一部で ll [トル d̥l, d̥l], nn [トン d̥n, d̥n] となる (14.5.4.)。例. Gu*ll*foss「グトルフォス」(アイスランド最大の滝)，Þorstei*nn*「ソルステイトン」(アイスランド人の男名)。また，pp [ハプ hb̥], tt [ハト hd̥], kk [ハク hǵ̊] / [ハキ hɟ̊] は「前気音」(preaspiration) の [ハ h] を伴う。たとえば，アイスランド人の人名には姓がなく，父親の名前の属格に -son「〜の息子」/ -dóttir「〜の娘」をつけて区別するので，父親がヨウン (Jón) の娘は Jónsdó*tt*ir「ヨウンスドウフティル」となる。この -dó*tt*ir は「ドッティル」ではない。「ッ」と表記するべきなのは，長子音 bb [ッブ b̥ː] / dd [ッド d̥ː] / gg [ッグ ǵ̊ː] / gg(j) [ッギ ɟ̊ː] であり，北欧神話と英雄伝説の精髄を伝える E*dd*a は「エッダ」(['ɛd̥ːa]) となる。

母音の音質と長短は上記の変革をへたので，スウェーデン語とブークモールではとくに o が [ウ u] / [ウー uː] と [オ ɔ] / [オー oː] の間であいまいである。ブークモールでは N*o*rge「ノルウェー」は「ノルゲ」，n*o*rsk「ノルウェー語」は「ノシ(ュ)ク」だが，N*o*rden「北欧」は「ヌルデン」である。ノーベル賞で有名なスウェーデンの科学者 N*o*bel は「ノベル」(厳密には「ノベッル」，-bel を強く発音)，ノルウェーの首都 *O*slo は「ウスル」(または「ウシュル」) に近い。一方，スウェーデン人の姓 Han(s)on「ハンソン」は元来，Hans「ハンス」+ s*o*n「〜の息子」という父称で，-s*o*n「ソン」は古ノルド語の s*o*nr「息子」の短母音 o [オ] に由来する。「音節均衡の原則」でアイスランド語 s*o*nur [**ソー**ヌル 'soːnʏr]，スウェーデン語 s*o*n [ソーン soːn] となったが，姓につく -son は無アクセントなので長音化せず，[ソン sɔn] のまま残った。無アクセント母音が広範に弱化したデンマーク語では -sen [セン sən] となり，Hansen「ハンセン」である。ノルウェー語も同形だが，文豪の Ibs*e*n「イプセン」，Bjørns*o*n「ビェーンソン」(通称「ビョルンソン」) に分かれる。

150 ゲルマン語入門

次に，離島北ゲルマン語の特殊母音字にも触れておこう。

アイスランド語　　æ　ö　á é í ý ó ú
フェーロー語　　　æ　ø　á í ý ó ú

「´」はアクセントではなく，古ノルド語では長母音を表す。ハンガリー語やチェコ語でも作曲家 Bartók「バルトーク」，Dvořák「ドヴォルザーク（＝ドヴォジャーク）」のように，a［ア］↔á［アー］, o［オ］↔ó［オー］と区別する。æ は，古ノルド語では広い［エー］を表していた。離島北ゲルマン語では，母音の長短が「音節均衡の原則」に従って，音質の違いに移行した（「2 モーラ／1 モーラ」の順）。

ア　a［ア a］/［アー aː］, e［エ ɛ］/［エー ɛː］, i／y［(広い) イ ɪ］/［(広い) イー ɪː］, o［オ ɔ］/［オー ɔː］, ø［㋐ œ］/［㋐ー œː］, u［ウ ʏ］*5/［ユー ʏː］
↔æ［アイ ai］/［アイ aiː］, á［アウ au］/［アウ auː］, é［イエ jɛ］/［イエー jɛː］, í／ý［(狭い) イ i］/［(狭い) イー iː］, ó［オウ ou］/［オウ ouː］, ú［ウ u］/［ウー uː］

フェ　a／æ［ア a］/［エア ɛaː］, e［(広い) エ ɛ］/［(狭い) エー eː］, i／y［(広い) イ ɪ］/［(狭い) イー iː］, o［(広い) オ ɔ］/［(狭い) オー oː］, u［(広い) ウ ʊ］/［(狭い) ウー uː］
↔á［(広い) オ ɔ］/［オア ɔaː］, í／ý［ウイ ʊi］/［ウイ ʊiː］, ó［㋐ œ］/［オウ ɔuː］, ú［ウ ʊ］/［ユウ ʉuː］

アイスランド語では，古ノルド語の長母音 á, é, ó が二重母音化した。例. Óðinn「オウジン」（北欧神話の最高神），Stefán「ステーファウン」（男名）。ただし，二重母音にも「音節均衡の原則」による長短，つまり 2 モーラ（例. æ［アイ aiː］, Æsa「アイサ」（女名））と 1 モーラ（例. æ［アイ ai］, Æska「アイスカ」（女名））の違いがある。カナ発音では区別できないが，1 モーラの短い二重母音はかなり短く聞こえる*6。i と y, í と ý はそれぞれ同じ音価になり，i／y と í／ý は音質が異なる。

---

*5 この u［ʏ］は口蓋化（硬口蓋化）の度合いが弱いので，［ユ］ではなく，［ウ］と表記する。
*6 2 モーラの二重母音を æ［アイー aiː］のように長音符「ー」をつけてカナ表記する方法は，［ア］＋［イー］と発音するという誤解を招くので，避けることにする。

第4章 現代ゲルマン諸語の文字と発音　151

フェーロー語では，i と y，í と ý は同じ音価になったが，長母音 í と ý が二重母音化した。a は æ と同じ音価になり，á, ó, ú とともに2モーラの場合に二重母音化した。フェーロー語は二重母音が多く，「母音＋v」（フェ Tórshavn「トウシュハウン」）から生じた4種類（av［アウ au］, ev［エウ ɛu］, ov［オウ ou］, øv［㋾ウ øu］）を含めて，15種類を数える。たとえば，英語の William「ウィリアム」，ドイツ語の Wilhelm「ヴィルヘルム」，スウェーデン語の Vilhelm「ヴィルヘルム」は，アイスランド語では Vilhjálmur「ヴィルヒャウルムル」（á は1モーラ），フェーロー語では Vilhjálmur「ヴィリヨルムル」（á は1モーラ，h は発音しない）となる。一方，英語の John「ジョン」，ドイツ語の Johann「ヨハン」，スウェーデン語の Jon「ユーン」は，アイスランド語の Jón「ヨウン」にたいして，フェーロー語では Jógvan「イェグヴァン」となる。これは，フェーロー語に特有の「ó / ou ＋母音＞ógv［エグヴ ɛĝv］」という「鋭音化」（フェ skerping）による。

　最後に，大陸北ゲルマン語の二重母音について補足しておこう。英語の stone「石」，loose「ゆるんだ」，dream「夢を見る」の対応語は次のようになる*7。

デンマーク	スウェーデン	ブークモール		ニューノシュク	アイスランド	フェーロー
sten	sten	sten / stein	↔	stein	steinn	steinur
løs	lös	løs	↔	laus	laus	leysur
drømme	drömma	drømme	↔	drøyma	dreyma	droyma

つづりからわかるように，これは古ノルド語の二重母音 ei, au, øy が東ノルド語で「単母音化」（monophthongization）を起こしたことによる。単母音化の有無は，西ノルド語（アイスランド語，フェーロー語，ノルウェー語）と東ノルド語（デンマーク語，スウェーデン語）という歴史的区分の目印でもある（4.6.）。ただし，ブークモールはデンマーク語の影響で，e, ei を除いて単母音（monophthong）を示す。ニューノシュクは西ノルド語的な二重母音を保っている。スウェーデンの中央アジア探検家 Sven Hedin「スヴェン・ヘディーン」（Sven の n は例外的に長子音

---

*7 ニューノシュクは基本的に書き言葉なので，つづりが問題になる場合だけ例を挙げる。

[n:]のつづり，Hedin は -din を強く発音)は，ブークモールでは Sve*in*「スヴァイン」([svæin])，アイスランド語では Sve*inn*「スヴェイトン」([sveidn̩])となる。

単母音化をへたデンマーク語にも，二重母音に準じた発音は豊富にある。11種類にものぼるが，おもに「母音＋{ /v/ , /g/ }」から後の時代に発達した2次的な組み合わせで，歴史的つづりを重視して「母音字＋ v / g / j」と表記する。

- デ ag / av / af [アウ au̯]，og / ov [オウ ou̯]，øv / eu [㋓ウ œu̯]，øv [㋓ウ øu̯]，ev / æv [エウ ɛu̯]，ev / eb [エウ eu̯]，iv [イウ iu̯]，yv [ユウ yu̯]
  eg / ig / aj / ej [アイ ɑi̯]，øg / øj [オイ ɔi̯]，uj [ウイ ui̯]
- 例. København*a*vn「㋕ベンハウン」(コペンハーゲン，-havn を強く発音)，Egesk*o*v「エー (ィ) エスコウ」(フューン島の城)，V*ej*le「ヴァイレ」(ユトラント半島の都市)，Str*ø*get「ストロイエズ」(コペンハーゲンの歩行者天国，-et [エズ əð] は定冠詞)，Hammersh*ø*i「ハマースホイ」(høi = høj, 画家)

14.3. 北ゲルマン語の子音字とその発音―軟音化と口蓋化

子音字で目立つのは，アイスランド語の þ, ð とフェーロー語の ð の特殊文字である。アイスランド語では，ルーン文字に由来する þ [ソルトン θordn̩] が語頭で無声音 [θ] (英語の *th*ink の th) を表し，ð [エーズ ɛ:ð] はそれ以外で有声音 [ð] (英語の *th*at の th に類似) を表す。ð は d に横線を引いた古アイルランド語起源の文字で，古英語をへて古ノルド語に入った。発音記号 [ð] として，国際音声字母 (IPA) にも採用されている。一方，フェーロー語では þ > t と変化し，[ð] の音も消滅してしまった。それにもかかわらず，語源を重視するフェーロー語の正書法 (10.6.) では，ð は黙字として残されたのである (例. 英 *th*ank / *th*at ↔ フェ *t*akka [ˈtʰahɡa] / *t*að [tʰɛaː] ↔ ア *þ*akka / ˈθahɡa] / *þ*að [θaːð])。

ところが，次の例では ð の文字が発音されているように見える。

- フェ deyður [ˈdɛiːjʊɹ]—deyðir [ˈdɛiːjɹɪ]—deyðar [ˈdɛiːjaɹ]「死んだ」(主格：男性単数―男性複数―女性複数，英 dead)
  góður [ˈɡ̊ouːwʊɹ]—góðir [ˈɡ̊ouːwɪɹ]—góðar [ˈɡ̊ouːwaɹ]「良い」(同上，英 good)
  glaður [ˈɡ̊lɛaːvʊɹ]「うれしい」(英 glad) —gleði [ˈɡ̊leːjɪ]「喜び」(英 gladness)

veðrið [ˈvɛɡ̊ɹɪ]「その天気」(← veður [ˈveːvʊɹ] + -ið [ɪ], 英 the weather) — viðra [ˈvɪɡ̊ɹa]「晴天になる」

しかし，これは母音連続を避けるために挿入された「わたり音」(glide) であり，ð の音価とは関係がない。直前が前舌の [i] ならば [j] (deyður [ˈdɛiːjʊɹ]—deyðir [ˈdɛiːjɪɹ]—deyðar [ˈdɛiːjaɹ])，後舌の [ʊ] ならば [w] (góður [ˈɡ̊ouːwʊɹ]—góðir [ˈɡ̊ouːwɪɹ]—góðar [ˈɡ̊ouːwaɹ]) を挿入する。直前が前舌の [i]/[ɪ] 以外ならば，直後が前舌の [ɪ] の場合には [j] (gleði [ˈɡ̊leːjɪ])，直後が後舌の [ʊ] の場合には [v] (glaður [ˈɡ̊lɛaːvʊɹ]) を挿入する。また，ðr は [ɡ̊ɹ] となる (veðrið [ˈvɛɡ̊ɹɪ], viðra [ˈvɪɡ̊ɹa])。たしかにこの方式では，[ˈveːvʊɹ] の発音は veður「天気」，vegur「道」，vevur「(彼は) 織る」とつづりで区別できる。アイスランド語の veður, vegur, vefur とも似ており，14 世紀頃の「母音挿入」(スヴァラバクティ，svarabhakti) で加わった -u- を除けば，古ノルド語の veðr, vegr, vefr にも対応する。

次に，子音推移 (6.2., 7.2.) との関連で話題にした閉鎖音について説明しよう。これは，声帯振動の有無による「無声音↔有声音」の対立と「気音」(aspiration, [ʰ] で示す) の有無による「有気音 (帯気音)↔無気音」の対立に分かれる。この対立は，語頭の p/t/k↔b/d/g の発音に端的に現れる。

① 無声音 [プ p]/[ト t]/[ク k]↔有声音 [ブ b]/[ド d]/[グ g]
　　スウェーデン語，ブークモール，ニューノシュク
② 有気音 [プ pʰ]/[ト tʰ]/[ク kʰ]↔無気音 [ブ b̥]/[ド d̥]/[グ ɡ̊])
　　デンマーク語，アイスランド語，フェーロー語

②に属する 3 言語の p, t, k の文字は，強さアクセントをもつ語頭では有気音を表す。b, d, g の文字は閉鎖音の場合，つねに無気音を表す。

日本語には有気音と無気音の対立がないので，有気閉鎖音をパ行・タ行・カ行子音，無気閉鎖音をバ行・ダ行・ガ行子音で表記せざるを得ない。問題は，p, t, k の文字が無気閉鎖音を表す場合である。これは，語頭で sp, st, sk のように他の

子音に後続するか，語中と語末で気音が弱まる場合に起こる。上記の方式ではバ行・ダ行・ガ行子音で表記することになるが，そもそも有気音と無気音はカナ表記では区別できない。そこで，あえてつづり字発音によって，無声音のパ行・タ行・カ行子音で表記することにする。実際の発音もそう聞こえることが多い。発音記号では，p［プ pʰ］, t［ト tʰ］, k［ク kʰ］/［キ cʰ］は「硬音」(fortis)の有気音，b/p［ブ b̥］, d/t［ド d̥］, g/k［グ g̊］/［ギ j̊］は「軟音」(lenis)の無気音を示す*⁸。

コペンハーゲンの遊園地 *T*ivoli は「チヴォリ」と表記するが，デンマーク語の語頭の ti- は［ティ］よりも［ツィ，チ］と聞こえるほど気音が強い。これは「高地ドイツ語子音推移」(6. 2)の解釈として，フェネマンが提唱した「低地ゲルマン語」の特徴でもある。語中と語末では調音の度合いが弱まり，閉鎖音は有声化・無気音化と摩擦音化という2段階の軟音化をこうむった。有声化はノルウェー南部と東隣のスウェーデンの海岸部の方言でも見られるが，摩擦音化はデンマーク語に特有である。前述の「母音字+v/g/j」と表記する二重母音も，この変化と関係がある。

母音+ /p/ ～ /pʰ/, /t/ ～ /tʰ/, /k/ ～ /kʰ/
> 有声化・無気音化：母音+ /b/ ～ /b̥/, /d/ ～ /d̥/, /g/ ～ /g̊/
> 摩擦音化：母音+ /w/, /ð/, /j/

次に，デンマーク語の t (> d) で具体例を確認しよう。同じく「有気↔無気」の対立を示す離島北ゲルマン語のアイスランド語とフェーロー語の例でも，語頭以外で有声化・無気音化が起こっている (t/tʰ/ > /d̥/)。なお，14.4. で説明するように，［ʔ］は声門狭め音，［ˇ］［´］は高さアクセントの区別を表す。

デ *t*and［テンʔ tʰænʔ］「歯」(英 tooth)

---

*⁸ 無声閉鎖音［プ p］/［ト t］/［ク k］↔有声閉鎖音［ブ b］/［ド d］/［グ g］をカタカナ，有気閉鎖音［ぷ pʰ］/［と tʰ］/［く kʰ］↔無気閉鎖音［ぶ b̥］/［ど d̥］/［ぐ g̊］をひらがなで区別する方法も考えられるが，採用しない。有気閉鎖音は厳密には［bʰ］/［dʰ］/［g̊ʰ］と表記するべきだが，つづり字との対応を考慮して，p［pʰ］/t［tʰ］/k［kʰ］とする。清水 (2011)，Indriði G. / Höskuldur Þ. (2000²), Höskuldur Th. et al. (2004: 43) を参照。

↔ス tand［タンド tand］　ブ tann［タン tɑn:］
↔ア tönn［⑦ン tʰœn:］　フェ tonn［トン tʰɔn:］
デ hat［ヘト hæd̥］「帽子」(英 hat)
↔ス hatt［ハット hat:］　ブ hatt［ハット hɑt:］
↔ア hattur［ハハトゥル 'hahd̥ʏr］　フェ hattur［ハハトゥル 'hahdɔɹ］
デ had［ヘズ hæð］「憎しみ」(英 hate)
↔ス hat［ハート hɑ:t］　ブ hat［ハート hɑ:t］
↔ア hatur［ハートゥル 'ha:d̥ʏr］　フェ hatur［ヘア(ハ)トゥル 'hɛa:(h)d̥ɔɹ］

さらに別の例で，デンマーク語の摩擦音化を確認してみよう．

デ pibe［ピーベ，ピーウェ 'pʰi:bə, 'pʰi:wə］「パイプ」(英 pipe)
↔ス pipa［ˇピーパ ˇpi:pa］　ブ pipe［ˇピーペ ˇpi:pə］
↔ア pípa［ピーパ 'pʰi:ba］　フェ pípa［プイパ 'pʰʊi:ba］
デ bide［ビーゼ 'bi:ðə］「噛む」(英 bite)
↔ス bita［ˇビータ ˇbi:ta］　ブ bite［ˇビーテ ˇbi:tə］
↔ア bíta［ビータ 'bi:da］　フェ bíta［ブイタ 'bʊi:da］)
デ kage［ケー(ィ)エ 'kʰæ:(j)ə］「ケーキ」(英 cake)
↔ス kaka［ˇカーカ ˇkɑ:ka］　ブ kake［ˇカーケ ˇkɑ:kə］
↔ア kaka［カーカ 'kʰa:ga］　フェ kaka［ケア(ハ)カ 'kʰɛa:(h)gå］)

アイスランド語とフェーロー語の例は摩擦音化を起こしていない．ただし，アイスランド語では，弱く発音することが多い機能語に摩擦音化が見られる．

古ノ þat「それ，あれ」(英 it, that) ＞ア það［サ(ー)ズ θa(:)ð］(デ det［デ d̥e］)
古ノ at「〜ということ」(英 that) ＞ア að［ア(ー)ズ a(:)ð］(デ at［エ(ト) æ(d̥)］)
古ノ -it (定冠詞，英 the) ＞ア -ið［イズ ið］(デ -et［エズ əð］)

コペンハーゲンの英語名 Copenhagen の原語は København「ケベンハウン」(-havn を強く発音)，スウェーデン人の男名 Petter(s)son「ペッテション」(rs［シ

s̩])はデンマーク語では Pedersen「ペーザーセン」となる。ユトラント半島南西部のデンマーク最古の都市 Ribe「リーベ」のドイツ語名は Ripen「リーペン」である。前述の都市 Odense「オーゼンセ」，作曲家 Gade「ゲーゼ」，歩行者天国 Strøget「ストロイエズ」(-et［エズ əð］は定冠詞)も参照していただきたい。

　軟音化は，北ゲルマン語の南に隣接する北フリジア語でも起こった。これは，言語接触の一例ともいわれる。たとえば，モーリング方言では，母音間の無声音が有声化し，閉鎖音が摩擦音化することもある（清水 1994: 479ff.）。

モ　schååp［ショープ ʃɒːp］「戸棚」↔ schååwe［**ショーヴェ** ˈʃɒːvə］「同左，複数形」
　　fåt［フォト fɔt］「甕」↔ fååse［**フォーゼ** ˈfɒːzə］「同左，複数形」
　　feek［フェーク feːk］「引き出し」↔ fääge［**フェーゲ** ˈfɛːgə］「同左，複数形」

　デンマーク語の d, g は，子音の後では発音しないことが多い。ブークモールでもある程度そうである。デンマークの作家アンデルセンは Andersen「アナーセン」，スウェーデン語名は Ander(s)son「アンデション」(rs［シs̩］)となる。大聖堂で名高いデンマークの古都 Roskilde は「ロスキレ」，シェイクスピアの戯曲『ハムレット』(Hamlet)の舞台になったシェレン島の古城 Kronborg は「クローンボー」である。一方，スウェーデン語では -rg［リ rj］となり，文豪 Strindberg「ストリンドベリ」，映画監督 Ingmar Bergman「イングマル・ベリマン」という。

　口蓋化にも一言しておこう。「北海ゲルマン語的特徴」(5.1.)とは別に，北ゲルマン語では 13 世紀半ば以降，強さアクセントをもつ語頭の k, g, sk が前舌母音 (i, y, u, e, ø, ö とその二重母音)の直前で多様な口蓋化をこうむった。カナ表記では区別できないが，スウェーデン語では，舌の両端の平らの部分で発音する歯茎硬口蓋摩擦音 k(j)［ヒ ç］([ヒ ç]と[シ ʃ]の中間)，硬口蓋摩擦音 g(j)［イ j］，舌背硬口蓋摩擦音 sk(j)［フ ɧ］([ヒ ç]と[ハ x]の中間，唇を丸める) / 歯茎摩擦音［シ ʃ］，ブークモールでは，硬口蓋摩擦音 k(j)［ヒ ç］, g(j)［イ j］と sk(j)［シ ʃ］，アイスランド語では，硬口蓋閉鎖音 k(j)［キ cʰ］, g(j)［ギ ɟ］, sk(j)［スキ sc］，フェーロー語では，歯茎破擦音 k(j)［チ tʃʰ］, g(j)［ヂ dʒ］と sk(j)［シ ʃ］を発達させている。スウェーデ

ン語の［ɕ］の発音記号は，方言で使用されている文字に由来する（Lindqvist 2007: 38）。この子音は南部と中部に多く，標準的とされるが，［シʃ］も北部を中心に広く見られ，そり舌摩擦音［シʂ］と混同される傾向がある。

ただし，デンマーク語では，以上の口蓋化音は後の時代の「非口蓋化」（depalatalization）で相殺されてしまった。例を挙げてみよう。

デ **k**ysse［⑰セ ˈkʰøsə］「キスする」（英 kiss）—**g**æst［ゲスト ĝɛsd̥］「客」（英 guest）
 —**sk**ib［スキー？ブ sĝi(ː)ʔb̥］「船」（英 ship）

ス **k**yssa［ˇヒュッサˇ çysːa］—**g**äst［イェスト jɛst］—**sk**epp［フェップ ɕɛpː, シェップ ʃɛpː］

ブ **k**ysse［ˇヒュッセˇ çysːə］—**gj**est［イェスト jɛst］—**sk**ip［シープ ʃiːp］

ア **k**yssa［キッサ ˈcʰɪsːa］—**g**estur［**ギェス**トゥル ˈjɛsd̥ʏr］—**sk**ip［スキープ sjɪːb̥］

フェ **k**yssa［チッサ ˈtʃʰɪsːa］—**g**estur［**ヂェス**トゥル ˈdʒɛsd̥ʊɹ］—**sk**ip［シープ ʃiːpʰ］

まぎらわしいのは，スウェーデン語とブークモールの正書法の相違である。スウェーデン語では，「{k / g / sk} + 前舌母音 {i / y / e / ö / ä}」で口蓋化が起こっていることを，「{k / g / sk} + 中舌・後舌母音 {u / o / å / a}」で起こっていないことを表す。一方，ブークモールでは，原則として口蓋化音を「{k / g / sk} + {i / y / ei / øy}」と「{k / g / sk} + j + {e / ø / æ}」につづり分ける。そのため，スウェーデン語の口蓋化音 ge / gä［イェ jɛ］に対応するブークモールのつづりは gje / gjæ［イェ jɛ］であり，ge / gæ［ゲ gɛ］は軟口蓋音を表す。たとえば，英語の guest「客」は，ス **g**äst［イェスト jɛst］↔ ブ **gj**est［イェスト jɛst］とつづる。口蓋化とは無縁のデンマーク語では **g**æst［ゲスト ĝɛsd̥］である。Gerd という女名はスウェーデン人では「イェード」だが，ノルウェー人ならば「ゲルド」（または「イェルド」）となる。ブークモールでは口蓋化の有無に異同があり，地域差も大きい。文豪イプセン（Ibsen）の戯曲で，グリーグ（Grieg）の組曲として有名な Peer **G**ynt の『ペール・ギュント』には，人名の姓として「ユント」の発音もある。なお，e［（弱い）エ ə］が続く無アクセント音節では，Norge［ˇノルゲˇ nɔrgə］「ノルウェー」のようにブークモールでは口蓋化が起こらない。スウェーデン語でも原則として同様だが，-rg は［rj リ］と発音するので Norge［´ノリエ ˈnɔrjə］「ノルウェー」となり，Sverige［´ス

ヴェリエ ´sværjə]「スウェーデン」の例もある。フェーロー語でも,「{k / g / sk} + {i / y / e / ey}」以外では, j をはさんで口蓋化音を示す。例. G*ö*teborg「イェテボリ」(-borg を強く発音。スウェーデン第2の都市), Lin*k*öping「リンヒェーピング」(スウェーデンの都市), S*k*älderviken「シェルデルヴィーケン, フェルデルヴィーケン」(スウェーデン南部の入江), *Kj*elland「ヒェッラン」(ノルウェーの作家), *Gj*øvik「イェーヴィーク」(ノルウェー南部の都市), S*k*i「シー」(ノルウェー南部の自治体), *G*eysir「ギェイシル」(正しくは「ギェイスィル」, アイスランドの地名・間欠泉), *K*eflavík「キェプラヴィーク」(アイスランドの国際空港. -fl-[プル b̥l])、*K*ir*kj*ubøur「チルチュベーヴル」(フェーロー諸島の司教座所在地)。

14.4. 北ゲルマン語のアクセント—高さアクセントと声門狭め音

最後に, アクセントに触れておこう。アイスランド語はゲルマン語で唯一, かつての語頭アクセントを保っているが, 大陸北ゲルマン語は従来の「強さアクセント」(強勢アクセント, stress accent, [´]) に加えて, 「高さアクセント」(pitch accent, [ˇ], 音楽的アクセント (musical accent)) もあわせもつパターンを発達させた。ただし, デンマーク語はおそらく高さアクセントを廃して, 「声門狭め音」(デ stød, [ʔ]) を得た。これは「声門閉鎖音」(glottal stop) ともいうが, 「ハイッ!」, 「寒っ!」の語末のような完全な閉鎖ではなく, 声帯の緊張を伴う狭め音である*⁹。強さアクセントをもつ音節で有声音の後に現れ, 「短母音+有声子音+[ʔ]」(例. デ hund [フン ʔ hunʔ]「犬」) と「長母音+[ʔ]」(例. デ hus [フー ʔ ス huːʔs]「家」) の2種類がある。複合語の後半部や最終音節に強さアクセントがある外来語などを除いて, 古くは2音節以上で, 現在でも2音節以上の語には現れない (例. デ huse [フーセ ˈhuːsə]「収容する」, hundse [**ホンセ** ˈhɔnsə]「いじめる, 犬扱いする」↔ bog [ボー ʔ ウ b̥oːʔŭ]「本」< 古ノ bók, bøger [**ベ**ー ʔ (ィ) アー ˈb̥øːʔ(j)ɒ]「本(複数形)」< 古ノ bœkr)。声門狭め音の有無で意味が異なる語もあるが (例. デ hund [フン ʔ hunʔ]「犬」↔ hun [フン hun]「彼女, 雌」), あまり多くない。gå ud「外出する」(英 go out) のような句動詞では, gå の声門狭め音が失われ, 強く発音する ud だけに

---

*⁹ ユトラント半島西部の西ユトラント方言では, 声門が完全に閉鎖される。リングゴー (清水 訳 1995: 55f.) を参照。

出るように，語句のまとまりを表示する役目もある。

　スウェーデン語，ブークモール，ニューノシュクの高さアクセントは，デンマーク語の声門狭め音とは逆に，古くは2音節以上で，現在でも2音節以上の語に現れる。言語差や方言差も大きいが，標準的なブークモールを例にとると，高さアクセントをもたない語では，強さアクセントをもつ部分は低く始まり，弱まるにつれて高くなる（強低・上昇（↗）, 例.↗bønn［´⊗ン ˈbœn:］「祈り」[*10],↗bønder［´⊗ンネル ˈbœn:ər］「農夫（複数形）」）。つまり，強さアクセントは接語（クリティク）を除くすべての語に備わっているが，英語やドイツ語と違って，強い部分は低く，弱い部分は高い。2音節以上の語は，高さアクセントをもつ語と，古くは1音節語だったためにそれをもたない語に分かれる。無アクセントの接頭辞をもつ語や一部の外来語を除いて，2音節以上の語では，一般に第1音節に強さアクセント（複合語では主アクセント）がある場合が多い。そのような語では，高さアクセントももつ場合には，前半の「強く低く始まって高くなる」（強低・上昇（↗））部分が「強く高く始まって低くなる」（強高・下降（↘））パターンに変わる。無アクセント（複合語では副アクセント）の後半部分は，引き続き高くなる（弱高・上昇（（↗））。つまり，強さアクセントをもつ前半部分の音節では，高さが上昇するパターン（↗）から下降するパターン（↘）に変わり，弱音節で上昇するパターンが続く（強高・下降＋弱低・上昇（↘↗）（例.↘bøn↗ner（= bønner）［ˇ⊗ンネル ˇbœn:ər］「豆（複数形）」）。

　① 1音節語
　　強さアクセントのみ：強低・上昇（↗）
　　例.ブ↗bønn［´⊗ン ˈbœn:］「祈り」
　② 2音節以上の語
　　強さアクセントのみ：強低・上昇（↗）
　　例.ブ↗bønder［´⊗ンネル ˈbœn:ər］「農夫（複数形）」
　　強さアクセント＋高さアクセント：強高・下降＋弱低・上昇（↘↗）
　　例.ブ↘bøn↗ner（= bønner）［ˇ⊗ンネル ˇbœn:ər］「豆（複数形）」

[*10] 1音節語では［ˊ］の記号をふつう省くが，以下の用例では記すことにする。

一方，標準スウェーデン語では，声の高さが語末（または文末）で低くなる傾向があり，イントネーションのパターンが異なる。そこで，強さアクセントだけをもつ語は「強低・上昇＋弱低・下降（↗↘））」，高さアクセントももつ語は後半の弱く低い部分が高くなり，再び低くなる（強高・下降＋弱高・上昇＋下降（↘↗↘））」。

このように，高さアクセントと声門狭め音の分布は，古ノルド語期の音節数と関係がある。スウェーデン語，ブークモール，ニューノシュクの高さアクセントはかつての2音節以上の語に現れ，デンマーク語の声門狭め音はかつての1音節語に現れる。両者は歴史言語学的には相補分布をなす現象だが，現代語では音節数の変化を受けて，予測できないことがある。ともに語の意味を区別する機能は強くなく，地域差も激しい。南部とボーンホルム島（デ Bornholm）のデンマーク語方言には声門狭め音がなく，フィンランドのスウェーデン語は高さアクセントを欠いている。以上の点で日本語のアクセントと類似点がある。

たとえば，スウェーデン語の anden［´アンデン ´andən］「カモ」と anden［ˇアンデンˇandən］「魂」は，高さアクセントの有無で区別されるように見える。しかし，その構成は，「1音節語 and［´アンド ´and］「カモ」＋定冠詞 -en」にたいして，「2音節語 ande［ˇアンデˇandə］「魂」＋定冠詞 -n (-en ←-e ＋-en)」である。つまり，異なる2語から成り立っており，2次的な対立にすぎない。デンマーク語の anden［エン？エン ˈænʔən］「カモ」↔ anden［エネン ˈænən］「他者」も，前者は「1音節語 and［エン？æn?］「カモ」＋定冠詞 -en」の2語，後者は1語の anden「他者」である。

次に，ブークモールで「農夫が豆を食べた」は Bøndene spiste bønnene.［´⊗ンネネ ˇスピーステ ˇ⊗ンネネ ´bœːnənə ˇspiːstə ˇbœːnənə］という。高さアクセントを間違えると，どちらが何を食べたかわからなくて大変なことになる，などといわれるが，「豆が農夫を食べた」ということはあり得ないので，心配はいらない。まず，bøndene［´⊗ンネネ ´bœːnənə］「農夫（＝その農夫たち）」は，bonde［ˇブンネˇbunːə］「農夫」の複数形 bønder［´⊗ンネル ´bœːnər］に名詞に後置する定冠詞 -ne を接語化したものである（bøndene ← bønder ＋-ne）。一方，bønnene［ˇ⊗ンネネˇbœːnənə］は，bønne［ˇ⊗ンネˇbœːnə］「豆」の複数形 bønner［ˇ⊗ンネルˇbœːnər］に定冠詞 -ne を接語化したもので（bønnene ← bønner ＋-ne），構成が異なる。bønder［´⊗ンネル ´bœːnər］「農夫（複数形）」が高さアクセントをもたないのは，古ノルド語で bóndi「農夫」（ブ bonde）の複数形 bœndr が1音節語だったことによる。ブー

クモールの bønder は，後の時代に -e- が「母音挿入」(14.3.) されて 2 音節になった。スウェーデン語，デンマーク語と比較してみよう。

① 古ノ　2 音節語 bóndi「農夫」↔ 1 音節語 bœndr「農夫たち (複数形)」
　　ブ　　高さアクセント bonde [ˇブンネ ˇbunːə] ↔ bønder [ˊ㋹ンネル ˊbœnːər]
　　ス　　高さアクセント bonde [ˇブンデ ˇbʊndə] ↔ bönder [ˊ㋹ンデル ˊbøndər]
　　デ　　bonde [ボネ ˈbɔnə] ↔ 声門狭め音 bønder [㋹ン？アー ˈbœnʔɒ]
② 古ノ　2 音節語 *bauna < baun「豆」↔ 2 音節語 baunir「豆 (複数形)」
　　ブ　　高さアクセント bønne [ˇ㋹ンネ ˇbœnːə]
　　　　　↔ 高さアクセント bønner [ˇ㋹ンネル ˇbœnːər]
　　ス　　高さアクセント böna [ˇ㋹ーナ ˇbøːna]
　　　　　↔ 高さアクセント bönor [ˇ㋹ーヌル ˇbøːnur]
　　デ　　bønne [㋹ネ ˈbœnə] ↔ bønner [㋹ナー ˈbœnɒ]

最後に，低地ドイツ語からの借用語に触れておこう。大陸北ゲルマン語は中世後期にハンザ同盟を通じて，低地ドイツ語から甚大な影響を受けた (10.1.)。その時代に借用された代表的な低地ドイツ語起源の無アクセント接頭辞に，be- (英/ド be-) と for-/för (英 for-, ド ver-) がある。上述のように，古くから 2 音節以上の語は，スウェーデン語とブークモールでは高さアクセントをもち，デンマーク語では声門狭め音を欠く。しかし，無アクセント接頭辞による派生語は例外的に高さアクセントをもたず，声門狭め音を示し，借用語の目印になっている。

① ス　gripa [ˇグリーパ ˇgriːpa]「つかむ」(英 grip, ド greifen)
　　　↔ **be**gripa [ベˊグリーパ beˊgriːpa]「理解する」(ド begreifen)
　　ブ　gripe [ˇグリーペ ˇgriːpə] ↔ **be**gripe [ベˊグリーペ beˊgriːpə]
　　デ　gribe [**グリーベ** ˈgʁiːbə] ↔ **be**gribe [ベグリー？ベ bəˈgʁiːʔbə]
② ス　binda [ˇビンダ ˇbɪnda]「結ぶ」(英 bind, ド binden)
　　　↔ **för**binda [フ㋳ルˊビンダ fœrˊbɪnda]「関係づける」(ド verbinden)
　　ブ　binde [ˇビンネ ˇbinːə] ↔ **for**binde [フォ (ル) ˊビンネ fɔ(r)ˊbinːə]
　　デ　binde [**ベネ** ˈbenə] ↔ **for**binde [フォベン？エ fɔˈbenʔə]

14.5. 現代語の文字と発音 (1)

14.5.1. スウェーデン語

　スウェーデン語の発音はデンマーク語とはかなり異なり，ノルウェー語ブークモールに近い (14.1.)。少数の語の au, eu を除いて，二重母音がほとんどない点が特徴のひとつである。ここでは，メーラレン湖周辺のストックホルム首都圏の標準発音を中心に示す。

　強さアクセントをもつ音節の母音と子音の長短は，原則として「音節均衡の原則」(14.2.) に従う。長子音は，一部の m と n を除いて，子音字を重ねて表すので (例. vä*g* [ヴェーグ vɛ:g]「道」↔ vä*gg* [ヴェッグ vɛg:]「壁」)，1つの子音字で代表させる (例. g で g / gg を代表させる)。ただし，ta*k* [ターク tɑ:k]「屋根」↔ ta*ck* [タック tak:]「感謝」のようにつづりが異なる場合は，k と ck の両方を示す。強さアクセントだけをもつ語は「´」，高さアクセント (14.4.) ももつ語は「ˇ」で示す。代名詞など一部の機能語や固有名詞に見られる例外的なつづりと発音は除く。強さアクセントは主アクセントだけを記し，副アクセントは省略する。他の言語も同様である。c, q, w, z の文字は外来語や一部の固有名詞に限られるので，割愛する。ノルウェー語ブークモールとデンマーク語では，x も含まれる。

[母音字とその発音]

　a [(前寄りの) ア a] / [(後寄りの) アー ɑ:]
　　D*a*l*a*rna [ˇダーラナ ˇdɑ:lana] (地名)
　e [(広い) エ ɛ] (〜 [(狭い) エ e])*11 / [(非常に広い) エ æ] (r の直前で) / [(狭い) エー e:] / [(非常に広い) エー æ:] (r の直前で) / [(弱い) エ ə] (無アクセント音節)
　　H*e*lsingborg [ヘルスィング´ボリ hɛlsɪŋ´bɔrj] <ヘルシングボリ> (地名)，Sv*e*rig*e* [´スヴェリエ ´sværjə] <スウェーデン>，Bl*e*king*e* [ˇブレーキンゲ

---

*11 [(広い) エ ɛ] と [(狭い) エ e] は，[(広い) エ ɛ] に統一される傾向が強いので，[(広い) エ ɛ] として示す。ストックホルム首都圏では，ä [(広い) エー ɛ:] と e [(狭い) エー e:] が北部のドイツ語のように [(狭い) エー e:] に統一される傾向がある。

ˇbleːkɪŋə］（地名），Per［ペール pæːr］（男名）
i［イ ɪ］/［イー iː］
　vikingar［ˇヴィーキンガル ˇviːkɪŋar］＜ヴァイキング＞（viking の複数形）
o［ウ u］（強さアクセントをもつ音節の直前などで）/［オ ɔ］/［ウー uː］（単子音の直前，語末などで）/［オー oː］
　Borås［ブˊロース buˊroːs］（地名），Nobel［ノˊベル nɔˇbɛlː］（厳密には［ノˊベッル］）＜ノーベル＞（科学者），Norrbotten［ˇノルボッテン ˇnɔrːbɔtːən］（厳密には［ˇノッルボッテン］，地名），Mora［ˇムーラ ˇmuːra］（地名），Solna［ˇソールナ ˇsoːlna］（地名）
u［ウ ɵ］/［（広い）ユー ʉː］
　Lund［ルンド lɵnd］（地名），Umeå［ˊユーミョ，ˇユーメオー ˊʉːmjɔ, ˇʉːmɵɔ, ˇʉːmɵoː］＜ウメオ＞（地名）
y［ユ ʏ］/［（狭い）ユー yː］
　Ystad［ˊユースター（ド）ˊyːstɑː(d)］（地名）
å［オ ɔ］/［オー oː］
　Åland［ˊオーラン（ド）ˊoːlan(d)］（島），Ånge［ˇオンゲ ˇɔŋə］（島）
ä［（広い）エ ɛ］/［（非常に広い）エ æ］（r の直前で）/［（広い）エー ɛː］/［（非常に広い）エー æː］（r の直前で）
　Mälaren［ˇメーラレン ˇmɛːlarən］（湖），Värmland［ˊヴェルムラン（ド）ˊværmlan(d)］（地名）
ö［（狭い）エ ø］/［（狭い）エー øː］/［（広い）エ œ］（r の直前で）/［（広い）エー œː］（r の直前で）
　Götaland［ˇイェータラン（ド）ˇjøːtalan(d)］（地名），Skanör［スカˊネール skanˊœːr］（地名）
au［アウ au］（少数の語で），eu［エウ ɛu〜eɵ］/［エヴ ɛv〜ev］（少数の語で）
　August［ˇアウグスト，ˊアウグスト ˇaugɵst, ˊaugɵst］（男名），Europa［エウˊルーパ ɛuˊruːpa, エ（ウ）ˊルーパ e(ɵ)ˊruːpa］＜ヨーロッパ＞

［子音字とその発音］
　b［ブ b］

Bräcke [ˇブレッケ ˇbrɛkːə] (地名)
d [ド d] / [ゼロ] (n や長母音の直後などでしばしば) / dj [ィ j]
Duved [ˇデューヴエード ˇdʉːv-eːd] (地名), Djurö [ˇユール㋔ー ˇjʉːr-øː] (地名)
f [フ f]
Falun [ˇファールン ˇfɑːlən] (地名)
g [グ g] (下記の g [ィ j] 以外で), gn [ングン ŋn]
Gotland [´ゴトラン (ド) ´gɔtlan(d)] (島), Ragnar [´ラングナル ´raŋnar] (男名)
g [ィ j] (強さアクセントをもつ音節の前舌母音 e, i, y, ä, ö の直前で), gj [ィ j]
Gävle [´イェーヴレ ´jɛːvlə] (地名)
h [ハ h], hj [ィ j]
Halland [´ハッラン (ド) ´halːan(d)] (地名), Hjalmar [´ヤルマル ´jalmar] (男名)
j [ィ j] / [フ fj, シ ʃ] (外来語, 固有名詞で)
Jämtland [´イェムトラン (ド) ´jɛmtlan(d)] (地名)
k [ク k] (下記の k [ヒ ɕ] 以外で), ck [ック kː]
Kalmar [´カルマル, ˇカルマル ´kalmar, ˇkalmar] (地名), Stockholm [ˇストックホルム, ´ストッコルム ˇstɔkːhɔlm, ´stɔkːɔlm] (地名)
k [ヒ ɕ] (強さアクセントをもつ音節の前舌母音 e, i, y, ä, ö の直前で), kj [ヒ ɕ]
Kävlinge [ˇヒェヴリンゲ ˇɕɛvlɪŋə] (地名), Kjell [ヒェル ɕɛlː] (男名)*12
l [ル l], lj [ィ j], lg [リ lj]
Luleå [´リューリョ, ˇリューレオー ´lʉːljɔ, ˇlʉːlɜoː] <ルーレオ> (地名),
Ljusnan [ˇユースナン ˇjʉːsnan] (川)
m [ム m]
Malmö [ˇマルム㋔ー, ˇマル㋲ (ー) ˇmalm-øː, ˇmal(ː)mø(ː)] <マルメ> (地名)
n [ン n], ng [ング ŋ], nk [ンク ŋk]
Nynäshamn [ニューネス´ハムン nyːnɛs´hamn] (地名), Linköping [ˇリンヒ㋔ーピング ˇlɪnːɕøːpɪŋ] (地名)

---

*12 カナ発音では, 語末または複合語の成分末の長子音 [lː], [mː], [nː], [rː], [sː] は短子音として表記する。Kjell は [ヒェッル] とはせず, Linköping, Norrköping も [リンヌヒ㋔ーピング], [ノッルヒ㋔ーピング] とはしない。ノルウェー語とアイスランド語でも同様である。

第 4 章　現代ゲルマン諸語の文字と発音　165

p［プ p］
　　U*pp*sala［ˇウップサーラ ˇɵp:sɑ:la］＜ウプサラ＞(地名)
r［ル r］(舌先ふるえ音(または，はじき音［ɾ］))，南部では軟口蓋ふるえ音［ʀ］または摩擦音［ʁ］/ rg［リ rj］
　　No*rr*köping［ˇノルヒ㋐ーピング ˇnɔr:çø:pɪŋ］(地名)，Ånge*r*manland［´オンゲルマンラン(ド) ´ɔŋ:ərmanlan(d)］(地名)，Göteb*org*［イ㋐テ´ボリ jøtə´bɔrj］(地名)
rd［ド ɖ］, rl［ル ɭ］, rn［ン ɳ］, rs［シ ʂ］(sj / sk(j) / stj［シ ʃ］と混同される傾向が強い)，rt［ト ʈ］(以上，そり舌音)
　　Djurgå*rd*en［ˇユールゴーデン ˇjʉ:rgo:ɖən］(地名)，Ka*rl*［カール kɑ:ɭ, kɑ:l］(男名)，Vätte*rn*［´ヴェッテン ´vɛt:əɳ］(湖)
　　Helsingfo*rs*［ヘルスィング´フォッシ hɛlsɪŋ´fɔʂ:］＜ヘルシンキ＞(地名)
s［ス s], sj［フ fj, シ ʃ］(［シ ʃ］は，rs［シ ʂ］と混同される傾向が強い)
　　*Si*ljan［ˇスィリヤン ˇsɪljan］＜シリヤン＞(湖)，*Sj*ölin［フ㋐´リーン, シ㋐´リーン fjø´li:n, ʃø´li:n］(姓)
sk［スク sk］(下記の sk［フ fj, シ ʃ］以外)
　　*Sk*åne［ˇスコーネ ˇsko:nə］(地名)
sk［フ fj, シ ʃ］(強さアクセントをもつ音節の前舌母音 e, i, y, ä, ö の直前で)，skj［フ fj, シ ʃ］(［シ ʃ］は，rs［シ ʂ］と混同される傾向が強い)
　　*Sk*ene［ˇフエーネ，ˇシェーネ fjeːnə, ˇʃeːnə］(地名)
st［スト st], stj［フ fj, シ ʃ］(［シ ʃ］は，rs［シ ʂ］と混同される傾向が強い)
　　*St*rindberg［ˇストリンドベリ ˇstrɪndbærj］(作家，姓)，*Stj*ärnhov［フエン´ホーヴ，シェン´ホーヴ fjɛŋ´hoːv, ʃɛŋ´hoːv］(地名)
t［ト t], tj［ヒ ç］
　　Rä*tt*vik［´レットヴィーク ´rɛt:viːk］(地名)，*Tj*örn［ヒ㋐ーン çœːɳ］(島)
v［ヴ v］
　　Gusta*v* *V*asa［ˇグスタヴ ˇヴァーサ ˇgɵstav ˇvɑːsa］(国王)
x［クス ks］
　　Kali*x*［´カーリクス ´kɑːlɪks］(地名)

14.5.2. ノルウェー語ブークモール

　ノルウェー語ブークモールは 19 世紀末以降，数多くの正書法改革を経験し，ニューノシュクとの関係からも言語規範が大きく変動した (10.3.)。話者は一般に地域的特徴に寛容で，とくに発音の規範はゆるやかである。ここでは，標準的とされるオスロ周辺の東部方言 (ブ standard østnorsk) に準拠して，その発音を示す。ただし，地名の用例は全国に及ぶので，Sandnes / Stemshaug (1997[4]) を参考にして示す。ブークモールは，発音は別として，字面ではデンマーク語にかなり似ている (14.1.)。両者を見分けるコツには，閉鎖音の軟音化 (14.3., p / t / k ＞ b / d / g) の欠如による p, t, k の保持，動詞の不定詞標識 (ブ å gå↔デ at gå「行く」，英 to go)，英語の of にあたる前置詞 (ブ av「～の・から」↔デ af) などがある。

　強さアクセントをもつ音節の母音と子音の長短は，原則として「音節均衡の原則」(14.2.) に従う。長子音は，一部の m と n を除いて，子音字を重ねて表すので，スウェーデン語の場合と同様に，1 つの子音字で代表させる。強さアクセントだけをもつ語は「´」，高さアクセント (14.4.) ももつ語は「ˇ」で示す。以下では成節子音 (8.1.) の表記は用いず，あいまい母音 e [ə] と l, r, m, n の連続で示す。

[母音字とその発音]

　a [ア ɑ] / [アー ɑː]
　　Stavanger [スタ´ヴァンゲル stɑ´vɑŋːər] (地名)，Abel [´アーベル ´ɑːbəl] (数学者)
　e [(広い) エ ɛ] / [(非常に広い) エ æ] (r の直前で) / [(狭い) エー eː] / [(非常に広い) エー æː] (r の直前で) / [(弱い) エ (など) ə] (無アクセント音節で)
　　Helge [ˇヘルゲ ˇhɛlgə] (女名)，Bergen [´ベルゲン ´bærgən] (地名)，Hedmark [ˇヘードマルク ˇheːdmɑrk] (地名)
　i [イ i] / [イー iː]
　　Sigrid [ˇスィグリ ˇsigri] ＜シグリッド＞ (女名)
　o [ウ u] / [ウー uː] / [オ ɔ] / [オー oː]
　　Norden [ˇヌルデン ˇnurdən] ＜北欧＞，Norge [ˇノルゲ ˇnɔrgə] ＜ノルウェー＞，Nordkapp [ˇヌールカップ ˇnuːrkɑp]

u［(広い)ユ ʉ］(弱音節では［ウ］と表記することもある)／［(広い)ユー ʉː］
　Sunnmøre［ˇスュン㊎ーレ ˇsʉnːmøːrə］(地名)

y［(狭い)ユ y］／［(狭い)ユー yː］
　Mysen［ˇミューセン ˇmyːsən］(地名)

å［オ ɔ］／［オー oː］
　Ålesund［ˇオーレスュン(ド) ˇoːləsʉn(d)］＜オーレスン＞(地名)

æ［(広い)エ ɛ］／［(非常に広い)エ æ］(rの直前で)／［(広い)エー ɛː］／［(非常に広い)エー æː］(rの直前で)
　Ænes［ˇエーネス ˇɛːnɛs］(地名), Nærbø［ˇネール㊫ー ˇnæːrbøː］(地名)

ø［㋓ œ］／［㋓ー øː］
　Grønland［´グ㋸ンラン ´grœnːlɑn：］＜グリーンランド＞

au／eu［ア㋑ æʉ］(カナによる的確な表記は困難である)
　August［ア㋑´ギュスト, ˇア㋑ギュスト æʉ´gʉst, ˇæʉgʉst］(男名), Europa［ア㋑´ルーパ æʉ´ruːpɑ］＜ヨーロッパ＞

ei／eg［アイ æi］(［エイ］よりも［アイ］に近い)
　Trondheim［ˇトロンハイム, ˇトロンイェム ˇtrɔnːhæim, ˇtrɔnːjæm］(地名)

øy／øg［(広い)㋓㋑ øy］
　Brønnøysund［ˇブレン㋓㋑スュン ˇbrœnːøysʉn：］(地名)

［子音字とその発音］

b［ブ b］
　Bodø［ˇブー㊐ー ˇbuːdøː］(地名) ただし, Ibsen［´イプセン ´ipsən］(作家, 姓)

d［ド d］／［ゼロ］(n, l, rと(長)母音の直後で)
　Sandefjord［ˇサンネフュール ˇsanːəfjuːr］(地名), Gunnhild［ˇギュンヒル, ˇギュンニル ˇgʉnː(h)ilː］(女名), Grimstad［ˇグリムスタ(ー) ˇgrimstɑ(ː)］(地名), Ingrid［ˇイングリ ˇiŋri］＜イングリッド＞(女名)
　ただし, Trøndelag［ˇト㋸ンデラ(ー)グ ˇtrœndɑlɑ(ː)g］(地名), Vardø［ˇヴァル㊐(ー) ˇvɑrdø(ː)］(地名)

f［フ f］
　Flekkefjord［ˇフレッケフュール ˇflɛkːəfjuːr］(地名)

g［グ g］(i, y, ei, øy の直前以外で), gn［ングン ŋn］
　　Gullfjellet［ˇギュルフィエッレ ˇgʉlːfjɛlːə］(地名), Sognefjorden［ˇソン（グ）ネ
　　フューレン ˇsɔ(ŋ)nəfjuːrən］＜ソグネフィヨルド＞(地名)
g［ィ j］(強さアクセントをもつ音節の i, y, ei, øy の直前で)／[ゼロ](ei, au の直後
　　でしばしば；-ig, -lig など), gj［ィ j］
　　Solveig［ˇスールヴァイ（グ）ˇsuːlvæi(g)］＜ソルヴェイグ＞(女名), Gjøvik
　　［ˇイ㋓ーヴィーク ˇjøːviːk］(地名)；ただし, Geiranger［ˇガイランゲル, ˇヤイ
　　ランゲル ˇgæiraŋər, ˇjæiraŋər］(地名), Peer Gynt［ペール ギュント, ペール ユ
　　ント pæːr gynt, pæːr jynt］(戯曲・楽曲)
h［ハ h］, hj［ィ j］, hv［ヴ v］
　　Hammerfest［ˇハンメ（ル）フェスト ˇhamːə(r)fɛst］(地名), Hjelmeland［ˇイェ
　　ルメラン ˇjɛlməlɑnː］(地名), Hvasser［ˇヴァッセル ˇvasːər］(地名)
j［ィ j］
　　Jon［ユーン juːn］(男名), Mjøsa［ˊミ㋓ーサ ˊmjøːsɑ］(地名)
k［ク k］(前舌母音 e, i, y, ä, ö の直前以外で)
　　Kristiansand［クリスティアンˊサン kristjɑnˊsɑnː］(地名)
k［ヒ ç］(i, y, ei, øy の直前で), kj［ヒ ç］
　　Kirkenes［ˇヒルケネ(ー)ス ˇçirkənɛːs, ˇçirkənɛsː］(地名), Steinkjer［ˇスタイン
　　ヒェ(ー)ル ˇstæinçæ(ː)r］(地名)
l［ル l］, lj［ィ j］
　　Lillehammer［ˇリッレハンメル ˇlilːəhɑmːər］＜リレハメル＞(地名), Ljabru
　　［ˊヤーブリュー ˊjɑːbrʉː］(地名)
m［ム m］
　　Drammen［ˊドランメン ˊdrɑmːən］(地名)
n［ン n］, ng［ング ŋ］, nk［ンク ŋk］
　　Narvik［ˇナルヴィーク ˇnɑrːviːk］(地名), Grong［グロング grɔŋː］(地名)
p［プ p］
　　Lappland［ˊラップラン ˊlɑpːlɑnː］＜ラップランド＞(地名)
r［ル r］(舌先ふるえ音（または, はじき音［ɾ］), 南部・西部では口蓋垂ふるえ音
　　［ʀ］または摩擦音［ʁ］)

*R*ogaland [ˇルーガラン ˇruːɡɑlɑn:] (地名), Kongsvinge*r* [´コングスヴィンゲル, コングスˊヴィンゲル ˊkɔŋsviŋːər, kɔŋsˊviŋːər] (地名)

rl [ル l̩], rn [ン n̩], rs(j) [シ ʂ] (sj / sk [シ ʃ] と混同される傾向が強い), rt [ト ʈ], (rd [ド ɖ]) (そり舌音；r が舌先ふるえ音の場合のみ；例外あり)

Blinde*rn* [ˇブリンネン ˇblinːæn̩] (地名), K*a*rl [カール kɑːl̩] (男名), Ake*rs*hus [ア (ー) ケシˊヒュース ɑ(ː)kəʂˊhʉːs] (史跡)

s [ス s], sk [スク sk] (i, y, ei, øy の直前以外で), st [スト st], stj [スティ stj]

*S*andes [ˇサンネス ˇsɑnːɛs] (地名), *Sk*agerak [´スカーゲラック ˊskɑːɡərɑkː] (海峡), A*sk*er [ˇアスケル ˇɑskər] (地名), *Stj*ørdal [ˇスティ㊁ダール ˇstjødɑːl] (地名)

sk [シ ʃ] (i, y, ei, øy の直前で), skj / sj [シ ʃ] (rs(j) [シ ʂ] と混同される傾向が強い)

*Sk*i [シー ʃiː] ＜スキー＞ (地名；競技), A*sk*im [ˇアッシム ˇɑʃːim] (地名), *Skj*erjehamn [ˇシェリェハムン ˇʃɛrjəhɑmn] (地名), Mo*sj*øen [´ムーシ㊁ー (エ) ン ˊmuːʃøː(ə)n] (地名)

sl [スル, (シル) sl, (ʃl)]

*O*slo [ˇウスル, (ˇウシル) ˇuslu, (ˇuʃlu)] ＜オスロ＞ (地名)

t [ト t] / [ゼロ] (定冠詞・語尾 -et [(弱い) エ ə]), tj [ヒ ç]

*T*romsø [ˇトルムス㊁ (ー), ˇトルム㊁ (ー) ˇtrums(-)øː)] ＜トロムソ＞ (地名), Ves*tl*andet [ˇヴェストランネ ˇvɛstlɑnːə] (地名), *Tj*elta [ˇヒェルタ ˇçɛltɑ] (地名)

v [ヴ v]

*V*ei*v*atnet [´ヴァイヴァトネ ˊvæivɑtnə] (湖), Ola*v* [ˇウーラヴ ˇuːlɑv] (男名)

14.5.3. デンマーク語

デンマーク語はゲルマン語の中で最も聞き取りにくい言語といわれる。学習者の反応は概して冷ややかで，アンデルセンの童話にあこがれてテキストの録音を聞いたものの，がっかりしたという感想をよく耳にする（アンデルセン自身は，母語の美しさを熱烈に賛美する詩を作っている）。正書法も複雑で，文字との対応があいまいである。母音は数が多く，子音の一部は軟音化（14.3.）を起こし，語頭以外の d, h, g, v は発音しない場合も少なくない。ユトラント半島と多数の島の方言に大別されるが，下位方言相互の相違も大きい（リングゴー（清水訳）1995）。ここでは，コペンハーゲン首都圏を中心とする標準発音を記す。

デンマーク語には，他の北ゲルマン語と違って，「音節均衡の原則」（14.2.）が存在しない。閉鎖音は，アイスランド語やフェーロー語と同様に有気音と無気音の対立である（14.3.）。デンマーク語の発音表記には，「ダーニア」（Dania）と呼ばれる伝統の影響が根強いが，本書では，できるだけ国際音声字母（IPA）による表記に近づける。以下では成節子音（8.1.）の表記は用いず，あいまい母音 e [ə] と l, r, m, n の連続で示す。

[母音字とその発音]

a [（非常に広い）エ æ]（歯（茎）音の直前などで）/ [（非常に広い）エー æ:]（同左）/ [（後寄りの）ア ɑ]（r の直前・直後で，唇音・軟口蓋音 (b, f, m, p, k, g, ng, nk) の直前などで）/ [（後寄りの）アー ɑ:]（同左）
Kastrup [ケストロプ ˈkʰæsd̥ʁob] ＜カストルップ空港＞，Danmark [デンマ（ー）ク ˈdænmɑ(ː)ġ]，Gade [ゲーゼ ˈgæːðə]（作曲家），Amager [アマー ʔ ˈɑmɑːʔ]（島）

e [（狭い）エ e]（音節末の d の直前で，有アクセント音節の直前などで）/ [（狭い）エー eː]/ [（広い）エ ɛ]/ [（広い）エー ɛː]（少数の語で）/ [（非常に広い）エ a]（[ア] に近い [エ]；r の直前・直後で）/（[（非常に広い）エー aː]（[アー] に近い [エー]；r の直前・直後で））/ [（弱い）エ（など）ə]（無アクセント音節で）
Vedbæk [ヴェズ ʔ ベク ˈveð̥ʔb̥eġ]（地名），Esbjerg [エスビェア ʔ (ウ) ˈɛsbjɑnʔ(ŭ)]（地名），Egeskov [エー（ィ）エスコウ ʔ ˈeː(j)əsgoŭʔ]（城），Ebeltoft [エーベル

第4章　現代ゲルマン諸語の文字と発音　171

トフト 'ɛːbəldɔfd̥](地名)

i [（狭い）エ e]（m, n, ng, g, k の直前などで）/[イ i]（有アクセント音節の直前で、r と接尾辞 -ig, -lig, -ist の直前などで）/[イー iː]

  Hels*i*ngør [ヘルセング㋓ー？ア hɛlseŋˈøːʔɒ̥] ＜ヘルシンゲーア＞（地名），
  H*i*mmerland [ヘマーレン？ ˈhemɒlænʔ]（地名），H*i*llerød [ヒレ㋜ズ ˈhiləʁœð]
  （地名），R*i*be [リーベ ˈʁiːbə]（地名）

o [（狭い）オ o]（少数の語，とくに有アクセント音節の直前で）/[（狭い）オー oː]（多数の語で）/[（広い）オ ɔ]（多数の語で）/[（広い）オー ɔː]（g, v の直前などで）/[（非常に広い）オ ɒ]（r の直前で）/[（非常に広い）オー ɒː]（r の直前で）

  K*o*lding [コレング ˈkʰɔleŋ]（地名），Kr*o*nborg [ク㋺ーンボー？（ウ）
  ˈkʰʁoːnbɒːʔ(ŭ)]（城），H*o*rsens [ホーセンス ˈhɒːsəns]（地名）

u [ウ u]（多数の語で）/[ウー uː]/[オ o]（m, n, ng, f, g, k の直前などで）

  G*u*dhjem [グズイェム？ ĝuðjɛmʔ]（地名），Gr*u*ndtvig [グロントヴィ ĝʁɔndvi]
  ＜グルントヴィ＞（教育者），G*u*denå [グー？ゼンオー？ ĝuːʔðənɔːʔ]（川）

y [ユ y]（多数の語で）/[ユー yː]（多数の語で）/[㋓ ø]（鼻音 m, n, ng の直前などで）

  G*y*ldendal [ギュル？エンデー？ル ĝylʔəndæːʔl] ＜ギュレンデール＞（姓, 出版社），L*y*ngby [㋷ングビュー？ ˈløŋbyːʔ]（地名）

æ [（広い）エ ɛ]/[（広い）エー ɛː]/[（非常に広い）エ a]（[ア] に近い [エ]；r の直前・直後で）/（[（非常に広い）エー aː]（[アー] に近い [エー]；r の直前・直後で））

  N*æ*stved [ネストヴェズ ˈnɛsdveð]（地名），J*æ*gersborg [イェー（ィ）アースボー（ウ）？ ˈjɛː(j)ɒsbɒːʔ(ŭ)]（地名）

ø [（狭い）㋓ ø]/[（狭い）㋓ー øː]/[（広い）㋓ œ]（m, n の直前などで）/[（広い）㋓ー œː]（m, n, r の直前などで）/[（非常に広い）㋓ ɶ]（r の直前・直後で）/（[（非常に広い）㋓ー ɶː]（r の直前・直後で））

  *Ø*stersøen [㋓スター㋜ー？エン ˈøsdɒsøːʔən] ＜バルト海＞，*Ø*m [㋓ム？ œmʔ]
  「エム」（地名），Br*ø*ndby [ブ㋷ンビュ（ー？）ˈbʁœnby(ːʔ)]（地名）

å [（広い）オ ɔ]/[（広い）オー ɔː]/[（非常に広い）オ ɒ]（r の直前で）/[（非常に広い）オー ɒː]（r の直前で）

Ålborg[オルボー ʔ (ウ) ˈɔlbɒ:ʔ(ŭ)](地名), Åbenrå[オーベンロー ʔ ɔːbənˈʁɔːʔ](地名), Århus[オーフー ʔ ス ˈɒːhuːʔs]＜オーフス＞(地名)

二重母音に準じた発音(後半部が[ウ ŭ]で終わるもの)：ag / av / af[アウ aŭ], og / ov[オウ ɔŭ], øv / eu[エウ œŭ], øv[エウ øŭ], ev / æv[エウ ɛŭ], ev / eb[エウ eŭ], iv[イウ iŭ], yv[ユウ yŭ]

København[(ケ)ベンハウ ʔ ン kʰøbənˈhaŭʔn]＜コペンハーゲン＞(地名), Tinglev[テングレウ ˈtʰeŋleŭ](地名), Bagsværd[バウスヴェー ʔ ア, バウスヴェア ʔ ˈbaŭsvɛːʔɒ, ˈbaŭsvaɒʔ](地名)

二重母音に準じた発音(後半部が[イ ĭ]で終わるもの)：eg / ig / aj / ej[アイ aĭ], øg / øj[オイ ɔĭ], uj[ウイ uĭ]

Blegdamsvej[ブライダムスヴァイ ʔ ˈblaĭdamsvaĭʔ](地名), Vejle[ヴァイレ ˈvaĭlə](地名), Højer[ホイ ʔ アー ˈhɔĭʔɒ](地名)

[子音字とその発音]

b[ブ b̥]/[ウ ŭ](上記の二重母音 eb[エウ eŭ])

Bornholm[ボ(ー)ンホル ʔ ム b̥ɒ(ː)nˈhɔlʔm](島)

d[ド d](語頭, 二重母音の直後, 接尾辞 -de, 発音する l, d の直後で)/[ズ ð](母音の直後で)/[ゼロ](属格を除く s と t の直前で, しばしば l, n, r の直後で), dd[ド d̥](少数の語で)

Djursland[デュー ʔ アスレン ʔ, デュア ʔ スレン ʔ ˈdjuːʔn̥slænʔ, ˈdjuŋʔslænʔ](地名), Odense[オー ʔ ゼンセ ˈoːʔðənsə](地名), Roskilde[ロスキレ ˈʁɔsɡ̊ilə](地名), Andersen[アナーセン ˈɑnɒsən]＜アンデルセン＞(作家), Limfjorden[リームフィヨー ʔ アン ˈliːmfjoːʔɒn](海峡)；ただし, Brandes[ブランデス ˈb̥ʁɑnd̥əs](文芸評論家)

f[フ f]/[ウ ŭ](接頭辞 af-[アウ aŭ]で)

Fyn[フュー ʔ ン fyːʔn](島)

g[グ ɡ̊](語頭, t の直前で)/[ゼロ](長母音の直後, 接尾辞 -ig で)/[ウ ŭ](上記の二重母音 ag[アウ aŭ], og[オウ ɔŭ], eg / ig[アイ aĭ], øg[オイ ɔĭ]で)

Georg[ゲーオウ ˈɡ̊eːɔŭ](男名), Skagen[スケー ʔ (ィ)エン ˈsɡ̊æːʔ(j)ən](地名), Slesvig[スレー ʔ スヴィ ˈsleːʔsvi]＜シュレースヴィヒ＞(地名)

第4章　現代ゲルマン諸語の文字と発音　173

h［ハ h］, hj［ィ j］, hv［ヴ v］
　　*H*olbæk［**ホル**ʔ**ベク** ˈhɔlʔbɛĝ］（地名）, *Hj*ørring［**イ**ⓔ**レング** ˈjœʁeŋ］（地名）
j［ィ j］/［イ i］（上記の二重母音 aj / ej［アイ ɑĭ］, uj［ウイ uĭ］で）
　　*J*ylland［**ユレン**ʔ ˈjylænʔ］＜ユトラント＞（半島）
k［ク kʰ］（語頭で）/［ク ĝ］（左記以外で）
　　*K*øge［**ケー**（ィ）エ ˈkʰøː(j)ə］（地名）
l［ル l］
　　*L*olland［**ロレン**ʔ ˈlɔlænʔ］（島）
m［ム m］
　　*M*ommark［**モマ**（ー）**ク** ˈmɔmɑ(ː)ĝ］（地名）
n［ン n］, ng［ング ŋ］, nk［ンク ŋĝ］
　　*N*yhav*n*［**ニュ**ハウʔ**ン** ˈnyhɑŭʔn］（地名）, Jell*ing*［**イエレング** ˈjɛleŋ］（地名）
p［プ pʰ］（語頭で）/［プ ḅ］（左記以外で）
　　*P*adborg［**ペズボー**ʔ（ウ） ˈpʰæðḅɒːʔ(ŭ)］（地名）
r［ル ʁ］（口蓋垂摩擦音, 音節初頭で）/［（弱い）ア（ー）ɒ］（無アクセントの -er, -re,
　-rer などで）/［（弱い）ア ɒ̥］（母音の直後で）/［ゼロ］（音節末のあいまい母音 e
　［ə］以外の母音の直後で）
　　*R*ande*r*s［**ラナース** ˈʁɑnɒs］（地名）, Kie*r*kegaa*r*d［**キアケゴー**ʔ ˈkʰiɒ̥ĝəĝɒːʔ］＜キ
　ルケゴール＞（哲学者）
s［ス s］, sj［シ ʃ］
　　*S*amsø［**サム**ⓢ**ー**ʔ ˈsɑmsøːʔ］（島）, *Sj*ælland［**シェレン**ʔ ˈʃɛlænʔ］（島）
t［ト tʰ］（語頭で）/［ド d̥］（左記以外で）/［ズ ð］（定冠詞・語尾 -et［（弱い）エズ
　əð］で）
　　*T*ønder［**テン**ʔ**アー** ˈtʰønʔɒ］＜テナー＞（地名）, *T*ivoli［**ティヴォリ** ˈtʰivoli］＜
　チヴォリ＞, St*r*øg*et*［**ストロイ**ʔ**エズ** ˈsd̥ʁɒĭʔəð］（コペンハーゲンの繁華街）
v［ヴ v］（語頭, 子音・長母音の直後で）/［ゼロ］（しばしば l の直後で）/［ウ ŭ］（上
　記の二重母音 av［アウ ɑŭ］, ov［オウ ɔŭ］, øv［ⓔウ œŭ］/［ⓔウ øŭ］, ev / æv［エウ
　ɛŭ］, ev［エウ eŭ］, iv［イウ iŭ］, yv［ユウ yŭ］で）
　　*V*iborg［**ヴィボー**ʔ（ウ） ˈviḅɒːʔ(ŭ)］（地名）

14.5.4. アイスランド語

　アイスランド語には明確な方言区分が認めがたいが，発音には地域的特徴が存在する。それでも，意思疎通を阻害するほどではなく，1930/40年代の標準発音制定の試みは頓挫し，現在でも定められていない。ここでは，人口の約6割が集中しているレイキャヴィーク首都圏の発音を記す（清水 2011）。

　有アクセント音節の母音と子音の長短は，「音節均衡の原則」(14.2.) に従うが，「{p/t/k/s}＋{v/j/r}」の直前の母音は長い。子音字の重複は，長子音の発音とは異なることがある（例. pp [フプ hb̥]（前気音），ll [トル dl̥, dl̥]）。複合語と派生語では，無アクセント音節が介在しない場合に，長音化が起こらないことがある（例. Dalvík [ダルヴィク ˈdalviɣ̊]（地名）← dalur [ダールル ˈdaːlʏr] ＋ vík [ヴィーク viːɣ̊]）。閉鎖音は，デンマーク語と同様に有気音と無気音の対立である (14.3.)。あいまい母音の [（弱い）エə] はなく，強さアクセントはつねに語頭音節にある。カナ表記では区別できないが，l, m, n にも有声音 [ル l], [ム m], [ン n] と無声音 [ル l̥], [ム m̥], [ン n̥] がある。

[母音字とその発音]

　a [ア a] / [アー aː]
　　Kv*ar*an [**クヴァー**ラン ˈkʰvaːran]（姓）
　á [アウ au] / [アウ auː]
　　Gr*á*g*á*s [**グラウ**ガウス ˈɣ̊rauːɣ̊aus]（中世の法律書）
　au [エイ œy] / [エイ œyː]
　　H*au*kur [**ヘイ**クル ˈhœyːɣ̊ʏr]（男名）
　e [エ ɛ] / [エー ɛː]
　　H*e*lena [**ヘー**レナ ˈhɛːlɛna]（女名）
　ei / ey（つづり分けは，歴史的理由による）[エイ ei] / [エイ eiː]
　　H*ei*maey [**ヘイ**マエイ ˈheiːmaeiː]（島）
　é [イェ jɛ] / [イェー jɛː]
　　Sl*é*tta [**スリェ**ヘタ ˈsljɛhd̥a]（地名），P*é*tur [**ピェー**トゥル ˈpʰjɛːd̥ʏr]（男名）
　i / y（つづり分けは，歴史的理由による）[（広い）イ ɪ] / [（広い）イー ɪː]
　　Gyrðir [**ギル**ジル ˈjɪrðɪr]（男名），K*i*ðag*i*l [**キー**ザギール ˈcʰɪːðajɪːl]（地名），

Dyrafjöll[**ディー**ラフィ㋗トル 'dɪːrafjœdl̥](地名)

í/ý(つづり分けは，歴史的理由による)[(狭い)イ i]/[(狭い)イー iː]

　　Gísli[**ギス**リ 'jɪslɪ](男名)，Grýttagil[**グリヒ**タギール 'g̊rɪhdajɪːl](地名)，Kílafjöll[**キー**ラフィ㋗トル 'cʰiːlafjœdl̥](地名)，Dýrafell[**ディー**ラフェトル 'diːrafɛdl̥](地名)

o[オ ɔ]/[オー ɔː]

　　Bogason[**ボー**ガソン 'bɔːɣasɔn](男名，父称)

ó[オウ ou]/[オウ ouː]

　　Þórólfur[**ソウ**ロウルヴル 'θouːroulvʏr](男名)

u[ウ ʏ]/[ユー ʏː]([ウ ʏ]は口蓋化の程度が弱く，[ユ ʏ]とは表記しない)

　　Unnur[**ウン**ヌル 'ʏnːʏr](女名)，Una[**ユー**ナ 'ʏːna](女名)

ú[ウ u]/[ウー uː]

　　Úlla[**ウト**ラ 'ud̥la](女名)，Úa[**ウー**ア 'uːa](女名)

æ[アイ ai]/[アイ aiː]

　　Hæll[**ハイ**トル haid̥l̥](地名)，Sæmundur[**サイ**ムンドゥル 'saiːmʏnd̥ʏr](男名)

ö[㋗ œ]/[㋗ー œː]

　　Björg[**ビ**㋗**ル**グ b̥jœrg̊](女名)，Gröf[**グ**㋛**ー**ヴ g̊rœːv](地名)

[子音字とその発音]

b[ブ b̥], bb[ッブ b̥ː]

　　Borg[**ホル**グ b̥ɔrg̊](地名)，Robbi[**ロッ**ビ 'rɔbːɪ](男名)

d[ド d̥], dd[ッド d̥ː]

　　Davíð[**ダー**ヴィズ 'd̥aːvið](男名)，Edda[**エッ**ダ 'ɛd̥ːa](女名；作品名)

f[フ f](語頭で，母音+f+{s/t}で)/[ヴ v](母音間で，母音+f+{ð/g/j/r}, {l/r}+f+母音, 語末で), ff[ッフ fː]

　　Hafrafell[**ハヴ**ラフェトル 'havrafɛdl̥](hafra-+fell, 地名)，Ólafur[**オウ**ラヴル 'ouːlavʏr](男名)，Ólafsfjörður[**オウ**ラフスフィ㋗ルズル 'ouːlafsfjœrðʏr](地名)；ただし Stefán[**ステー**ファウン 'sd̥ɛːfaun](男名)，Soffía[**ソッ**フィヤ 'sɔfːija](女名)

fn[プン bn̥]/[プン bn̥], fl[プル bl̥]/[プル bl̥]

Hö*fn*[ヘプン h̨œb̨n̥](地名), Ke*fl*avík[**キェプ**ラヴィーク 'cʰɛblavi:k̥](地名)
g[グ ǥ](g[ギ j̊]以外の語頭, 母音＋g＋{l / n}, 子音＋g で)
　Ga*r*ðar[**ガル**ザル 'ɡarðar](地名), Ra*g*nar[**ラグ**ナル 'raǥnar](男名)
g / gj[ギ j̊]((i, y, í, ý, e, ei, ey, æ の直前かつ語頭, 子音＋{g / gj} で)
　*G*eir[**ギェ**イル j̊ei:r](男名), *Gj*áfjöll[**ギャウ**フィエトル 'j̊au:fjœdl̥](地名)
「母音＋{gi[イ jɪ] / gj[イ j]}」では, 母音(長母音)の音価は次のようになる.
　a[アイ ai:], e[エイ ei:], o[オイ ɔi:], ö[エイ œy:], u[ウイ yi:], i/y[イー i:]
Br*agi*[**ブライ**イ 'brai:jɪ](男名), B*ogi*[**ボイ**イ 'bɔi:jɪ](男名), *Egi*lsstaðir[**エ****イイル**スタージル 'ei:jɪlsd̥a:ðɪr](地名)
gg[ッグ ǥ:](右記以外で) / [ッギ j̊:](i, y, í, ý, e, ei, ey, æ の直前で)
　Try*gg*vi[**トリッグ**ヴィ 'tʰrɪǥ:vɪ](男名), Si*gg*i[**スィッギ** 'sɪj̊:ɪ]＜シッギ＞(男名)
g[グ ɣ](「母音＋gi」を除く母音間, 語末, 母音＋g＋{r / ð} で；摩擦音だが, [グ]と表記する) / [ハ x](g＋{s / t / f} で) / [イ j](母音＋{gi / gj} で)
　Sigurlau*g*[**スィーグル**エイグ 'sɪːɣrlœyɣ]＜シーグルレイグ＞(女名), Si*g*rún[**スィグ**ルン 'sɪɣrun]＜シグルン＞(女名), Vi*g*fús[**ヴィフ**フス 'vɪxfus](男名), Gý*g*jarhóll[**ギー**ヤルホウトル 'ji:jarhoudl̥](地名)；ただし, Á*g*úst[**アウ****グスト** 'au:ǥusd̥](男名)
guð-[グヴズ ǥvyð](guð[グヴューズ ǥvy:ð]「神」の複合語)
　*Gu*ðrún[**グヴズ**ルン 'ǥvyðrun](女名)
h[ハ h](右記以外の母音の直前で) / [ヒ ç](h＋{j / é} で)
　*H*ilmar[**ヒル**マル 'hɪlmar](男名), *H*elga[**ヘル**ガ 'hɛlǥa](女名), *Hj*álmar[**ヒャウルマル** 'çaulmar](男名), *H*éðinn[**ヒェージン** 'çɛ:ðɪn̥](男名)
hl[フル l̥], hn[フヌ n̥], hr[フル r̥], hv[クヴ kʰv]
　*Hl*íð[**フリーズ** l̥i:ð](地名), *Hn*úkar[**フヌー**カル 'n̥u:ǥar](地名), *Hr*aun[フレイン r̥œy:n](地名), *Hv*erageði[**クヴェー**ラギェルジ 'kʰvɛ:rajɛrðɪ](地名)
j[イ j]
　*J*ón[**ヨウン** jou:n](男名), N*j*arðvík[**ニャルズ**ヴィク 'njarðviǥ](地名)
k[ク kʰ](k[キ cʰ]以外の語頭で) / [ク ǥ](k[キ cʰ]以外の語頭で他の子音に後続して；語中・語末で)

*K*olbrún［**コル**ブルン ˈkʰɔlbrun］(女名)，V*í*k［**ヴィーク** viːg̊］(地名)

k／kj［キ cʰ］(i, y, í, ý, e, ei, ey, æ の直前かつ語頭で)／［キ j̊］(i, y, í, ý, e, ei, ey, æ の直前かつ語頭で他の子音に後続して；語中・語末で)

*Kækj*uskörð［**キャイキュス**㋕**ルズ** ˈcʰaiːj̊ysg̊œrð］(地名)

kk［フク hg̊］／［フキ hj̊］(区別は k［ク g̊］／［キ j̊］と同様)，kl［フクル hg̊l］／［フクル hg̊l̥］(母音の直後で)，kn［フクン hg̊n］／［フクン hg̊n̥］(母音の直後で)(前気音)

Ri*kk*a［**リヒカ** ˈrɪhg̊a］(女名)，Sty*kk*ishólmur［**スティヒキスホウルムル** ˈsd̥ɪhj̊ɪshoulmʏr］(地名)，Framsó*kn*［**フラム**ソウフクン ˈframsouhg̊n̥］(雑誌)

k［ハ x］(k +｛s／t｝で)

Þorl*ák*shöfn［**ソル**ラウフス㋷プン ˈθɔrlauxshœbn̥］(地名)

l(l)［ル l］(右記以外で)／［ル l̥］(l(l) +｛p／t／k｝, 語末の｛f／g／r／s(／t／k)｝+ l で)

L*á*ra［**ラウラ** ˈlauːra］(女名)，Hja*l*ti［**ヒャル**ティ ˈçal̥dɪ］(男名)

ll［トル d̥l］(母音 + ll +｛母音／n／r｝で)／［トル d̥l̥］(語末で)／［ル l］(ll + 語尾｛-d／-s｝で)／［ッル lː］(人名の愛称，外来語，固有名詞で)

Þingve*ll*ir［**シング**ヴェトリル ˈθiŋg̊vɛd̥lɪr］(地名)，P*á*ll［**パウトル** pʰaud̥l̥］(男名)，Pa*ll*i［**パッリ** ˈpʰalːɪ］(Páll の愛称)，Ha*ll*dór［**ハル**ドウル ˈhald̥our］(男名)

m(m)［ム m］(m +｛p／t／k｝以外で)／［ム m̥］(m +｛p／t／k｝で)，mm［ム mː］

Hva*mm*stangi［**クヴァムス**タウンギ ˈkʰvamsd̥auɲj̊ɪ］(地名)，Hle*mm*ur［**フレンム**ル ˈlɛmːʏr］(地名)

n(n)［ン n］(右記以外と定冠詞 -(i)nn... で)／［ン n̥］(n + t, 語末の｛f／g／k／r／s／t｝+ n で)／［ン nː］(有アクセント音節の｛a／e／i／y／o／u／ö｝+ nn で)

Gu*nn*ar［**グンナ**ル ˈg̊ʏnːar］(男名)，Stei*nunn*［**ステイ**ヌン ˈsd̥eiːnʏn］(女名)

nn［トン d̥n］(語末以外で｛á／é／í／ý／ó／ú／æ／au／ei／ey｝+ nn として)／［トン d̥n̥］(語末で｛á／é／í／ý／ó／ú／æ／au／ei／ey｝+ nn として)

Svei*nn*［**スヴェイトン** sveid̥n̥］(男名)

ng［ング ŋg̊］,［ンギ ɲj̊］, nk［ンク ŋg̊］,［ンキ ɲj̊］

「母音+ng［ング ŋg̊］／［ンギ ɲj̊］」，「母音+nk［ンク ŋg̊］／［ンキ ɲj̊］」では，母音の音価は a［アウ au］, e［エイ ei］, ö［㋷㋑ œy］, i/y［(狭い) イ i］, u［ウ u］となる。

La*ng*holt［**ラウング**ホルト ˈlauŋg̊hold̥］(地名)，Spre*ng*isandur［**スプレインギ**サンドゥル ˈsb̥reiɲj̊ɪsand̥ʏr］(地名)，Lö*ng*ubrekkur［㋷㋑**ングブレヘクル**

'lœyŋġybrɛhġyr]（地名），I*ng*a［**インガ** 'iŋga］（女名），I*ng*i［**インギ** 'iɲɪ］（男名）

p［プ pʰ］（語頭で）/［プ b̥］（語頭で他の子音に後続して，語中・語末で）

P*á*lmi［**パウル**ミ 'pʰaulmɪ］（男名），Nú*p*ur［**ヌープル** 'nu:bʏr］（地名）

pp［フプ hb̥］, pl［フプル hb̥l］/［フプル hb̥l̥］（母音の直後で）, pn［フプン hb̥n］/［フプン hb̥n̥］（母音の直後で）（前気音）

Hre*pp*hólar［**フレヘプ**ホウラル 'rɛhb̥hoular］（地名），Vo*pn*afjörður［**ヴォホプナ**フィ㊤ルズル 'vɔhb̥nafjœrðʏr］（地名）

p［フ f］(p + {s/t/k} で)

Neskau*ps*taður［**ネス㋘イ**フスターズル 'nɛskʰœyfsda:ðʏr］（地名）

r(r)［ル r］（舌先ふるえ音，右記以外で）/［ル r̥］(r + {p/t/k/s} で)，rr［ッル r:］

R*ú*nar［**ルーナ**ル 'ru:nar］（男名），Þó*rs*höfn［**ソウルス**㊤**プン** 'θoʊrshœb̥n］（地名），Sno*rr*i［**スノッ**リ 'snɔr:ɪ］（男名）

rl［ルトル rd̥l̥］（語末以外で）/［ルトル rd̥l̥］（語末で），rn［ルトン rd̥n］（語末以外で）/［ルトン rd̥n̥］（語末で）

Ö*rn*［㊤ルトン œrd̥n̥］（男名），A*rn*arson［**アルト**ナルソン 'ard̥narsɔn］（男名，父称）

s［ス s］/ ss［ッス s:］

*s*aga［**サーガ** 'sa:ɣa］＜サガ＞，Fo*ss*ar［**フォッ**サル 'fɔs:ar］（地名）

t［ト tʰ］（語頭で）/［ト d̥］（語頭で他の子音に後続して，語中・語末で）

*T*ei*t*ur［**テイ**トゥル 'tʰei:d̥ʏr］（男名），S*t*einar［**ステイ**ナル 'sd̥ei:nar］（男名）

tt［フト hd̥］, tl［フトル hd̥l］/［フトル hd̥l̥］（母音の直後で），tn［フトン hd̥n］/［フトン hd̥n̥］（母音の直後で）（前気音）

Jónsdó*tt*ir［**ヨウンス**ドウフティル 'jounsd̥ouhd̥ɪr］（女名，父称），Ka*tl*a［**カハト**ラ 'kʰahd̥la］（地名），Mýva*tn*［**ミーヴァ**ハトン 'mi:vahd̥n̥］（湖）

v［ヴ v］（語頭，語末以外で子音 k(k), g(g), s, t, l, r などの後，母音間で）

*V*igdís［**ヴィグ**ディス 'vɪɣdis］（女名），S*v*ava［**スヴァーヴァ** 'sva:va］（女名）

þ［ス θ］（語頭で），ð［ズ ð］（語頭以外で）/［ス θ］(ð + {p/t/k} で)

*Þ*ór［**ソウル** θou:r］（男名，神名），Ó*ð*inn［**オウ**ジン 'ou:ðɪn］（男名，神名）

x［ハス xs］

La*x*ness［**ラハス**ネス 'laxsnɛs］（姓）

15. 西ゲルマン語—英語・ドイツ語・オランダ語式正書法とその背景

15.1. 西ゲルマン語の母音字とその発音—同音異表記の諸相

　西ゲルマン語の正書法には，英語，ドイツ語，オランダ語による3方式があるといえる。アフリカーンス語はオランダ語に依拠し，西フリジア語はオランダ語から距離を置く工夫を交えている。英語を除く残りの言語は，ドイツ語を基礎にしている。ただし，北フリジア語の一部の方言は，名詞の小文字書き，o に代わる å の使用など，デンマーク語の影響を示し，シュレースヴィヒ地方をめぐるドイツとデンマークの確執の歴史を伝えている。ドイツ語は一部の北フリジア語方言とルクセンブルク語とともに，名詞の頭文字を大文字書きする特異な正書法を採用している。J. グリムが，18世紀に確立したこの習慣を不合理として，『ドイツ語辞典』で破棄した事実は有名だが，21世紀初頭の正書法改革は，かえって助長した観がある。デンマーク語も1948年に名詞の大文字書きを撤廃した。

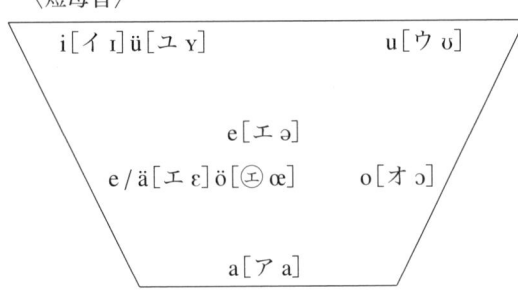

《ドイツ語》
〈短母音〉

```
 i[イ ɪ] ü[ユ ʏ]              u[ウ ʊ]

             e[エ ə]
  e/ä[エ ɛ] ö[㋑ œ]     o[オ ɔ]

             a[ア a]
```

〈長母音〉

```
 ie/ih[イー iː] ü/üh[ユ yː]      u/uh[ウー uː]

  e/eh[エー eː] ö/öh[㋑ー øː]   o/oh[オー oː]


             ä/äh[エー ɛː]
             a/ah[アー aː]
```

《オランダ語》
〈ゆるみ母音 (短母音)〉

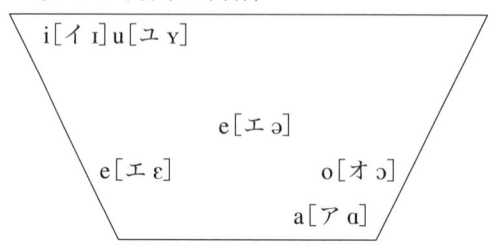

```
 i[イɪ] u[ユʏ]
           e[エə]
    e[エɛ]         o[オɔ]
              a[アɑ]
```

〈張り母音 (長母音)〉

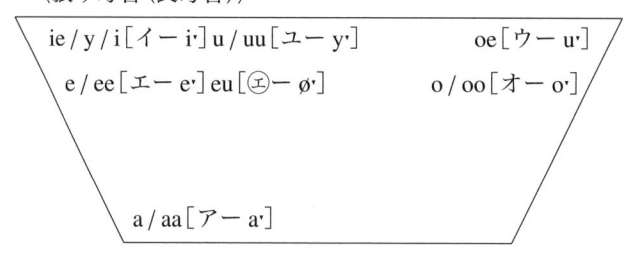

```
 ie/y/i[イー iˑ] u/uu[ユー yˑ]     oe[ウー uˑ]
  e/ee[エー eˑ] eu[エ—øˑ]     o/oo[オー oˑ]
              a/aa[アー aˑ]
```

《ドイツ語》〈二重母音〉*13：ei/ai[アイ aɪ], au[アウ aʊ], eu/äu[オイ ɔʏ]
《オランダ語》〈二重母音〉：ij/ei[エイ ɛi], ou/au[アウ ɔu], ui[(ア)(イ) œy]

母音については，英語は「大母音推移」と関連して 14.2. で扱ったので，ドイツ語とオランダ語を中心に概観しよう。

両言語には，発音は同類だが，つづりが異なる母音がある。まず，特殊文字に注目しよう。ドイツ語のウムラウトの文字 ä[エ ɛ]/[エー ɛː], ö[(エ) œ]/[(エ)— øː], ü[ユ ʏ]/[ユー yː] は，オランダ語にはない。ö は eu[エ—øˑ]，ü は u[ユ ʏ], u/uu[ユー yˑ] にほぼ対応する。オランダ語にはドイツ語の広い ä[エー ɛː] の母音が欠けており，狭い e/ee[エー eˑ] しかない。広い[エ ɛ] はドイツ語では e/ä，オランダ語では e と表記する。広い ä[エー ɛː] は，ドイツ語に特有の第 2 次ウムラウト (7.5.) で誕生した。これはドイツ語の長母音で唯一のゆるみ母音だが，北部と中部を中心に，広い[エー ɛː] と狭い[エー eː] を区別せず，後者だけを発音する話者もいる。オランダ語の短い u[ユ ʏ] は口蓋化の度合いが弱く，それほど前寄

---

*13 両言語の二重母音後半部の発音記号は，両言語の方式の相違によるところが大きい。

りではない。主アクセント音節以外では[ウ]に近く聞こえることもあり，州名 Limburg[**リム**ビュルフ ˈlɪmbyrx]は「リンブルフ」とも聞こえる。

いくつか例を挙げると，ライン河畔のドイツの古都 Köln「ケルン」のオランダ語名は Keulen「ケーレ（ン）」となる。チューリップ畑で有名なオランダの Keukenhof「キューケンホフ」は「ケーケンホフ」，ベルギー最古の大学町 Leuven は「レーヴェ（ン）」に近い（「ルーヴァン」は，フランス語名 Louvain の発音である）。実際の発音では，どれも唇のまるめを伴う。フランドルの親子3代の画家 Bruegel「ブリューゲル」の ue は eu [ɶ̈—ø˙] の古いつづりなので，「ブレーヘル」（g は摩擦音，15.2.④）が正しい。バロック絵画の巨匠 Rubens は「ルーベンス」ではなく，「リューベンス」である。一方，ベルギーの首都 Brussel「ブリュッセル」のドイツ語名は Brüssel，ドイツの画家「デューラー」は Dürer とつづる。「黒ビール」を「デュンケル」というが，ドイツ語式なら「ドゥンケル」(dunkel)，オランダ語式でも「ドンケル」(donker) となるところである。

ウムラウトの文字の有無には，構造上の理由もある。ドイツ語と違って，語形変化と語形成でウムラウトがあまり関与しないオランダ語では，そもそも特殊文字 ä, ö, ü を使って a, o, u との関係を示す必要性が乏しい。

英	book—books	I sleep—he sleeps	great—greater—greatest
ド	Buch—Bücher	ich schlafe—er schläft	groß—größer—größt
オ	boek—boeken	ik slaap—hij slaapt	groot—groter—grootst

ただし，ドイツ語の brennen—brannte—gebrannt（英 burn—burnt—burnt）では，brennen[**ブレネン** ˈbʁɛnən]「燃える」(＜ゲ *brannjanan) の e は，第1次ウムラウト (7.5.) で a から生じたので (e ＜ a/_$j)，ä とつづるべきところである。スウェーデン語の bränna[ˇブレンナ ˇbrɛnːa] は，由緒正しいつづりを示している。

オランダ語でドイツ語の u [ʊ ʊ̆]/[ウー uː] に対応するのは，oe [ウー uˑ] であり，短い [ウ ʊ̆] はない。例．Roermond「ルールモント」(オランダ南部の都市)。これは，[ウー] ＞ [ユー] の変化に [オー] ＞ [ウー] の変化が続いたことによる。[ウー] ＞ [ユー] の変化の原因は不明で，隣接するフランス語でも基層のケルト語の影響ともいわれる同じ変化が起こった (例．ラ lūna[**ルーナ**]「月」＞フラ lune

[リュン lyn])。ie は，ドイツ語で［イー iː]，オランダ語で［イー iˑ］を表す。例．ド/オ Friesland「フリースラント」。ie のつづりは単母音化［イエ］＞［イー］に由来し，それをまぬがれた西フリジア語は，Fries［フリエス friəs］「フリジア人」となる。

　母音の長短の表記では，不徹底なドイツ語にたいしてオランダ語の整合性が目立つ。ドイツ語では，有アクセント音節では「短母音＋子音字2つ」(例. Bonn[ボン bɔn]（旧西ドイツの首都))と「長母音＋子音字1つ」(例. Solingen[**ゾー**リンゲン ˈzoːlɪŋən]（刃物で有名な都市))と区別するが，普通名詞 Obst[オープスト oːpst]「果物」など，例外が多い。ドイツ語で長母音の代表的な表示手段には，「母音字＋h」がある。ただし，Kohl[コール koːl]「キャベツ」(英 cole)，Kohle[**コー**レ ˈkoːlə]「石炭」(英 coal) の h は，英語の対応語が示すように，歴史的根拠がない。この h は，古くは h を発音した例をその他の場合にも拡大したことによる (例. sehen [**ゼー**エン ˈzeːən]「見る」，ゴ saíƕan，ド Sicht[ズィヒト zɪçt]「眺め」)。ch との関連については 15.2. で述べる。

　ドイツ語には，オランダとの国境に近いフランク王国の中心地だった Aachen「アーヘン」など，母音字を重ねて長音を表す例もある。この方式は，オランダ語が組織的に採用している。オランダ語では，有アクセント音節の場合，子音で終わる閉音節で長母音を示すには，aa, ee, oo, uu のように規則的に母音字を重ねる。例．Maas「マース川」，Sneek「スネーク」，Hoorn「ホールン」，Ruurlo「リュールロー」(いずれも都市名)。母音で終わる開音節で短母音を示すには，規則的に後続子音を重ねる。例．Assen「アセン」，Emmen「エメン」，Zwolle「ズヴォレ」，Brugge「ブリュヘ」(フランス語名「ブリュージュ」，すべて都市名)。なお，オランダ語の短い a[ア ɑ]は口の後寄り，長い a/aa[アー aˑ]は前寄りである。

　ただし，オランダ語の母音は長短よりも，口の筋肉を緊張させるか，ゆるめるかという，「張り (tense)↔ゆるみ (lax)」の区別が重要である。ゆるみ母音は短く，張り母音は長めだが，厳密には半長 ([ˑ]) であり，明確に長い ([ː]) のは r の直前に限られる。無アクセントの場合には，張り母音は短音に聞こえる。biologie [ビオロ**ヒー** biˑoˑloˑˈɣiˑ]「生物学」↔ biologisch [ビオ**ロー**ヒス biˑoˑˈloˑɣis]「生物学的な」のように，アクセントの位置に応じて母音の長短が交替するように聞こえるのは，このためである。狭母音の ie[イー iˑ]と oe[ウー uˑ]は，有アクセント音

節でもかなり短く，男名 Piet［ピート piˑt］，Koen［クーン kuˑn］は［ピト］，［クン］に近く聞こえる。英語でも，張り母音を含む heat［hiːt］「熱する」よりも，ゆるみ母音を含む hit［hɪt］「打つ」のほうが長く聞こえることもある。ドイツ語でも，短母音はゆるみ母音，長母音は張り母音に対応するが，広い［エー ɛː］は例外的にゆるみ母音の長母音である。

　子音字は重ねてつづっても，両言語に長子音の発音はない。「葉っぱ」の「っ」，「かんな」の「ん」の発音はないのである。独和辞典には，ko*mm*en［**コメン** ˈkɔmən］「来る」，Ka*ss*e［**カ**セ ˈkasə］「レジ，金庫」などのカナ発音として，発音記号では短子音［m］，［s］で示しながら，［**コンメン**］，［**カッセ**］などと誤記しているものがある。オランダ語でも，A*nn*e「アンネ」（女名）は「アネ」，Li*ss*e「リッセ」（地名）は「リセ」が原語の発音に近い。一方，デンマーク語を除いて「音節均衡の原則」（14.2.）が存在する北ゲルマン語では，たとえばスウェーデン語の ko*mm*a［ˇkɔmːa］「来る」，ka*ss*a［ˇkasːa］「レジ，金庫」は「コンマ」，「カッサ」と発音しなければならない。最近では，Hitler「ヒットラー」，Friedrich「フリードリッヒ」に代わって「ヒトラー」，「フリードリヒ」というカナ表記が増えている。「バッハ」として定着している作曲家 Bach［bax］を「バハ」とすることには抵抗がある。ただし，1890 年 10 月発行の『音楽雑誌』第 2 号に掲載された日本における最初期のバッハの紹介記事の題名は，「セバスチャンバハ氏伝」だった。日本語として辞書登録の対象となる「カナ表記」には，慣例への配慮が必要だが，外国語辞書の「カナ発音」は発音記号に代わる補助手段であり，原語の発音に沿った表記が望ましい。

　二重母音はどうだろうか。ドイツ語の ei［アイ aɪ］は，オランダ語の ei / ij［エイ ɛi］に対応し，［イー］＞［エイ］＞［アイ］という発達段階を反映している。その順番に「氷」を例にとると，西フ *ii*s［イース iːs］＞オ *ij*s［エイス ɛis］＞ド *Ei*s［アイス aɪs］/ 英 *i*ce［アイス aɪs］となる。英語の語形は，「大母音推移」（14.2.）による［イー］＞［アイ］の結果である。「ライン川」は，英語 Rh*i*ne［ライン ɹaɪn］，ドイツ語 Rh*ei*n［ライン ʁaɪn］，オランダ語 R*ij*n［レイン rɛin］，西フリジア語では短母音化［イー］＞［イ］を受けて Ryn［リン rin］となる。オランダの光と影の画家 Rembrandt van R*ij*n「レンブラント・ヴァン・レイン」も同様である。オランダ語には特殊文字がないかのようだが，じつは ij がそれにあたり，1 文字に相当す

る。大堤防の建設で淡水湖となった *IJ*sselmeer「エイセル湖」のように，語頭では IJ とつづる。ij は ii に由来し，筆記体で書いて点々を取れば y になるように，古くは y と同じ扱いだった。

オランダ語の ei は，古くからの［エイ εi］を表し，［イー］から生じた ij［エイ εi］とは語源が異なる。*ei*s［エイス εis］「要求」は，英語の *a*sk「頼む」，ドイツ語の h*ei*schen「要求する」と同源である。kl*ei*n「小さい」は，ドイツ語では［クライン klaın］，オランダ語では［クレイン klεin］と発音する。オランダ最古の大学都市 L*ei*den「レイデン」，国民的ビール H*ei*neken「ヘイネケン」を，「ライデン」，「ハイネケン」と呼ぶのはドイツ語式なので適切ではない。ドイツ語の ai［アイ aı］は，ライン川の支流 M*ai*n「マイン川」，両河川の合流地に位置する古都 M*ai*nz「マインツ」など，少数にとどまる。ドイツ語の ei［アイ aı］(例. St*ei*n［シュタイン ʃtaın］「石」) には，オランダ語の ee / e［エー eˑ］(例. st*ee*n［ステーン steˑn］「石」) が対応することもある。例. Jan St*ee*n「ヤン・ステーン」(17 世紀オランダの風俗画家)，St*ei*n am Rhein「シュタイン・アム・ライン」(ライン川上流のスイスの町)。

ドイツ語の au［アウ aʊ］(例. Don*au*「ドーナウ川」，通称「ドナウ川」) は，関口存男 (1894〜1958) の提案で，［アウ］への移行段階として［アオ］と表記する類書もある。これはくだり二重母音の一般的傾向とも一致する。Pr*eu*ßen「プロイセン」などの eu / äu［オイ ɔʏ］の後半部も［ユ ʏ］だが，唇を丸めるまでには至らないので，［オユ］ではなく，［オイ］と表記する。オランダ語の au は，美術館名 Ma*u*ritshuis「マウリツハイス」などのほかは少なく，ou の例が多い。ともに発音記号は［ɔu］だが，［オウ］よりも開口度が広い［アウ］がふさわしい。例. Go*u*da「ハウダ」(ゴーダチーズで有名な古都。g は摩擦音)。オランダ語の ui［œy］も前半部の開口度が広く，唇をまるめた［㋐㋑］に近い。Maritsh*uis* は「マウリツ (＝姓) の家」の意味で，-h*uis*［㋐㋑ス hœys］はドイツ語の Ha*u*s［ハウス haʊs］「家」にあたる。これは南部から起こった二重母音化 ū ＞ au の結果で，それをまぬがれた低地ドイツ語では，H*uu*s［フース huːs］「家」である (例. H*u*sum「フーズム」(都市名))。北ゲルマン語も同様である (例. デ h*u*s［フーʔス huːʔs］「同左」)。

ie［イエ］＞［イー］も含めて，二重母音と長母音は歴史的に関係があり，ともに 2 モーラの扱いだった。上記 4 言語は，モーラ言語としての性格が目立たない

第4章 現代ゲルマン諸語の文字と発音　185

が，北ゲルマン語のようにかつてはモーラ言語だったことを示唆している。これと関連して，西フリジア語の「割れ」(西フ brekking) を紹介しよう。北ゲルマン語の「割れ」(7.5.) とは異なって，前半部が音節主音の「くだり二重母音」(V́V) から，後半部が音節主音のいわゆる「のぼり二重母音」(VV́) に交替する現象をさす。やや長めのくだり二重母音の前半部は半母音の w [ゥ w] / j [ィ j] になり，後半部は開口度が広い短母音になるので，全体の長さが短くなる短母音化 (shortening) を伴う。語形変化や語形成で音節数が増えたり，ある種の子音連続で語の長さが増すと，それを相殺するようにして起こる点で，モーラの数と部分的に関係しているともいえる。「割れ」の有無は語彙的に固定しており，名詞の複数形，指小辞，形容詞の比較級，動詞の人称変化といった語形変化と派生，複合という語形成で起こる。この点では，機能的にドイツ語のウムラウトに似ている。

① 西フ ie [イエ iə] → ie [イィ jɪ]
   sl*ie*pe [**スリエ**ぺ 'sliəpə]「眠る」→ (do) sl*ie*pst [**スリィプスト** sljɪpst]「君は眠る」—hy sl*ie*pt [**スリィプト** sljɪpt], sl*ie*pperich [**スリィ**ペラハ 'sljɪpərəx]「眠い」(ド schl*a*fen → du schl*ä*fst—er schl*ä*ft, schl*ä*frig)

② 西フ ea [エア ɪə] → ea [イエ jɛ]
   *ea*rm [エアルム ɪərm]「貧しい」→ *ea*rmtlik [**イェルム**トレク 'jɛrmtlək]「みすぼらしい」(ド *a*rm → *ä*rmlich)

③ 西フ oe [ウエ uə] → uo [ヲ wo]
   br*oe*r [ブルエル bruər]「兄弟」→ br*uo*rren [**ブルヲ**レン 'brworən]「同左 (複数形)」(ド Br*u*der → Br*ü*der)

④ 西フ oa [オア oə] → oa [ワ wa]
   s*oa*n [ソアン soən]「息子」→ s*oa*ntsje [**スヴァン**チェ 'sʋantʃə]「同左 (指小形，小さな息子)」(ド S*o*hn → S*ö*hnchen)

15.2. 西ゲルマン語の子音字とその発音―言語間の組織的対応

子音については，組織的な対応がつかみやすい。英語，オランダ語，西フリジア語にドイツ語を加えた4言語間の対応語を比べてみよう。

① 英　　token「しるし」　　　　　　hot「暑い」　　　　deed「行為」
　　オ　　teken[テーケ(ン) 'teˑkə(n)]　　heet[ヘート heˑt]　　daad[ダート daˑt]
　　西フ　teken[テーケン 'teːkən]　　　hjit[イィト jɪt]　　die(d)[ディエ(ト) diə(t)]
　　ド　　Zeichen[ツアイヒェン 'tsaɪçn̩]　heiß[ハイス haɪs]　Tat[タート taːt]

② 英　　pool「池，水たまり」　　　ship「船」　　　　　cake「ケーキ」
　　オ　　poel[プール puˑl]　　　　　schip[スヒプ sxɪp]　koek[クーク kuˑk]
　　西フ　poel[プエル puəl]　　　　　skip[スキプ skɪp]　　koeke[クーケ 'kuːkə]
　　ド　　Pfuhl[プフール pfuːl]　　　 Schiff[シフ ʃɪf]　　　Kuchen[クーヘン 'kuːxn̩]

まず，ドイツ語だけが p[プ p]/t[ト t]/k[ク k]にたいして破擦音 pf[プフ pf]/z[ツ ts]と摩擦音 ß[ス s]/ff[フ f]/ch[ハ x]，それに d[ド d] > t[ト t]の変化を示している。これは「高地ドイツ語子音推移」(6.2.)による。例．Rheinland-Pfalz「ラインラント・プファルツ」（ドイツ中西部の州。ラテン語の Palātium「パラーティウムの丘にあった皇帝の宮殿」，英語の palace「宮殿」と同源）。

ドイツ語の ch は先行音に同化し，中舌・後舌母音 a, u, au の後で上あごの奥の軟口蓋を強く摩擦する[ハ x]，それ以外は前寄りの硬口蓋摩擦音[ヒ ç]が原則である。Baumkuchen「バウムクーヘン」(ch[ハ x])にたいして，Münchenには「ミュンヘン」よりも「ミュンヒェン」([ヒ ç])が適切である。ch[ハ x]は，おもに k に由来する。ch[ヒ ç]は後代の発達で，標準オランダ語にはなく，南部に限られ，西フリジア語にもない。オランダの都市 Utrecht は「ユトレヒト」よりも「ユートレヘト」(['yˑtrɛxt])に近い。声門摩擦音 h[ハ h]も ch[ハ x]から生じたが，弱い子音で，語頭以外では消失しやすい。ドイツ語で「母音＋h」(15.1.)を長母音の表記に転用したのは，このことと関係がある。オランダ語では都市名 's-Hertogenbosch [セルトーヘ(ム)ボス sɛrtoˑɣə(m)'bɔs]（後述する Den Bosch「デン・ボス」の正式名），Arnhem[アルネム，アルンヘム 'ɑrn(h)ɛm]「アルネム」のように，語中で h を発音しない例がある。

ドイツ語の ß「エスツェット」は，母音の直後の t から生じた[ス s]を表す(6.2.)。したがって，語頭では用いず，大文字もない。sz の筆記体の続け書きに由来し，ハンガリー語の sz[ス s]にあたる。ドイツ系ハンガリー人の作曲家 Liszt「リス

ト」は，ハンガリー語の List「リシュト」との混同を避けたつづりである。

次に，英語の dee*d*「行為」はオランダ語では daa*d*［ダート daˑt］, 西フリジア語では die(*d*)［ディエ(ト) diə(t)］となり，語末の有声音 d［ド d］に無声音の d［ト t］が対応している。これは「音節末音の無声化」(final devoicing) によるもので，閉鎖音 b［ブ b］→ b［プ p］, d［ド d］→ d［ト t］, g［グ g］→ g［ク k］と摩擦音 v［ヴ v］→ v/f［フ f］, z/s［ズ z］→ s［ス s］, g［ハ ɣ］→ g/ch［ハ x］を対象とする。オランダ語と西フリジア語では，摩擦音の有声・無声を書き分けるが，閉鎖音は区別しない。ドイツ語では，表記上の区別はない(例．ド Ra*d*［ラート ʁaːt］「車輪」)。南ドイツの古都 Au*g*sburg「アウクスブルク」は「アウグズブルグ」ではなく，オランダの国名 Nederlan*d*「ネーデルラント」も「ネーデルランド」ではない。有声音が音素，つまりもとの音価なので，音節境界が変わって音節初頭音に現れると，有声音に戻る(例．複数形：オ da*d*en［ダーデ(ン) ˈdaːdə(n)］(da-*d*en), 西フ die*d*en［ディエデン ˈdiədə(n)］(die-*d*en), ド Rä*d*er［レーダー ˈʁɛːdɐ］(Rä-*d*er))。オランダ南西部の都市 Dor*d*recht「ドルドレヘト」を「ドルトレヒト」と誤記するのは，Dor-drecht という音節境界を誤って Dord-recht と解釈していることによる。Zwijn*d*recht「ズヴェインドレヘト」など，-drecht を後半部にもつ地名は少なくない。

ただし，ドイツ語では音節境界と形態素境界が一致しないときには，無声化しない。作曲家の Wa*g*ner「ワーグナー」は正しくは「ヴァーグナー」であり，「ヴァークナー」ではない。この語は，Wagen「車」＋ -er「～人」，つまり，「車大工」の意味から転じたので，音節境界 Wag-ner と形態素境界 Wagn-er が一致しないためである。これは，形態論が関係する音韻規則の一例である。哲学者 Lei*b*nitz「ライブニツ，ライプニツ」などの揺れもある。「音節末音の無声化」は，ドイツ語とオランダ語では中世にさかのぼるが，西フリジア語では 20 世紀以降の現象で，オランダ語の影響とも考えられる (清水 2006: 50)。ゴート語にも同類の現象が指摘されている (例．gi*b*an「与える」(英 give) ↔ ga*f*「与えた」(英 gave), 7.2.)。

sh, sch, sk の発音は，西フリジア語の sk［スク sk］が最も古く，オランダ語は sch［スフ sx］，ドイツ語は sch［シ ʃ］，英語は sh［シ ʃ］に変わった。英語の *sh*ip「船」は，古英語でも同じ発音の sċip (sċ / ʃ /) だった。英語では / sk / ＞ / ʃ / の変化はやがて終わり，sc / sk［スク sk］の例も多い。たとえば，ラテン語の schola「スコラ」を借用した *sch*ool「学校」は，原語の［スク sk］を保っている。この変化

とは無縁の西フリジア語も *sk*oalle [**スクヴァレ** ˈskualə] だが、ドイツ語は *Sch*ule [**シューレ** ˈʃuːlə]、オランダ語は *sch*ool [スホール sxoˑl] となった。オランダの国際空港 *Sch*iphol は「スヒプホル」、北海沿岸のリゾート地 *Sch*eveningen は「スヘーヴェニンゲン」である。「スケベニンゲン」などと読まないこと。

オランダ語では、一部の固有名詞の語末の -sch や形容詞派生接尾辞 (-)isch は、[ㇲ s] と発音する。オランダ南部の都市 Den Bo*sch* は「デン・ボス」、怪物を描いた名作で知られる当地出身の画家 Bo*sch* も「ボス」である。これは -s [ㇲ s] の古いつづりで、普通名詞は bos [ボス bɔs]「林」である。英語の bu*sh* とドイツ語の Bu*sch* は、[シ ʃ] となる。西フリジア語の bo*sk* は古い sk [スク sk] を保っている。幕末の日本では「イギリス」を「エゲレス」と呼んだが、これはオランダ語の Engels [**エンゲルス** ˈɛŋəls]「イギリスの、英語」に由来し、古くは Engel*sch* とつづっていた。ドイツ語の Engli*sch* [**エング**リシ（ュ）ˈɛŋlɪʃ] と比較されたい。英語では、/en/ > /ɪn/ と変化して「イングリシュ」(*Eng*lish)、「イングランド」(*Eng*land) というが、有アクセント音節の [イン ɪn] / [イング ɪŋ] を en- / eng- と表記する例はこれだけである。西フリジア語の Inge*lsk* [**イン**ゲルス（ク）ˈɪŋəls(k)]、Ingelân [**イン**ゲローン ˈɪŋəlɔːn] と比較されたい。

③ 英　　*th*ree「3」　　　　love「愛」　　　　　　*ch*eese「チーズ」
　 オ　　*d*rie [ドリー driˑ]　　lie*f*de [**リーヴデ** ˈliˑvdə]　　*k*aas [カース kaˑs]
　 ド　　*d*rei [ドライ dʁaɪ]　　Lie*b*e [**リーベ** ˈliːbə]　　　*K*äse [**ケーゼ** ˈkɛːzə]
　 西フ　*t*rije [**トレイエ** ˈtrɛiə]　lea*f*de [**レアヴデ** ˈlɪəvdə]　*ts*iis [ツィース tsiːs]

英語の *th*ree「3」の歯摩擦音 th [ㇲ θ] は、ドイツ語とオランダ語では有声閉鎖音 d [ド d] になった。西フリジア語では無声閉鎖音 t [ト t] に変わったが、これはアイスランド語を除く北ゲルマン語と共通である (例. ス / デ / ブ / ニュ tre、フェ trý ↔ ア *þ*rjú [スリュー θrjuː]、デンマーク語とフェーロー語は有気音 t [ト tʰ])。西ゲルマン語には、英語と伝統的な北フリジア語フェリング・エームラング方言などを除いて、[ㇲ θ] の音は残っていない。ドイツ語などでは、歴史的な理由で th とつづっても、[ト t] と発音する。例. *Th*üringen「テューリンゲン」(ドイツ中東部の州)。

英語の love「愛」の対応語では，ドイツ語の Lie*b*e [**リーベ** ˈliːbə] だけが摩擦音 v / f [ヴ v] の代わりに閉鎖音 b [ブ b] を示している。オランダ語と西フリジア語の無声音の f [フ f] は，オ lie*f* [リーフ liˑf]「いとしい」—lie*v*e [**リーヴェ** ˈliˑvə]「いとしい（変化形）」，西フ lea*f* [レアフ lɪəf]「同左」—lea*v*e [**レアヴェ** ˈlɪəvə]「同左」のように，有声音 [ヴ v] の「音節末音の無声化」による。ところが，「f + d + 母音」では有声音の f [ヴ v] であり，オ lie*fd*e [**リーヴ**デ ˈliˑvdə]，西フ lea*fd*e [**レアヴ**デ ˈlɪəvdə] のように -fde [ヴデ vdə] となって，無声化が起こらない。これは，閉鎖音・摩擦音の連続は有声または無声に統一されるという「音素配列論」(phonotactics) の制約による (例．オ hoo*fd* [ホーフト hoˑft]「頭」—hoo*fd*en [**ホーヴ**デ（ン）hoˑvdə(n)]「同左（複数形）」)。1600 年の来航で日蘭国交の幕開けを告げた「リーフデ号」の原語は lie*fd*e「愛」で，正しくは「リーヴデ号」である。この制約は本来の無声音にもあてはまる。ブリュッセル生まれの女優 Audrey He*p*burn「オードリー・ヘップバーン」の姓は，逆行同化と長子音の欠如からオランダ語では「ベブルン」（または「ヘビュルン」）となる (pb [pb] → [bː] → [b])。英語にも，「ヘボン」式ローマ字の提唱者 J. C. He*p*burn (和名は「平文」) や ras*p*berry「ラズベリー」の例がある。

英語の *ch*eese「チーズ」の ch [チ tʃ] は，西フリジア語の *ts*iis [ツィース tsiːs] の ts [ツ ts] とともに，「北海ゲルマン語的特徴」(5.1.) による前舌母音の直前の k の口蓋化 (硬口蓋化) に由来する。一方，英語の *t*en「10」とオランダ語の *t*ien [ティーン tiˑn] にたいして，ドイツ語の zehn [ツェーン tseːn] は「高地ドイツ語子音推移」(t > z, 6.2.) による。西フリジア語で *ts*ien [ツィエン tsiən] となるのは，これとは無関係に「北海ゲルマン語的特徴」としての口蓋化をへた結果である。

④ 英　　*y*esterday「昨日」　　　　　　　da*y*「日」
　 オ　　*g*isteren [**ヒ**ステレ（ン）ˈɣɪstərə(n)]　da*g* [ダハ dɑx]
　 ド　　*g*estern [**ゲ**スターン ˈɡɛstɛn]　　　　Ta*g* [ターク taːk]
　 西フ　*j*uster [**イ**ⓔ**ス**テル ˈjøstər]　　　　de*i* [ダイ dai]

「昨日」の対応語では，英語の *y*esterday と西フリジア語の *j*uster [**イ**ⓔ**ス**テル ˈjøstər] が，「北海ゲルマン語的特徴」として g が前舌母音の直前で口蓋化した y / j [ィ j] を示す。それとは無縁のドイツ語の *g*estern [**ゲ**スターン ˈɡɛstɛn] は軟口蓋閉

鎖音［グ g］，オランダ語の gisteren［ヒステレ（ン）ˈɣɪstərə(n)］は軟口蓋摩擦音［ハ ɣ］である（カナ発音では的確に表記できない）。「ゲルマン語子音推移」(7.2.) の古典的解釈によれば，オランダ語は［ハ ɣ］＞［グ g］の変化とは無縁で，ガ行の閉鎖音は ik ben［イク ベン ɪk bɛn］＞［イグベン ɪgbɛn］などの逆行同化を除いて存在しない。例．Gouda「ハウダ」（通称「ゴーダ」），Brugge「ブリュヘ」（フランス語名「ブリュージュ」）。ng は，オランダ北部の大学町 Groningen「フローニンゲン」のように軟口蓋鼻音の［ング ŋ］だが，同市の生まれで著書『中世の秋』で名高い歴史家 Huizinga「ホイジンガ」は，出身を表わす接尾辞 -inga［インハ ɪŋɣaˑ］を伴っており，「ハイジンハ」（または「ハイズィンハ」）となる。

「日」の対応語でも，英語の day と西フリジア語の dei［ダイ dai］は口蓋化を示すが，ドイツ語の Tag［ターク taːk］は g［ク k］，オランダ語の dag［ダハ dɑx］は［ハ x］のように軟口蓋音のままであり，しかも「音節末音の無声化」を起こしている。複数形では，Tage［ターゲ ˈtaːgə］，dagen［ダーヘ（ン）ˈdaˑɣə(n)］のように g が音節初頭音 -ge / -gen に戻るので，もとの有声音［グ g］／［ハ ɣ］（カナ発音では，［ハ x］とうまく区別できない）が現れる。

⑤　英　　son「息子」　　foot「足」　　　　water「水」
　　オ　　zoon［ゾーン zoˑn］　voet［ヴート vuˑt］　water［**ヴァー**テル ˈvaˑtər］
　　ド　　Sohn［ゾーン zoːn］　Fuß［フース fuːs］　Wasser［**ヴァ**サー ˈvasɐ］
　　西フ　soan［ソアン soən］　foet［フエト fuət］　wetter［**ヴェ**テル ˈvɛtər］

オランダ語で有声摩擦音 g［ハ ɣ］と無声摩擦音 g［ハ x］の区別を守っているのは，フランドル地方など，南部に限られる。カナ発音ではうまく区別できないが，北部に属するオランダではほとんど無声の［ハ x］なので，それほど神経質になる必要はない。画家の Gogh「ゴッホ」（［ɣɔx］）は，のどの奥を強く摩擦した「ホホ」（［xɔx］）に近く聞こえる（gh は g の歴史的つづり）。オランダ政治の中心地 Den Haag は「デン・ハーハ」（［dɛnˈhaˑx］）で，h は弱く発音し，g は強く摩擦する。一般に，オランダ語の摩擦音はとくに音節初頭音で有声の度合いが弱い。そのため，上例の zoon［ゾーン zoˑn］「息子」は［ソ（ー）ン］，voet［ヴート vuˑt］「足」は［フ（ー）ト］に近く聞こえる。Gogh の正式名は Van Gogh だが，この van「ヴァン」

は「ファン」とも聞こえる。画家の Vermeer は「ヴェルメール」とも「フェルメール」とも表記できよう。ただし，無声音 f [フ f] (fel [フェル fɛl]「猛烈な」) と有声音 [ヴ v] (vel [ヴェル vɛl]「皮，膜」) は，あくまで別の音素である。「ヴェアナーの法則」(7.3.) で述べたように，ゲルマン語の摩擦音は古くは有声と無声の対立が希薄だった。これは，英語の son「息子」，foot「足」の対応語が西フリジア語では無声音，オランダ語とドイツ語では有声音であることにも踏襲されている。z-[ズ z] / v-[ヴ v] で始まる英語や，f-[フ f] / s-[ス s] で始まるオランダ語の語彙は，ほとんど借用による。西フリジア語では有声音の [ズ z] で始まる語はなく，有声音の [ヴ v] は w と表記するので，v で始まる語もない。

　英語の両唇接近音 w [ʊ w] は，フランドル地方などオランダ語圏南部ではそれに近いが，北部に属するオランダでは [ʊ w] と [ヴ v] の中間の唇歯接近音 w [ʋ v] である。ドイツ語では一歩進んで，英語の v [ヴ v] とほぼ同じ唇歯摩擦音 w [ヴ v] に変わった。西フリジア語でも同様である。オーストリアの首都 Wien「ウィーン」は，正しくは「ヴィーン」である。ドイツ語では Vater [ファーター ˈfaːtɐ]「父」，Fuß [フース fuːs] のように，v と f の文字はたいてい無声音の [フ f] を表す。これは [ヴ v] に発達した w との住み分けの結果，v が無声音 [フ f] として定着したことによる。英語の w [ʊ w] は，古風な発音をとどめているのである。

　アクセントについては，西ゲルマン語では強さアクセントが支配的である。ただし，ライン地方のドイツ語や隣接地域のオランダ語の方言には，スウェーデン語やノルウェー語のような高さアクセントがある (De Vaan (ed.) 2003)。

15.3. 現代語の文字と発音 (2)

以下では，4言語に限定して示す。英語は他言語との比較の枠組みとして扱い，そのことで英語の特徴が浮かび上がってくると考えて割愛する。

15.3.1. ドイツ語

ドイツ語の正書法は，1998年8月に改正され，7年間の移行措置をへて2005年8月に施行された。この「新正書法」は，名詞の大文字書きをより徹底する方向に進んでいる。分かち書きによって分離動詞の種類を制限し（例．ド（旧）radfahren「自転車 (Rad) に乗る (fahren)」＞（新）Rad fahren），外来語を本来のドイツ語の表記に近づけ，ドイツ，オーストリア，スイスで微妙に異なっていた正書法を統一するなどの措置も盛り込まれた。ß（エスツェト）の文字の使用を長母音と二重母音の直後に制限し，同じく無声音の[ス s]を表すssとの使い分けを明確にした点も挙げられる。ßの文字は従来，スイスでは使用されず，すべてssで表記されていた。ただし，こうした改正点には不十分な面も目立つ。

「亀の子文字」とも呼ばれる伝統的な活字体のドイツ文字（ド Fraktur「フラクトゥーア」）は，16世紀初頭に誕生した。ナチス・ドイツも当初は奨励したが，1941年にヒトラーの意向で禁止命令が出され，「アンティク体」（ド Antiqua）と呼ばれる現在の書体に移行した。北ゲルマン語でも，19世紀までドイツ文字が使われていた。とくにデンマークでは長く使用され，20世紀初頭まで続いた。

以下の記述では，一部の外来語の表記に見られる狭い短母音 [i], [e], [o], [u], [ø], [y] は割愛する（例. *Ö*kon*o*mie [㊤コノミー økonoˈmiː]「経済」, *Bio*logie [ビオロギー bioloˈgiː]「生物学」, *Phy*sik [フュズィーク fyˈziːk]「物理学」, *te*lef*o*nieren [テレフォニーレン telefoˈniːʁən]「電話する」）。これは，無アクセント音節で長母音が短母音として現れた結果と解釈できる（例. Ökon*o*m [㊤コノーム økoˈnoːm]「経済学者」, B*io* [ビーオ ˈbiːo]「生物の授業」, Phys*i*ker [フューズィカー ˈfyːzikɐ]「物理学者」, T*e*lef*o*n [テーレフォーン, テレフォーン ˈteːlefoːn, teleˈfoːn]「電話」）。なお，最近の発音辞典の慣習に従って，あいまい母音 e [ə] と l, r, m, n の連続の代わりに，成節子音 (8.1.) の表記を用いる。本書では，西フリジア語，それにノルウェー語，デンマーク語ではこの方式を採用していないが，本来は可能である。

[母音字とその発音]

a [ア a] / [アー aː]
　Grass [グラス gʁas] (作家), Graz [グラーツ gʁaːts] (地名)

e [(広い) エ ɛ] / [(狭い) エー eː] / [(弱い) エ (など) ə] (無アクセント音節で)
　Ende [エンデ 'ɛndə] (作家), Hegel [ヘーゲル 'heːgl̩] (哲学者)

i [イ ɪ] / [イー iː]
　Linz [リンツ lɪnts] (地名), Berlin [ベルリーン bɛʁ'liːn] ＜ベルリン＞ (地名)

ie [イー iː] / [イ エ ǐə] (無アクセント音節で)
　Wien [ヴィーン viːn] ＜ウィーン＞ (地名), Liliencron [リーリエンクローン 'liːlǐənkʁoːn] (作家)

o [オ ɔ] / [オー oː]
　Otto [オトー 'ɔtoː] ＜オットー＞ (男名)

u [ウ ʊ] / [ウー uː]
　Husum [フーズム 'huːzʊm] (地名)

ä [(広い) エ ɛ] / [(広い) エー ɛː]
　Händel [ヘンデル 'hɛndl̩] (作曲家), Märchen [メーアヒェン 'mɛːɐ̯çn̩] ＜メルヘン＞

ö [エ œ] / [エー ø:]
　Göttingen [ゲティンゲン 'gœtɪŋən] ＜ゲッティンゲン＞ (地名), Österreich [エースターライヒ 'øːstɐʁaɪç] ＜オーストリア＞

ü / y [ユ ʏ] / [ユー yː]
　Dürer [デューラー 'dyːʁɐ] (画家), Sylt [ズュルト zʏlt] ＜ジュルト島＞

ei / ai / ay [アイ aɪ]
　Einstein [アインシュタイン 'aɪnʃtaɪn] (科学者), Mainz [マインツ maɪnts] (地名)

au [アウ aʊ]
　Gauß [ガウス gaʊs] (数学者)

eu / äu [オイ ɔʏ]
　Freud [フロイト fʁɔʏt] (心理学者), Träumerei [トロイメライ tʁɔʏməˈʁaɪ]

[子音字とその発音]

b [ブ b] (音節末以外で) / [プ p] (音節末で)

　Ha*bs*burg [ハープスブルク ˈhaːpsbʊʁk] (王家)

ch [ハ x] (a, o, u, au の直後で) / [ヒ ç] (左記以外で) / [ク k] (外来語，固有名詞で) / [シ ʃ] (外来語，固有名詞で)，chs [クス ks]

　Ba*ch* [バハ bax] ＜バッハ＞ (作曲家)，Mün*ch*en [ミュンヒェン ˈmʏnçn̩] ＜ミュンヘン＞ (都市)，*Ch*ristus [クリストゥス ˈkʁɪstʊs] ＜キリスト＞，Sa*ch*sen [ザクセン ˈzaksn̩] (地名)

d [ド d] (音節初頭で) / [ト t] (音節末で)，dt [ト t]

　*D*eutschlan*d* [ドイチ(ュ)ラント ˈdɔʏtʃlant] ＜ドイツ＞

f [フ f]

　*F*rank*f*urt [フランクフルト ˈfʁaŋkfʊʁt] (地名)

g [グ g] (音節初頭で) / [ク k] (音節末で) / [ヒ ç] (音節末および接尾辞などの -ig として) / [ジュ ʒ] (外来語，固有名詞で)

　*G*rimm [グリム gʁɪm] (文献学者)，Au*g*sburg [アウクスブルク ˈaʊksbʊʁk] (都市)，Leip*z*i*g* [ライプツィヒ ˈlaɪptsɪç] (地名)

h [ハ h] / [ゼロ] (母音＋h：長母音記号)

　*H*aydn [ハイドン ˈhaɪdn̩] (作曲家)，Bra*h*ms [ブラームス bʁaːms] (作曲家)

j [ィ j] / [ジ ʒ] (外来語，固有名詞で)

　*J*aspers [ヤスパース ˈjaspɐs] (哲学者)

k / ck / c [ク k]

　*K*ant [カント kant] (哲学者)，Bismar*ck* [ビスマルク ˈbɪsmaʁk] (政治家)

l [ル l]

　*L*übeck [リューベク ˈlyːbɛk] (地名)

m [ム m]

　*M*o*mm*sen [モムゼン ˈmɔmzn̩] (歴史学者)

n [ン n]，ng [ング ŋ]，nk [ンク ŋk]

　*N*orde*n* [ノルデン ˈnɔʁdn̩] (地名)，Ju*ng* [ユング jʊŋ] (心理学者)

p [プ p]，pf [プフ pf]，ph [フ f] (外来語，固有名詞で)

　*P*aul [パウル paʊl] (男名)，*Pf*alz [プファルツ pfalts] (地名)

qu [クヴ kv]

第4章　現代ゲルマン諸語の文字と発音　195

　　Quedlinburg［クヴェードリンブルク 'kveːdlɪnbʊʀk］(地名)
r / rh (外来語，固有名詞で)［ルʀ］(口蓋垂摩擦音が一般的だが，音節初頭での口蓋垂ふるえ音［ルʀ］や舌先ふるえ音［ルr］などもある), r［(弱い) ア ɐ̯］((長)母音＋r，音節末で)，-er［(弱い) アー ɐ̯］(-er，音節末で)
　　Trier［トリーア tʁiːɐ̯］(地名), Schiller［シラー 'ʃɪlɐ］(作家)
s［ズ z］(音節初頭で) /［ス s］(音節末で)
　　Jesus［イェーズス 'jeːzʊs］＜イエス＞(神)
sch［シ ʃ］
　　Schubert［シューバート 'ʃuːbɐt］＜シューベルト＞(作曲家)
sp［シ(ュ)プ ʃp］(音節初頭で) /［スプ sp］(左記以外で)
　　Spohr［シ(ュ)ポーア ʃpoːɐ̯］(作曲家), Kaspar［カスパル 'kaspaʁ］(男名)
st［シ(ュ)ト ʃt］(音節初頭で) /［スト st］(左記以外で)
　　Strauß［シ(ュ)トラウス ʃtʁaʊs］(作曲家), Faust［ファウスト faʊst］(戯曲)
ss［ス s］(右記以外で), ß［ス s］(長母音・二重母音の直後で，小文字のみ)
　　Straßburg［シ(ュ)トラースブルク 'ʃtʁaːsbʊʀk］＜ストラスブール(フランス語名)＞(地名), Hesse［ヘセ 'hɛsə］＜ヘッセ＞(作家)
t［ト t］/ th［ト t］(外来語，固有名詞で), ti［ツィ tsi］(-tion, -tie などで)
　　Tirol［ティロール tiˈʁoːl］＜チロル＞, Luther［ルター 'lʊtɐ］(宗教改革者)
tsch［チ tʃ］
　　Deutsch［ドイチ(ュ) dɔʏtʃ］＜ドイツ語＞
v［フ f］/［ヴ v］(外来語，固有名詞で)
　　Volkswagen［フォルクスヴァーゲン 'fɔlksvaːgŋ̍］＜フォルクスワーゲン＞(自動車会社), Veronika［ヴェローニカ veˈʁoːnika］(女名)
w［ヴ v］
　　Wagner［ヴァーグナー 'vaːgnɐ］＜ワーグナー＞(作曲家)
x［クス ks］
　　Marx［マルクス maʁks］(思想家)
z / tz / ts［ツ ts］
　　Zürich［ツューリヒ 'tsyːʁɪç］＜チューリヒ＞(地名), Hertz［ヘルツ hɛʁts］(物理学者)

15.3.2. オランダ語

19世紀のオランダ語圏では，北部のオランダはシーヘンベーク（Matthijs Siegenbeek 1774～1854）が考案した「シーヘンベークの正書法」(1804)，南部のベルギー・フランドル地方は 12.1. で言及したヴィレムスが捻出した「ヴィレムスの正書法」(1839) という別々の正書法を用いていた。後者は前者に依拠していたが，[エイ ɛi], [ユー y], [アー aˑ] を表す ij, uu, aa を y, ue, ae に置き換えるなど，細部の相違があった。今日でもフランドル人の人名には，こうしたつづりが散見される（例. H**ae**seryn「ハーセレイン」(姓)，H**ae**geman「ハーヘマン」(姓)）。1863年には，『オランダ語辞典』(*WNT*, 12.1.) の編集にあたって「デ・ヴリースとテ・ヴィンケルの正書法」が提唱され，ベルギーではフランドル運動の高まりの中で，翌年に受け入れられた。オランダでは，学校教育の導入に伴って正書法簡素化論争を主導したコレヴェイン（Roeland Anthonie Kollewijn 1857～1942）による「コレヴェインの正書法」(1891) が徐々に普及し，1934年には当時の文部大臣の名前を冠した「マルシャントの正書法」(オ Spelling Marchant) として公認された。ただし，これがオランダ語圏の統一正書法として実現したのは，1946年（ベルギー）/ 1947年（オランダ）である（清水 2010）。

正書法辞典は，『オランダ語語彙集』(オ *Woordenlijst van de Nederlandse taal* 1954)，俗に『緑の本』(オ *Het groene Boekje*) として刊行された。1955年以来，10年ごとに正書法改正が実施されており，辞書類もそれに合わせて改訂される。物議を醸した近年のドイツ語の正書法改革とは，大きく事情が異なるといえよう。

オランダ語の統一正書法は，目立った特殊文字を用いず，かなり合理的な方式を採用している。有アクセント音節の母音字または子音字を下記の要領で重複させて，母音の長短，正確には「張り↔ゆるみ」の区別を規則的に表示するのはその一例である。ただし，子音字を重ねても，長子音の発音は存在しない。これは，英語，ドイツ語，西フリジア語，アフリカーンス語でも同様である。

〈短母音（ゆるみ母音）〉
  閉音節 a/e/o/u＋子音字1つ *J*an［ヤン jɑn］(男名)
  開音節 a/e/o/u＋子音字2つ **A**nne［**ア**ネ 'ɑnə］＜アンネ＞(女名)
〈(半)長母音（張り母音）〉

第4章　現代ゲルマン諸語の文字と発音　197

ふつうは半長（[･]）で，無アクセントの場合は短音に聞こえる。
rが後続するとかなり長くなる（[:]）。
閉音節　aa / ee / oo / uu　　Klaas［クラース klaˑs］（半長，男名）
開音節　a / e / o / u　　　　Karel［カーレル ˈkaːrəl］（かなり長い，男名）

［母音字とその発音］

a［（後寄りの）ア ɑ］/［（前寄りの）アー aˑ］（開音節で），aa［（前寄りの）アー aˑ］（閉音節で）上例を参照。

e［（広い）エ ɛ］/［（狭い）エー eˑ］（開音節で），ee［エー eˑ］（閉音節と語末の開音節で），e［（弱い）エ，ア（など）ə］（無アクセント音節で）
　　Heemskerk［ヘームスケルク ˈheˑmskɛrk］（地名），Deventer［デーヴェンテル ˈdeˑvəntər］（地名），Zeeland［ゼーラント ˈzeˑlɑnt］（zee + land，地名）

eu［エー øˑ］
　　Leuven［ルーヴェン ˈløˑvə(n)］＜ルーヴァン（フランス語名）＞（地名）

i / y（外来語，固有名詞で）［イ ɪ］/［イー iˑ］
　　Lisse［リセ ˈlɪsə］（地名），Rita［リータ ˈriˑtaˑ］（女名），Lelystad［レーリスタト ˈleˑliˑstɑt］（地名）

ie［イー iˑ］, ië［イエ i(j)ə］（無アクセント音節で）
　　Nieuwpoort［ニーウポールト ˈniˑupoːrt］（地名），België［ベルヒ（ィ）エ ˈbɛlɣiˑ(j)ə］＜ベルギー＞

o［オ ɔ］/［オー oˑ］（開音節で），oo［オー oˑ］（閉音節で）
　　Noord-Holland［ノールトホラント noːrtˈhɔlɑnt］（地名）

oe［ウー uˑ］
　　Roermond［ルールモント ˈruːrmɔnt］（地名）

u［ユ ʏ］（無アクセント音節では［ウ］に近い）/［ユー yˑ］（開音節で），uu［ユー yˑ］（閉音節で）
　　Hulst［ヒュルスト hʏlst］（地名），Makkum［マクム，（マキュム）ˈmɑkʏm］（地名），Rubens［リューベンス ˈryˑbəns］＜ルーベンス＞（画家），Ruurlo［リュールロー ˈryːrloˑ］（地名）

ij / ei［エイ ɛi］
　　*IJ*lst［エイルスト ɛilst］(地名)，N*ij*megen［ネイメーヘ（ン）'nɛimeˑɣə(n)］(地名)，Z*ei*st［ゼイスト zɛist］(地名)
　ou / au［アウ ɔu］
　　G*ou*da［ハウダ 'ɣɔudaˑ］＜ゴーダ＞(地名)，M*au*ritshuis［マウリッツハイス 'mɔurɪtshœys］(美術館)
　ui［アイ œy］
　　L*ui*k［ライク lœyk］＜リエージュ（フランス語名）＞(地名)

[子音字とその発音]
　b［ブ b］(音節初頭で) / ［プ p］(音節末で)
　　Ro*b*ert［ローベルト 'roˑbɛrt］(男名)，Ro*b*［ロプ rɔp］(Robert の愛称)
　c［ク k］(a, o, u または子音の前で) / ［ス s］(e, i, ij, y の前で)(外来語，固有名詞で)，ch［ハ x］(［ヒ ç］の発音は南部のみ) / ［シ ʃ］(外来語，固有名詞で)
　　*C*oevorden［クーヴォルデ（ン）'kuˑvɔrdə(n)］(地名)，*C*elsius［セルスィウス(セルスィユス) 'sɛlsiˑys］＜摂氏＞，Dordre*ch*t［ドルドレヘト 'dɔrdrɛxt］＜ドルトレヒト＞(地名)，Me*ch*elen［メヘレ（ン）'mɛxələ(n)］(地名)，*Ch*ina［シーナ 'ʃiˑnaˑ］＜中国＞
　d［ド d］(音節初頭で) / ［ト t］(音節末で)
　　Ne*d*erlan*d*［ネーデルラント 'neˑdərlɑnt］＜オランダ＞
　f［フ f］
　　*F*levoland［フレーヴォラント 'fleˑvoˑlɑnt］(地名)
　g［ハ ɣ］(弱い有声，g / ch［ハ x］とほとんど区別なし。音節初頭で) / ［ハ x］(無声，音節末で)
　　*G*roningen［フローニンゲ（ン）'ɣroˑnɪŋə(n)］(地名)，Den Haa*g*［デンハーハ dɛn'haˑx］＜ハーグ＞(地名)
　h［ハ h］
　　*H*elmond［ヘルモント 'hɛlmɔnt］(地名)
　j［イ j］/ ［ジ ʒ］(外来語，固有名詞で)
　　*J*oure［ヤウレ 'jɔurə］(地名)

k /（ck / q(u) 外来語，固有名詞で）[ク k]
　　*K*eu*k*enhof［**ク**ーケ（ン）ホフ 'kø·kə(n)hɔf］＜キューケンホフ＞（地名）
l［ル l］（音節初頭で「明るい l」，音節末で「暗い l」）
　　*L*omme*l*［**ロ**メル 'lɔməl］（地名）
m［ム m］
　　*M*ede*m*blik［**メ**ーデムブリク 'me·dəmblɪk］（地名）
n［ン n］（後続音に応じて，[ム m],[ング ŋ] ともなる），-en［エ（ン）ə(n)］（無アクセント音節で），ng［ング ŋ］, ng［ンハ ŋɣ］, nj［ニ ɲ］, nk［ンク ŋk］
　　*N*aarde*n*［**ナ**ールデ（ン）'na:rdə(n)］（地名），De*n* Bosch［**デ**ムボス dɛm'bɔs］＜デン・ボス＞（地名），He*n*gelo［**ヘ**ンゲロー 'hɛŋəlo·］, Huizi*n*ga［**ハ**イズィンハ 'hœyzɪŋɣa·］＜ホイジンガ＞（歴史家），Ora*n*jehuis［オ**ラ**ニェハイス o·'raɲəhœys］＜オラニェ家＞（家名）
p［プ p］
　　*P*a*p*endrecht［**パ**ーペ（ン）ドレヘト 'pa·pə(n)drɛxt］（地名）
r［ル r］（舌先ふるえ音が規範的だが，各種の地域的・社会的変種あり）
　　*R*otte*r*dam［ロテル**ダ**ム rɔtər'dɑm］＜ロッテルダム＞（地名）
s［ス s］, sj［シ ʃ］, sch［スフ sx］/［ス s］（語末またはその変化形で）
　　*S*taphorst［**ス**タプホルスト 'stɑphɔrst］（地名），En*sch*ede［**エ**ンスヘデ 'ɛnsxəde·］（地名），'s-Hertogenbo*sch*［セルトーへ（ム）**ボ**ス sɛrto·ɣə(m)'bɔs］（地名）
t / th［ト t］（外来語，固有名詞で），ts［ツ ts］
　　*T*ienen［**ティ**ーネ（ン）'ti·nə(n)］（地名），*Th*orn［**ト**ルン tɔrn］（地名）
v［ヴ v］（弱い有声で f［フ f］に近い。音節初頭で）
　　O*v*erijssel［オー**ヴェ**ルエイセル o·vər'ɛisəl］（地名）
w［ヴ ʋ］（南部［ゥ w］）
　　Ant*w*erpen［アント**ヴェ**ルペ（ン）'ɑntʋɛrpə(n)］＜アントワープ（英語名）＞（地名）
x［クス ks］
　　Marni*x*［**マ**ルニクス 'mɑrnɪks］（男名，姓）ただし，Te*x*el［**テ**セル 'tɛsəl］（島）
z［ズ z］（弱い有声で s［ス s］に近い。音節初頭で）
　　*Z*aandam［**ザ**ーンダム za·n'dɑm］（地名），*Z*wolle［**ズヴォ**レ 'zʋɔlə］（地名）

15.3.3. 西フリジア語

　西フリジア語は，フリジア語群の中で唯一，ヨーロッパ的水準にかなった言語規範が確立している。現行の正書法は 1980 年の改正により，オランダ語の正書法に依拠しているが，音韻構造がかなり異なることから，独自の工夫を凝らしている。オランダ語の干渉から距離を保つ方針も生かされている。ただし，「割れ」(15.1.) による二重母音の交替を十分に反映していないなど，問題点も多い。学校教育の限界もあって，正書法の普及率は低い。

　母音はオランダ語よりも数が多く複雑で，「張り↔ゆるみ」よりも長短による対立が顕著である。オランダ語と共通の有アクセント音節の長短（張り↔ゆるみ）を母音字と子音字の重複で明示する方策は，部分的にしか適用されない。以下では，成節子音 (8.1.) の表記は用いず，あいまい母音 e [ə] と l, r, m, n の連続で示す。

〈短母音〉
　閉音節　　a / e / o ＋子音字 1 つ　　De H*am* [デ**ハム** də'ham] (地名)
　開音節　　a / e / o ＋子音字 2 つ　　*App*elskea [**アペ**ルスケア 'apəlskɪə] (地名)

〈長母音〉
　閉音節　　aa / ee / ii [（狭い）イー iː] / oo / uu　　Kl*aa*i [**クラーイ** klaːi] (地名)
　開音節　　a / e / i [（狭い）イー iː] / o / u　　Br*a*bân [**ブラー**ボーン 'braːbɔːn]
　　　　　　　　　　　　　　　　　　　　　　　＜ブラーバント＞(地名)

[母音字とその発音]

　a [ア a] / [アー aː] (開音節で)，aa [アー aː] (閉音節で) 上例を参照。
　a (歯(茎)音 s, l, d, t, n の前で) / o (それ以外で) [（広い）オ ɔ]
　　　Jap*a*n [ヤ**ポン** ja'pɔn] ＜日本＞
　â (ld, lt, n の前の l は発音しない) / ô (それ以外で) [（広い）オー ɔː]
　　　Frysl*â*n [フリス**ローン** 'frislɔːn] ＜フリースラント＞
　e [（広い）エ ɛ] / [（狭い）エー eː] (開音節で)，ee [（狭い）エー eː] (閉音節と語末の開音節で) / [（弱い）エ，ア（など）ə] (無アクセント音節で)
　　　De Bl*e*sse [デブ**レ**セ də'blɛsə] (地名)，Nij B*ee*ts [ネイ**ベーツ** nɛi'beːts] (地名)
　ê / e (少数の語で) [（広い）エー ɛː]

Nijbrêge［ネイ**ブレー**ヘ nɛiˈbrɛːɣə］(地名)

i［(広い)イ ɪ］(閉音節で)/［(狭い)イ i］(開音節で)，y［(狭い)イ i］(閉音節・語末で)

Sn*i*ts［スニツ snɪts］(地名)，*I*sel［**イ**セル ˈisəl］＜エイセル川＞，Frysk［フリスク frisk］＜フリジア語＞

i (開音節で)/ ii (閉音節で)［(狭い)イー iː］

De T*i*ke［デ**ティー**ケ dəˈtiːkə］(地名)，mait*ii*d［**マイ**ティート ˈmaitiːt］「春」

o［(狭い)オ o］/［(狭い)オー oː］(開音節で)，oo［(狭い)オー oː］(閉音節で)

Dr*o*nryp［ドン**リプ** droⁿˈrip］(自治体)，Elsl*o*［**エルス**ロー ˈɛlsloː］(地名)

u［エ ø］/［(弱い)ウ，(エ，ア)ə］(無アクセント音節で)，eu［エー øː］

H*u*rdegaryp［ヘデガ**リプ** hødəɡaˈrip］(地名)，Star*u*m［**スター**ルム，(**スター**ラム) ˈstaːrəm］(地名)，*eu*ro［**エー**ロー ˈøːroː］＜ユーロ＞(貨幣)

u (開音節で)/ú (閉音節，語末で)［ユ y］/［ユー yː］

*U*tert［**ユ**タト ˈytət］＜ユトレヒト＞(地名)，D*ú*tslân［**デュツ**ローン ˈdytsloːn］＜ドイツ＞

û / oe (おもに r, d, t, l の直前以外で)［ウ u］/［ウー uː］(つづり分けと長短は微妙)

Skierm*û*ntseach［スキエ(ル)ムンツ**エア**ハ skiə(r)muntsˈɪəx］(島)

ei / ai［アイ ai］(少数の語で)

L*ei*en［**ライ**エン ˈlaiən］＜レイデン＞(地名)

ij / ei (外来語，固有名詞で)/ y (少数の語で)［エイ ɛi］

N*ij*efurd［**ネイ**エフエト ˈnɛiəføt］(地名)

ou / au［アウ ɔu］

Gr*ou*［グラウ ɡrɔu］(地名)，G*au*［ガウ ɡɔu］(地名)

ui［㋐㋑ œy］, oi［オイ oi］(少数の語で)

ie［イエ iə］/［イィ jɪ］

Fr*ie*s［フリエス friəs］＜フリジア人＞，Lytsew*ie*rrum［リツェ**ヴイ**イルム，(リツェ**ヴイ**イラム) lytsəˈvjɪrəm］(地名)

ea［エア ɪə］/［イェ jɛ］

It Hea*rr*enfean［エトイェレン**フェアン** ətjɛrəⁿˈfɪən］(地名)

oa［オア oə］/［ワ wa］

Noard-Hollân［ノアトホローン nɔət'hɔlo:n］＜北ホラント州＞, Lúksemboarch［リュクセムブワルフ 'lyksəmbwarx］＜ルクセンブルク＞

oe［ウエ uə］(おもに r, d, t, l の直前で)／［ウ u］, uo［ヲ wo］
Oerisel［ウエルイセル uər'isəl］＜オーヴェルエイセル州＞, Broeksterwâld［ブルクステルヴォート brukstər'vo:t］(地名), Froubuorren［フラウブヲレン frɔu'bworən］(地名)

ue［ユエ yə］
Bueren［ビュエレン 'byərən］(地名)

eo (n の直前で), eu (r の直前で), eau［エア øə］(過去形・過去分詞で)

eau［ヨウ jou］, ieu［イ(ー)ウ i:u］

[子音字とその発音]

b［ブ b］(音節初頭で)／［プ p］(音節末で)
Balk［ボルク bɔlk］(地名)

ch［ハ x］／chs［ハス xs, クス ks］(一部の語で)
Limboarch［リムブワルフ 'lɪmbwarx］＜リンブルフ州＞

d［ド d］(音節初頭で)／［ト t］(音節末で), dj［ディ dj］, dzj［ヂ dʒ］
Drachten［ドラハテン 'draxtən］(地名), Dedzjem［デヂュム,（デヂャム）'dɛdʒəm］(地名)

f［フ f］
Frjentsjer［フリェンチェル 'frjɛntʃər］(地名)

g［ハ ɣ］(語中の無アクセント音節初頭で)／［グ g］(語頭, 有アクセント音節初頭で)
Skylge［スキルヘ 'skilɣə］(島), Garyp［ガリプ ga'rip］(地名)

h［ハ h］／［ゼロ］((j)［イ j］,［ヴ ʋ］の直前で)
Hylpen［ヒルペン 'hilpən］(地名), Hjerbeam［イェルベアム jɛr'bɪəm］(地名), Hoarnstersweach［ヴァーンステルスヴェアハ ʋa:ⁿstər'sʋɪəx］(地名)

j［イ j］
De Jouwer［デヤウエル də'jouər］(地名)

k［ク k］

第4章　現代ゲルマン諸語の文字と発音　203

　　A*kk*rum[ア**ク**ルム,（ア**ク**ラム）'akrəm]（地名）
l[ル l]（音節初頭で「明るい l」, 音節末で「暗い l」）/[ゼロ]（âld, âlt で）
　　E*ls*lo[エ**ルス**ロー 'ɛlslo:]（地名）, W*âl*den[**ヴォ**ーデン 'vɔ:dən]（地名）
m[ム m]
　　M*akku*m[**マク**ム,（**マカ**ム）'makəm]＜マッカム＞（地名）
n[ン n]（後続音に応じて, [ム m], [ング ŋ] ともなる）/[ン ⁿ]（先行母音の鼻母音化：母音＋摩擦音; -ns の直前で長母音化）, ng[ング ŋ], ng[ンハ ŋɣ], nk[ンク ŋk]
　　O*ran*jehûs[オ**ラン**イェフース o'raⁿjəhu:s]＜オラニェ家＞, G*r*ins[グレーンス gre:ⁿs]＜フローニンゲン＞（地名）, I*ng*wierrum[イング**ヴィ**ルム,（イング**ヴィ**イラム）ɪŋ'vjɪrəm]（地名）, Ho*ng*arije[ホンハ**レイ**エ hoŋɣa'rɛiə]＜ハンガリー＞
p[プ p]
　　P*e*pergea[**ペ**ーペルゲア 'pe:pərgɪə]（地名）
r[ル r]（舌先ふるえ音）/[ゼロ]（歯（茎）音[ス s], [ズ z], [ル l], [ド d], [ト t], [ン n] の直前で）
　　Te*r*herne[テル**ヘ**ネ tərˈhɛnə]（地名）
s[ス s], sj[シ ʃ]
　　Stiens[スティエンス stiəⁿs]（地名）, S*j*oukje[**シャウ**キェ 'ʃoukjə]（女名）
t[ト t], tj[ティ tj], ts[ツ ts], tsj[チ tʃ]
　　De *T*ille[デ**ティ**レ də'tɪlə]（地名）, Dry*lts*[ドリルツ drilts]（地名）, *Tsj*erkwert[**チェルク**ヴェト 'tʃɛrkvət]（地名）
v[ヴ v]（語頭・音節末以外で）
　　Wol*v*egea[**ヴォル**ヴェゲア 'volvəgɪə]（地名）
w[ヴ v]（語頭で）/[ヴ υ]（t, d, s, k の直後では[ヴ v]に近い）/[ゼロ]（ou, au の直後で）
　　W*arkum*[**ヴァルク**ム,（**ヴァル**カム）'varkəm]（地名）, Twizel[**トヴィ**ーゼル 'tʋi:zəl]（地名）, Lj*ou*wert[**リャウ**エト 'ljouət]（地名）
z[ズ z]（語頭・音節末以外で）
　　Driezum[**ドリエズ**ム,（**ドリエ**ザム）'driəzəm]（地名）

15.3.4. アフリカーンス語

17世紀半ば以降に発達したアフリカーンス語には，明確な方言区分は認めがたい。ここではトランスファール州とオラニエ自由国州の発音を示す。

アフリカーンス語の正書法は，オランダ語に準拠しつつも，ê [（広い）エー ɛː] / [（r の直前で非常に広い）エー æː]，ô [（広い）オー ɔː]，û [（広い）エ— œː]，î [（中舌の）イー ïː] の特殊文字を用いている。ただし，ô, û の使用は少数の語（例. môre [モーレ 'mɔːrə]「朝」，brûe [ブ(ル)ーエ 'brœːə]「橋」（brug の複数形））に限られ，î は wîe [ヴィーエ 'vïːə]「くさび，ウェッジ」（wig の複数形）にしか用いない。e / ee, o / oo, eu は，長母音よりも二重母音 [エア eə]，[オア oə]，[エア øə] の性格が強い。この傾向は標準オランダ語にも見られる。「n ＋摩擦音・流音」は，直前の母音の鼻音化を引き起こすことがあるが，西フリジア語ほど組織的には起こらない。h [ハ ɦ] は有声声門摩擦音を表す。「小さいもの，かわいいもの」を表す指小辞 -(t)jie との組み合わせによる -djie, -tjie は，d, t の口蓋化を伴って [キ ci] と発音し，-ndjie, -ntjie では [ニキ ɲci] となり，前舌母音を除いて，先行母音が二重母音化する（例. handjie [ハインキ 'ɦaiɲci] ← hand [ハント ɦant]「手」，potie [ポイキ 'pɔici] ← pot [ポト pɔt]「ポット」）。これは，つづりとは裏腹に，オランダ語の方言的な指小辞 -ke に由来することによる。オランダ語の sch [スフ sx] は，音節初頭では sk [スク sk] に対応する。固有名詞では **Sch**oeman [**スク**マン 'skuman]（姓）のように，オランダ語式に sch とつづり，[スク sk] と発音する。

〈短母音〉
　閉音節　　a / e / o / u ＋子音字 1 つ　　Joh**a**n [ヨ**ハ**ン jo'ɦan]（男名）
　開音節　　a / e / o / u ＋子音字 2 つ　　Joh**a**nnes [ヨ**ハ**ネス jo'ɦanəs]（男名）
〈長母音〉
　閉音節　　aa / ee / oo / uu　　Afrik**aa**ns [アフリ**カーンス** afri'kɑːⁿs]
　開音節　　a / e / o / u　　Afrik**a**ner [アフリ**カー**ネル afri'kɑːnər]

[母音字とその発音]

　　a [ア a] / [（後寄りの）アー ɑː]（開音節で），aa [（後寄りの）アー ɑː]（閉音節で）
　　　（長母音はオランダ語よりも後寄りで，[（広い）オー ɔː] に近く聞こえること

第4章 現代ゲルマン諸語の文字と発音　205

もある）上例を参照。

e [（狭い）エ e]（一部の外来語の無アクセント音節で）/ [エア eə] ～ [（狭い）エー e:]（開音節で），ee [エア eə] ～ [（狭い）エー e:]（閉音節と語末の開音節で）

　Edenburg [エアデム⊗ルフ，エーデム⊗ルフ 'eədəmbœrx, 'e:dəmbœrx]（地名）

e [（弱い）エ，ア（など）ə]（無アクセント音節で）

　Almagtige [アルマハタへ al'maxtəxə] ＜全能の神＞

e [（広い）エ ɛ], ê [（広い）エー ɛ:] / [（非常に広い）エー æ:]（rの直前で）

　Eldoret [エルドレト ɛldo'rɛt]（地名），wêreld [ヴェーレルト 'væ:rəlt]「世界」

ei / y [エイ əi]（前半部は中舌・半狭寄り）

　Vryheid [フレイヘイト 'frəifiəit]（地名）

eu [（狭い）エ ø] / [エア øə] ～ [（狭い）エー ø:]

　Geus [⊗アス，⊗ース xøəs, xø:s]「プロテスタント，（16世紀の）乞食党戦士」

i [（中舌の）イ i]（有アクセント音節，[ə] よりも開口度が狭い。オランダ語や英語の [イ ɪ] よりも中舌寄り）/ [イ i]（外来語，固有名詞で），î [（中舌の）イー i:]（wîe ['vi:ə]「くさび，ウェッジ」(wig の複数形) のみ）

　Springbok [スプリングボク 'sprɪŋbɔk]（地名）

ie [イ i] / [イ i:]（rの直前で）

　Piet Retief [ピト レティフ pit rə'tif]（開拓民の指導者，1780～1830），Vaalrivier [ファールレフィール 'fu:lrəfi:r]（川）

o [（狭い）オ o]（一部の外来語の無アクセント音節で）/ [オア oə] ～ [（狭い）オー o:]（開音節で），oo [オア oə] ～ [（狭い）オー o:]（閉音節で）

　Groot Trek [フロアト トレク，フロート トレク xroət trɛk, xro:t trɛk] ＜グレート・トレック＞（1830年代後半のブール人（ボーア人）の北東部入植）

o [（広い）オ ɔ], ô [（広い）オー ɔ:]（少数の語で）

　God [ホト xɔt]「神」

oe [ウ u] / [ウー u:]（rの直前で）

　Bloemfontein [ブルムフォンテイン 'blumfɔntəin]（地名），Boer [ブール bu:r]＜ボーア人＞（「農民」の意味）

u [ユ y]（一部の外来語の無アクセント音節で），u [ユー y:]（rの直前で），uu [ユ y]（閉音節で），u [（広い）エ œ], û [（広い）エー œ:]（少数の語で）

Kaap Ag*u*lhas [カープ ア㋭ルハス kɑ:p aˈxœlfias] (アフリカ最南端の岬)

ou [(広い) ㋐ウ œu]

　　*Ou*dtshoorn [㋐ウツホアレン, ㋐ウツホーレン, (㋐ウツホールン) ˈœuts-fioər(ə)n, ˈœutsfio:r(ə)n] (地名)

ui [㋐㋑ œy]([㋐イ œi] のように -i の部分が非円唇化する傾向がある)

　　S*ui*d-Afrika [㋙㋑トア(ー)フリカ sœytˈɑ(:)frika] ＜南アフリカ＞

[子音字とその発音]

b [ブ b](音節初頭で) / [プ p](音節末で)

　　*B*ybel [ベイベル ˈbəibəl]「聖書」, A*b*ner [アプネル ˈapnɛr] (姓)

c [ク k](a, o, u または子音の前で, 外来語・固有名詞で) / [ス s](e, i, ij, y の前で, 外来語, 固有名詞で), ch [ハ x] / [シ ʃ](外来語, 固有名詞で)

　　*C*oetzee [クツェア, クツェー kuˈtseə, kuˈtse:] (姓, 作家)

d [ド d](音節初頭で) / [ト t](音節末で)

　　O*d*end*d*aal [オアデンダール, オーデンダール ˈoədɐndɑ:l, ˈo:dəndɑ:l] (姓), Bolan*d* [ボアラント, ボーラント ˈboəlant, ˈbo:lant] (地名)

f [フ f]

　　Ta*f*elberg [ターフェルベルフ ˈtɑ:fəlbɛrx] (山)

g [ハ x](一部の話者は前舌母音 ee, ie の直前で [ヒ ç]) / [グ g](母音 + rge)

　　Ver*g*enoe*g* [フェルヘヌフ fərxəˈnux] (地名), Die Bur*g*er [ディ㋭ルゲル diˈbœrgər] (新聞)

h [ハ ɦ](声門有声摩擦音)

　　Kala*h*ari [カラハーリ kaləˈfiɑ:ri] ＜カラハリ砂漠＞

j [イ j]

　　*J*agersfontein [ヤーヘルスフォンテイン ˈjɑ:xərsfɔntəin] (地名)

k / (ck / q(u) 外来語, 固有名詞で) [ク k]

　　*K*aapstad [カープスタト ˈkɑ:pstat] ＜ケープタウン＞ (地名)

l [ル l](音節初頭で「明るい l」, 音節末で「暗い l」)

　　*L*ategan [ラーテハン ˈlɑ:təxan] (姓)

m [ム m]

*M*iddelburg［ミデル㋫ルフ 'midəlbœrx］(地名)
n［ン n］/［ン ⁿ］(｛［ɑ］/［ɔ］/［ɛ］/［œ］/［ə］｝＋［n］＋摩擦音・流音 で先行母音の鼻母音化と (有アクセント音節で) 長母音化，ans［ɑːⁿs］, ens［ɛːⁿs］, ons［ɔːⁿns］)
　　Ha*n*s ［ハーンス hɑːⁿs］(男名)，Van Re*n*sburg［ファン**レーンス**㋫ルフ fanˈrɛːⁿsbœrx, faⁿˈrɛːⁿsbœrx］(姓)
n*g*［ング ŋ］, n*g*［ンハ ŋɣ］, n*j*［ニ ɲ］, n*k*［ンク ŋk］, -*ndj*ie / -*ntj*ie［ニキ ɲci］(おもに指小辞 -(t)jie との組み合わせで，先行母音の二重母音化を伴う)
　　Ora*nj*erivier［オラニェレフィール oˈraɲərəfiːr］(川)，ho*ndj*ie［**ホイニキ** ˈfiɔiɲci］「子犬」← hond［ホント fiɔnt］「犬」
p［プ p］
　　*P*retoria［プレ**ト**アリア，プレ**トー**リア prəˈtoəri̯a, prəˈtoːri̯a］＜プレトリア＞ (地名)
r［ル r］(舌先ふるえ音が規範的だが，口蓋垂ふるえ音や摩擦音もある)
　　Voo*r*trekker［フォアルトレケル，フォールトレケル ˈfoərtrɛkər, ˈfoːrtrɛkər］(1830年代後半のブール人 (ボーア人) の北東部入植者)
s［ス s］, s*j*［シ ʃ］, s*ch*［スク sk］/［ス s］(語末またはその変化形で)
　　*S*an ［サン san］＜サン族＞, Van *Sch*alkwyk［ファン**スカルク**ヴェイク fanˈskalkvəik］(姓)，Stellenbo*sch*［ステレム**ボス** stɛləmˈbɔs］＜ステレンボス＞ (地名)
t / t*h* (外来語，固有名詞で) ［ト t］, t*j*［チ tʃ］, t*s*［ツ ts］
　　*T*ransvaal［トランス**ファール** traⁿsˈfɑːl, transˈfɑːl］(地名)，Smu*ts*［ス㋺ツ smœts］(姓)
v［フ f］/［ヴ v］(外来語，固有名詞で)
　　*V*ersfeld［**フェルス**フェルト ˈfɛrsfɛlt］(姓)
w［ヴ v］/［ウ w］(d, k, s, t の直後で)
　　Wit*w*atersrand［ヴィトヴァーテルス**ラント** vitvɑːtərsˈrant］(地名)，S*w*ellendam［スウェレン**ダム** swɛlənˈdam］(地名)
x［クス ks］(外来語，固有名詞で)，z［ズ z］/［ス s］(外来語，固有名詞で)

図書案内—さらに詳しく知るために

▶ 第 5 章 ◀

1. ゲルマン語の全般を扱った推薦図書

◆Harbert, Wayne. 2007. *The Germanic Languages*. Cambridge. Cambridge University Press.(古今のゲルマン語の構造を現代言語学的に分析した意欲作)

◆Hutterer, Claus Jürgen. 2002^4 (1975). *Die germanischen Sprachen*. Wiesbaden. Albus.(単独の著者による代表的概説書)

◆König, Ekkehard / Van der Auwera, Johan (eds.). 1994. *The Germanic Languages*. London / New York. Routledge.(分担執筆による最も優れた総覧)

◆河崎 靖 2006『ゲルマン語学への招待』現代書館.(ドイツ語とオランダ語中心)

◆下宮忠雄 1995『ゲルマン語読本』大学書林.(9 言語のテキストと解説)

◆浜崎長寿 1976『ゲルマン語の話』大学書林.(本書の先駆け的著作)

2. ゲルマン語歴史比較言語学と古ゲルマン諸語を扱った推薦図書

◆Fortson IV, Benjamin W. 2010^2. "Germanic". *Indo-European Language and Culture*.

Chichester. Wiley-Blackwell. pp. 338–381.（資料を交えたすぐれた解説）

◆Jasanoff, Jay H. 1994. "Germanic (Le germanique)". Bader, Françoise (dir.). *Langues indo-européennes*. Paris. CNRS Editions. pp. 251–280.（最もすぐれた要約）

◆Krahe, Hans / Meid, Wolfgang. 1969[7]. *Germanische Sprachwissenschaft I, II, III*. Berlin. de Gruyter.（古典的な代表的名著）

◆Nielsen, Hans Frede. 1989. *The Germanic Languages*. Tuscaloosa. University of Alabama Press.（古ゲルマン諸語の分類を考察。デンマーク語原典からの英語訳）

◆Orell, Vladimir. 2003. *A Handbook of Germanic Etymology*. Leiden / Boston. Brill. （ゲルマン祖語と古語との語彙的対応を解説）

◆Ramat, Paolo. 1981. *Einführung in das Germanische*. Tübingen. Niemeyer.（歴史比較言語学的解説。語順にも手短に言及。イタリア語原典からのドイツ語訳）

◆Ramat, Paolo. 1998. "The Germanic Languages". Ramat, Paolo / Ramat, Anna Giacalone (eds.). *The Indo-European Languages*. London / New York. Routledge. 380–414.（地図と語形変化表を交えて祖語から古語への発達を解説）

◆Ringe, Don. 2006. *From Proto-Indo-European to Proto-Germanic*. Oxford. Oxford University Press.（現時点で最も標準的かつ重厚な学問的業績）

◆Robinson, Orrin W. 1992. *Old English and its Closest Relatives*. London. Routledge. （学問的要請と教育的配慮の両方に見事に応えた名著）

◆Schmitt, Ludwig Erich (Hg.). 1970. *Kurzer Grundriß der germanischen Philologie bis 1500. Bd. 1. Sprachgeschichte*. Berlin. de Gruyter.（古典的名論文集）

◆Speyer, Augustin. 2007. *Germanische Sprachen*. Göttingen. Vandenhoeck & Ruprecht. (簡明な内容で通読可能なゲルマン語歴史比較言語学の入門書)

◆Van Coetsem, Frans / Kufner, Herbert L. (eds.). 1972. *Toward a Grammar of Proto-Germanic*. Tübingen. Niemeyer. (ゲルマン祖語関係の代表的論考を収録)

◆服部正巳 1962『ゲルマン古韻史の研究—特にゲルマン語の母音推移について—』養徳社. (日本人による驚くべき本格的な歴史比較言語学的研究)

3. ゲルマン諸語を扱った入門サイト情報

◆http://en.wikipedia.org/wiki/Germanic_languages
データ検索として代表的な英語版ウィキペディアによるゲルマン諸語の項目

◆http://www.yourdictionary.com/languages/germanic.html
ゲルマン諸語に含まれる古語と現代語について各種の辞書を紹介

[参考文献] (上記 1, 2 の文献は除く)

Ammon, Ulrich et al. (Hg.). 2004. *Variantenwörterbuch des Deutschen*. Berlin. de Gruyter.
Bandle, Oskar et al. (eds.). 2002 / 2005. *The Nordic Languages*. HSK 22. 1, 2. Berlin / New York. de Gruyter.
Bennett, William H. 1981 (1960). *An Introduction to the Gothic Language*. New York. Modern Language Association of America.
Bidese, Ermenegildo 2008. *Die diachronische Syntax des Zimbrischen*. Tübingen. Narr.
Bremmer, Rolf H. Jr. 2009. *Introduction to Old Frisian*. Amsterdam / Philadelphia. Benjamins.
Brunner, Jean-Jacques. 2001. *L'alsacien sans peine*. Chennevières-sur-Marne Cedex. Assimil.
Brunner, Karl. 1965³ (1942). *Altenglische Grammatik*. Tübingen. Niemeyer.
De Vaan, Michiel (ed.). 2003. *Germanic Tone Accents*. Stuttgart. Steiner.
Düwel, Klaus. 2001³ (1968). *Runenkunde*. Stuttgart / Weimar. Metzler.
Epp, Reuben. 1993. *The Story of Low German & Plautdietsch*. Hillsoboro, Kansas. The Reader's Press.
Faarlund, Jan Terje. 2008. "Ancient Nordic". Woodard, Roger D. (ed.). *The Ancient Languages of Europe*. Cambridge et al. Cambridge University Press. 215–229.

第5章　図書案内―さらに詳しく知るために　211

Frey, Evelyn. 1994. *Einführung in die historische Sprachwissenschaft des Deutschen*. Heidelberg. Groos.

Frings, Theodor. 1957³. *Grundlegung einer Geschichte der deutschen Sprache*. Halle (Saale). Niemeyer.

Gamkrelidze, T. / Ivanov, V. 1973. „Sprachtypologie der gemeinindogermanischen Verschlüsse". *Phonetica* 27. 150–156.

Haugen, Einar. (übers. Magnús Pétursson). 1984. *Die skandinavischen Sprachen*. Hamburg. Buske.

Hermann-Winter, Renate. 2006. *Hör- und Lesebuch für das Plattdeutsche*. Rostock. Hinstorff.

Holm, John. 1989. *Pidgins and Creoles. Vol. 2*. Cambridge et al. Cambridge University Press.

Hopper, P. J. 1973. "Glottalized and Murmered Occlusives in Indo-European." *Glossa* 7. 141–166.

Höskuldur Thráinsson et al. 2004. *Faroese*. Tórshavn. Føroya Fróðaskaparfelag.

Indriði Gíslason / Höskuldur Þráinsson. 2000² (1993). *Handbók um íslenskan framburð*. Reykjavík. Rannsóknarstofnun Kennaraháskóla Íslands.

Jakobsen, Jakob. 1928–32. *An Etymological Dictionary of the Norn Language in Shetland*. (1985 復刻 AMS Press. New York)

König, Werner 1998¹² (1978). *dtv-Atlas Deutsche Sprache*. München. Deutscher Taschenbuch Verlag.

Kuryłowicz, Jerzy. 1973² (1960). "Aspect et temps dans l'histoire du persan (1953)". *Esquisses linguistiques I*. München. Fink. 109–118.

Leiss, Elisabeth. 2000. *Artikel und Aspekt. Die grammatischen Muster von Definitheit*. Berlin / New York. de Gruyter.

Lindqvist, Christer. 2007. *Schwedische Phonetik für Deutschsprachige*. Hamburg. Buske.

Lockwood, W. B. 1976(1965). *An Informal History of the German Language*. London. Andre Deutsch.

Markey, Thomas. 1976. *Germanic Dialect Grouping and the Position of Ingvæonic*. Innsbruck. *Innsbrucker Beiträge zur Sprachwissenschaft*. Bd. 15.

Marti, Werner. 1985. *Berndeutsche Grammatik*. Bern. Francke.

Meillet, Antoine. 1949. *Caractères généraux des langues germaniques*. Paris. Librairie Hachette.

Merkle, Ludwig. 1990⁴ (1975). *Bairische Grammatik*. München. Hugendubel.

Neufeld, Eldo. 2000. *Plautdietsch Grammar*. München. Lincom Europa.

Niebaum, Hermann / Macha, Jürgen. 1999. *Einfürung in die Dialektologie des Deutschen*. Tübingen. Niemeyer.

Nielsen, Hans Frede. 2000. *The Early Runic Language of Scandinavia*. Heidelberg. Winter.

Nieuweboer, Rogier. 1999. *The Altai Dialect of Plautdiitsch*. München. Lincom Europa.

Paul, Hermann / Mitzka, Walther. 1966¹⁸ (1881). *Mittelhochdeutsche Grammatik*. Tübingen.

Niemeyer.

Quak, A. / Van der Horst, J. M. 2002. *Inleiding Oudnederlands*. Leuven. Universitaire Pers Leuven.

Raidt, Edith H. 1983. *Einführung in Geschichte und Struktur des Afrikaans*. Darmstadt. Wissenschaftliche Buchgesellschaft.

Rendboe, Laurits. 1987. *Det gamle shetlandske sprog. George Low's ordliste fra 1774*. *NOWELE Supplement* Vol.3. Odense University Press.

Romaine, Suzanne. 1994. "Germanic Creoles". König / Van der Auwera (eds.). 566–603.

Sandnes, Jørn / Stemshaug, Ola. 1997⁴. *Norsk stadnamnleksikon*. Oslo. Det Norske Samlaget.

Schwarz, Ernst. 1956. *Germanische Stammeskunde*. Heidelberg. Winter.

Schweikle, Günther. 1996⁴. *Germanisch-deutsche Sprachgeschichte im Überblick*. Stuttgart / Weimar. Metzler.

Skjekkeland, Martin. 1997. *Dei norske dialektane*. Kristiansand. Høyskoleforlaget.

Steensen, Thomas. 1994. *The Frisians in Schleswig-Holstein*. (Edited by the Frisian Counsil). Bräist/Bredstedt, NF. Nordfriisk Instituut.

Suter, Rudolf. 1992³ (1976). *Baseldeutsch-Grammatik*. Basel. Christoph Merian Verlag.

Thies, Heinrich. 2010. *Plattdeutsche Grammatik*. Neumünster. Wachholtz.

Torp, Arne. 2002² (1998). *Nordiske språk i nordisk og germansk perspektiv*. Oslo. Novus.

Tyroller, Hans. 2003. *Grammatische Beschreibung des Zimbrischen von Lusern. ZDL-Beiheft* 111. Wiesbaden. Steiner.

Van Ness, Silke. 1994. "Pennsylvania German". König/Van der Auwera (eds.). 420–438.

Vennemann, Theo. 1984. „Hochgermanisch und Niedergermanisch. Die Verzweigungstheorie der germanisch-deutschen Lautverschiebungen". *Beiträge zur Geschichte der deutschen Sprache und Literatur*. 106. 1–45.

Vennemann, Theo. 1985. "The Bifurcation Theory of the Germanic and German Consonant Shifts. Synopsis and Some Further Thoughts". Fisiak, Jacek (ed.). *PAPERS from the 6th International Conference on Historical Lnguistics*. Amsterdam. Benjamins. 527–547.

Vennemann, Theo. 2010. "Contact and Prehistory: The Indo-European Northwest". Hickey, Raymond (ed.). *The Handbook of Language Contact*. Chichester. Wiley-Blackwell. 380–405.

Vikør, Lars S. 1995. *The Nordic Languages*. Oslo. Novus.

Watkins, Calvert (ed.). 2011³ (1985). *The American Heritage Dictionary of Indo-European Roots*. Boston / New York. Houghton Mifflin Harcourt.

Weber, Albert. 1987³ (1948). *Zürichdeutsche Grammatik*. Zürich. Verlag Hans Rohr.

Wexler, Paul. 1991. "Yiddish — The Fifteenth Slavic Language. A Study of Partial Language Shift from Judeo-Sorbian to German". *International Journal of the Sociology of Language* 91. 9–150.

Wexler, Paul. 2001. *Two-tiered Relexification in Yiddish. Jews, Sorbs, Khazars, and the Kiev-*

Polessian Dialect. Berlin / New York. Mouton de Gruyter.
Wiik, Kalevi. 1997. "The Uralic and Finno-Ugric Phonetic Substratum in Proto-Germanic". *Linguistica Uralica*. XXXIII, No. 4. 258–280.

大城光正／吉田和彦 1990『印欧アナトリア諸語概説』大学書林.
風間喜代三 1993『印欧語の故郷を探る』岩波書店.
神山孝夫 2006『印欧祖語の母音組織―研究史要説と試論―』大学教育出版.
熊坂　亮 2011『スイスドイツ語―言語構造と社会的地位』北海道大学出版会.
清水　誠 1983「スウェーデン語に与えたドイツ語の影響」『東京大学教養学部言語文化センター紀要第 4 号』1–24.
清水　誠 1992「北フリジア語モーリング方言 (1). 文法―V. Tams Jørgensen: *Kort spräkeliir foon dåt mooringer frasch* 訳注」『北海道大学文学部紀要 40–3』65–162.
清水　誠 1994「北フリジア語モーリング方言の音韻」(千石　喬／川島淳夫／新田春夫 (編)『ドイツ語学研究 2』クロノス.) 445–503.
清水　誠 2006『西フリジア語文法―現代北海ゲルマン語の体系的構造記述―』北海道大学出版会.
清水　誠 2009『北欧アイスランド文学の歩み―白夜と氷河の国の六世紀』現代図書.
清水　誠 2010「オランダ語研究の歴史と言語規範の形成」(北海道大学大学院文学研究科言語情報学講座編『言語研究の諸相』北海道大学出版会.) 183–252.
清水　誠 2011「アイスランド語の音韻とカナ表記」(清水　誠 (編)『アイスランドの言語，神話，歴史―日本アイスランド学会 30 周年記念論文集』麻生出版.) 49–106.
ソシュール, フェルディナン・ド (小林英夫 訳) 1972 (1928)『一般言語学講義』岩波書店. (De Saussure, Ferdinand. 1972 (1916). *Cours de linguistique générale*. Paris. Payot.)
田中克彦 1981『ことばと国家』岩波書店.
千種眞一 1983「ゲルマン語形容詞の強弱変化について」『東北ドイツ文学研究』27. 52–68.
角田太作 2009^2 (1991)『世界の言語と日本語』くろしお出版.
寺澤芳雄 (編) 1997『英語語源辞典』研究社.
橋本萬太郎 1981『現代博言学』大修館書店.
ブルンナー, K. (松浪　有 他訳) 1973『英語発達史』大修館書店.
マルティネ, アンドレ (神山孝夫 訳) 2003『「印欧人」のことば誌』ひつじ書房. (Martinet, André. 1994^2 (1986). *Des steppes aux océans. L'indo-européen et les «Indo-Européens»*. Paris. Payot.)
松本克己 2006『世界言語への視座―歴史言語学と言語類型論』三省堂.
ヤーコブソン, ロマーン 1973「類型学とその比較言語学への貢献」("Typological Studies and Their Contribution to Historical Comparative Linguistics" 1958) (川本茂雄 監修共訳『一般言語学』みすず書房. 45–55.
リングゴー, K. (清水　誠訳) 1995「デンマーク語方言概説」(Ringgaard, R. *Danske dialekter — en kortfattet oversigt*. 1973^2)『ノルデン第 32 号』31–105.

[著者]

清水 誠（しみず・まこと）

静岡県に育つ。東京大学文学部卒，同大学院修士課程修了。
東京大学教養学部助手，千葉大学教養部専任講師をへて，
現在，北海道大学大学院文学研究院教授。文学博士。
本書によって日本独文学会賞を受賞。
専攻：ドイツ語学・ゲルマン語学。
著書：『北欧アイスランド文学の歩み』(現代図書)，『アイスランドの言語，神話，歴史』(編，麻生出版)，『西フリジア語文法』(北海道大学出版会)，『現代オランダ語入門』(大学書林)，『新オランダ語のしくみ』(白水社)，『ゼロから話せるオランダ語』(三修社)，『オランダ語の基本』(三修社) など。

ゲルマン語入門	発行日	2012年7月20日　第1刷発行
		2022年2月10日　第2刷発行

著　者　清水　誠
装訂者　間村　俊一
発行者　株式会社　三省堂　　代表者　瀧本　多加志
印刷者　三省堂印刷株式会社
発行所　株式会社　三省堂
　〒101-8371　東京都千代田区神田三崎町二丁目22番14号
　電話　編集　(03)3230-9411
　　　　営業　(03)3230-9412
　https://www.sanseido.co.jp/

Ⓒ M. SHIMIZU 2012　　Printed in Japan
ISBN978-4-385-36468-1
乱丁本・落丁本はお取り替えいたします。

> 本書を無断で複写複製することは，著作権法上の例外を除き，禁じられています。
> また，本書を請負業者等の第三者に依頼してスキャン等によってデジタル化することは，
> たとえ個人や家庭内での利用であっても一切認められておりません。

〈ゲルマン語入門・224p〉

─────────────── [既刊] ───────────────

三谷 惠子 著『スラヴ語入門』
MITANI Keiko, The Slavonic Languages: A Primary Guide

町田 健 著『ロマンス語入門』
MACHIDA Ken, The Romance Languages: A Primary Guide

─────────────── 三省堂 ───────────────